当代农史研究文集：纪念新中国成立70周年

农业农村部农村经济研究中心　组编

中国农业出版社
北　京

图书在版编目（CIP）数据

当代农史研究文集：纪念新中国成立70周年 / 农业农村部农村经济研究中心组编．—北京：中国农业出版社，2019.11

ISBN 978-7-109-26041-2

Ⅰ．①当…　Ⅱ．①农…　Ⅲ．①农业经济史－中国－现代－文集　Ⅳ．①F329.07-53

中国版本图书馆CIP数据核字（2019）第260816号

中国农业出版社出版

地址：北京市朝阳区麦子店街18号楼

邮编：100125

责任编辑：闫保荣　姚　红　孙鸣凤

版式设计：王　晨　　责任校对：刘丽香

印刷：化学工业出版社印刷厂

版次：2019年11月第1版

印次：2019年11月北京第1次印刷

发行：新华书店北京发行所

开本：787mm×1092mm　1/16

印张：17.25

字数：336千字

定价：58.00元

服务电话：010－59195115　010－59194918

本书编撰委员会

主　　编： 宋洪远

副 主 编： 陈　洁

编委会成员： 王　欧　陈艳丽　廖洪乐　董彦彬

张静宜　冯丹萌　焦红坡

出版说明

Introduction to the Edition

为纪念新中国成立70周年，真实记录70年农业农村发展历程及成就，强化对当代中国农业农村发展进程与深化农村改革问题的认识，总结发展规律，为“三农”政策创新提供借鉴，农业农村部农村经济研究中心（以下简称中心）于2019年初面向全国各级农业部门老领导、老专家、相关研究人员组织了纪念新中国成立70周年文稿征集活动，在此基础上组织编印《当代农史研究文集：纪念新中国成立70周年》。经过近一年的征集筛选，文集最终收录了29篇文章，分为历史演进篇和地方发展篇两大部分。历史演进篇主要从历史发展的视角呈现我国农业农村发展的重要历史事件和发展历程，相关文章阐述了农业国际合作的伟大贡献、粮食生产发展、破解农村土地产权制度改革问题的新思路、农业农村法制建设历程、乡村治理的历史演进与发展变迁等方面的内容。地方发展篇主要反映新中国成立以来农业各产业发展历程与成就。这些文章，既是历史的再现，也是对新中国成立70周年农业农村发展的思考，为当代农史研究提供了不可多得的宝贵资料，对未来“三农”的发展也有重要的参考和借鉴意义。

本书的出版也是中心重视当代农史研究工作的一项重要成果。中心于1992年成立了当代农业史研究室，研究室成立后持之以恒地收集、整理我国当代农业农村工作发展历史第一手资料。连续多年组织以当事人、知情人身份回忆、撰写有关农业领域重大历史事件来龙去脉的文字资料或回忆文章，并先后在内部刊物《当代农史研究》上刊出或结集成年度《共和国史料征集与研究报告》。为促进当代农史的学术交流和研究工作的开展，中心分别于2010年和2016年集册出版了《当代中国农业史研究文稿》和《当代中国农史研究文集》。2018年，为纪念我国农村改革40年，中心组织征集出版《2018：纪念农村改革40年》农史研究文集，作为对农村改革

40周年的献礼；2019年在之前研究的基础上继续征集出版《当代农史研究文集：纪念新中国成立70周年》，作为对新中国成立70周年的献礼。

新中国成立70年来，我们党团结带领全国各族人民不懈奋斗，使我国发生了翻天覆地的变化，取得了举世瞩目的伟大成就。新时代，新使命，新征程，站在新的历史起点上，我们要勇于承担起历史赋予我们的重大使命，将乡村振兴的蓝图扎扎实实地落地，将中国特色社会主义推向新的胜利。

由于收集资料难度较大，很多应收录的人物和事件组稿不能到位，留下遗憾。由于编者经验不足，水平有限，书中也难免有疏漏和不当之处，敬请各位作者和读者朋友批评指正。

本书编撰委员会

2019年8月27日

目　录
Contents

地方发展篇

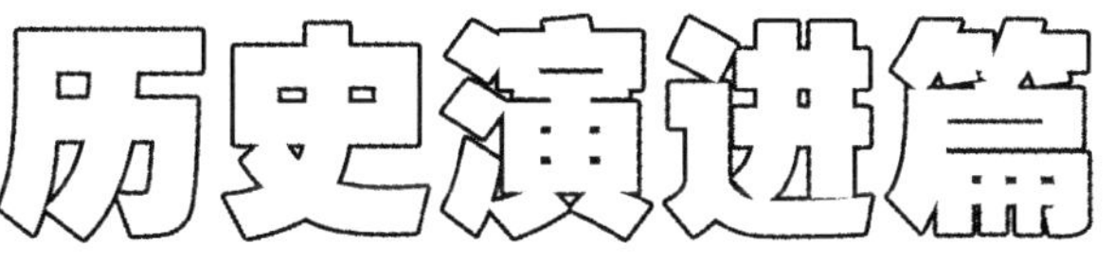

LISHI YANJIN PIAN

手里有粮，心里不慌

——回顾70年来我国粮食生产发展过程

郭书田

农业是国民经济的基础，粮食是农业的基础，也可以说粮食是国民经济基础的基础。民以食为天，食以粮为本。粮食是关系国计民生、社会稳定、国家安全的特殊产品。鉴于我国人多地少的基本国情，发展粮食生产，确保粮食安全，是党和政府的一项重大而艰巨的任务。新中国成立70年来，粮食生产成就很大，有目共睹，不少经验需要总结，面临问题更不能小视。因此，应该采取实事求是的态度，回顾粮食生产发展的历史，以史为鉴，始终把饭碗端在自己手里。

一

在新中国成立以后，党领导农民实行土地改革，实现了“耕者有其田”，废除了两千多年的封建土地制度，解放了生产力。接着不失时机地把农民组织起来，走上了互助合作的道路。“大跃进”与“文化大革命”时期，粮食生产虽受到了一定影响，但农民顶住压力坚持生产，保证了城市居民基本口粮的供应。改革开放以农村为突破口，农民冒着风险，突破了一个又一个禁区，创造了一个又一个奇迹，使粮食产量持续上升。自1949年至今的70年中，人口由5.4亿上升为13.9亿，增长1.5倍；粮食播种面积由15亿亩*上升为17.5亿亩，增长16.7%；粮食亩产量由68千克上升为375千克，增长5.5倍；粮食总产量由1亿吨上升为6亿吨，增长5倍；人均产量由200千克上升为421千克，增长1.1倍。由此看出，总产量的大幅增加，主要是靠提高单位面积产量，说明粮食生产的巨大潜力。我们用不到世界9%的耕地养活了占世界近20%的人口，使7亿贫困农民解决了温饱问题，受到国际社会的好评。这使新中国成立前美国国务卿艾奇逊在《对华白皮书》中声称中

* 1亩=1/15公顷。

国没有哪一个政府、包括共产党执政的政府，能解决中国人吃饭问题的断言不攻自破。

70年来，粮食生产的发展过程是有起伏的，大概分为六个阶段：

第一阶段自1949年至1958年，粮食总产量由1亿吨上升为2亿吨，增加1亿吨的时间为10年。

第二阶段自1959年至1978年，粮食总产量由2亿吨上升为3亿吨，增加1亿吨的时间为20年。

第三阶段自1979年至1984年，粮食总产量由3亿吨上升为4亿吨，增加1亿吨时间为6年。

第四阶段自1985年至1996年，粮食总产量由4亿吨上升为5亿吨，增加1亿吨时间为12年。

第五阶段自1997年至2013年，粮食总产量由5亿吨上升为6亿吨，增加1亿吨时间为17年。

第六阶段自2014年至2018年，粮食总产量连续五年保持在6亿吨以上。

根据常情，每增加1亿吨的时间，由于基数增大时间自然会延长。但是也有例外，1984年的粮食总产量由3亿吨达到4亿吨，只用了6年时间，而与1978年粮食总产量由2亿吨达到3亿吨用了20年时间相比，基数大而增加1亿吨的时间反而缩短了14年，这也可以说是改变常规的奇迹，被誉为“黄金时代”。需要作科学的分析。

粮食生产是自然再生产与经济再生产交织在一起的生产过程，增产或减产，既有气候因素，又有政策因素。在增产时一般认为：一是政策好，二是人努力，三是天帮忙。为什么基数大增加1亿吨的时间反而缩短了？主要是由于提高单位面积产量，而亩产量由1978年的168千克上升到1984年的240千克，当时分析其原因有：一是土地包干到户的推行，调动了农民种粮的积极性；二是科学技术成果的应用，水稻与玉米杂交优良品种的推广；三是化肥的大量投入，引进了国外13套年产30万吨合成氨化肥设备投产；四是多年来积累起来的农田基本建设工程老本，包括水利工程与在丘陵山区修筑的梯田，减少水土流失，以及这阶段气候基本正常等多种因素。其实起决定性作用的是体现价值规律的粮食收购价格政策，即在定购价提高30%的基础上超购加价50%，使农民收入大幅度增加了。特别是“三靠队”（吃粮靠返销，生活靠救济，花钱靠借债），无定购基数，收购粮食全部为超购加价的收入，超购的越多，农民收入增加得越多。这是粮食生产“超常规”发展的第一因素。

但是，由于对1984年粮食大丰收出现“卖粮难”的形势估计过于乐观，于是在1985年调整了收购价格，改为“倒三七”（三成为平价，七成为超购加价的平均加权价），大幅度减少了农民种粮的收入，导致粮食大减产，播种面积下降 6 060 万亩，亩产由 240 千克减为 232 千克，总产量减少 282 亿千克，下降 7%，人均产量由 390 千克减为 361 千克。这是在气候正常的情况下出现的大减产，在历史上是罕见的。但是当时对于这一情况缺乏实事求是的正确分析，认为减产原因有三：一是天灾不可避免；二是调整产业结构的必要；三是部分地区忽视粮食生产。回避了价格政策的因素，这实际上是对违背价值规律的“惩罚”。由于出现了粮食生产数年的徘徊，直到十三届五中全会才重新评价为是对 1984 年粮食丰收估计过于乐观而采取了不适当的政策措施，导致了 1985 年的大减产。一正一反的经验说明，千规律、万规律，价值规律是第一规律的道理；同时也说明，实践是检验真理的唯一标准，实践是一面镜子，是判断我们政策正确与否的试金石。

为了扭转这一局面，采取了一些微调的政策，如与粮食定购任务的“三挂钩”（化肥、柴油、预购定金），使收购价格略有回升，从而使粮食生产也略有回升。价格政策的微调与粮食产量的微升，呈正相关系十分明显。

二

粮食购销制度的演变过程，正是中国由计划经济制度向社会主义市场经济制度转型的过程，两者是紧密相连的。粮食购销制度的演变大致经历了四个阶段：第一阶段是在新中国成立初期 1949—1952 年，粮食是自由贸易的，市场主体是私营粮食企业。第二阶段是 1953—1984 年，实行粮食统购统销制度，鉴于在自由贸易中，一些不法私商投机倒把、囤积居奇、扰乱市场，影响粮食安全，同时为了保证粮食供求的基本平衡，采取了由政府统一收购。农民除了三留粮（口粮、种子粮、自养禽畜的饲料粮）外的余粮上交，然后在城市按人口凭票供应定量的口粮。与此同时，实行了城乡分割的两种户籍制度，形成二元的社会结构。这一制度一直持续到改革开放以后。第三阶段是 1985—1987 年，将统购改为“双轨制”，即合同定购一部分，市场议购一部分，也就是人们说的“死一块，活一块”，在购销体制上迈出了重要的一步。第四阶段是 1998 年以后，粮食的收购同步放开，由于提高粮食收购价格的同时城市销售价格不动，出现财政补贴不断增加。后在逐步提高城市工人工资水平中实现了购销同价，具备了放开购销价格的条件，使购销同步走向了市场。在这个过程中，也曾出现过反复，如在 1985 年粮食大减产以后，把“合同订购”改为“国家定购”，强调了农民完成定购计划既是任务又是义务；但不久在粮食产量上升时，恢复了市场定购，完成了由统购统销转为市场购销的过程。政府的宏观调控由行政手段为主转为以经济手段为主，购销价格由市场的供求变化形成，政府采取最低收购价与保护价等政策，保护种粮农民的利益。

虽然粮食是一种特殊产品，除了经济功能外，还肩负着社会稳定与国家安全的功能，但毕竟具有商品的属性，受市场经济规律的制约。在完成由计划经济向市场经济转型中，粮食产量大幅增加，从此以后，粮食产量就像爬山坡一样，每上一个1亿吨台阶，就会出现几年的徘徊时间。1996年，在经历12年之后由4亿吨上升到5亿吨，但在1997年下降为5亿吨以下，1998年与1999年回升到5亿吨以后，从2000年起至2006年连续7年徘徊至5亿吨以下。2006年6月12日，我与几位研究粮食问题的专家，给温家宝副总理并朱镕基总理写了一份《关于改革粮食流通体制与价格政策的报告》，就按保护价敞开收购农民余粮、国有粮食收购企业实行顺价销售、粮食收购资金封闭运行三个问题提出改革的建议。到2007年，粮食产量恢复到5亿吨，连续6年达到5亿吨以上，在2013年达到6亿吨，至2018年保持在6亿吨以上，出现了自2006年至2017年连续12年增产的良好局面。

三

中国既是粮食生产大国，又是消费大国。当今粮食仍然面临着严峻的形势，不能掉以轻心。主要反映在粮食的供给不能满足随着人口的增长与人民生活水平的提高而产生对粮食的需求，不仅是数量，更重要的是质量，距离“高产、优质、高效、生态、安全”的要求还相当远，需要作出更大的努力，解决面临的重大问题。

一是生态环境问题。党的十六大首次提出，中国已经进入建立资源节约型与环境友好型社会的新阶段。加强生态文明建设，在治理生态环境上采取一系列重大措施，包括退耕还林、退耕还草以及生态农业县建设，取得了显著成效。但由于积重难返，局部有所改善，总体还在恶化。最突出的是农业的面源污染与土壤的重金属污染甚为严重。以占世界9%的耕地，使用了占世界30%～40%的化肥，而有效使用率仅为30%，不仅污染了环境，还增加了成本，造成增产不增收。对粮食生产虽然采取了四项补贴（面积、良种、化肥、农机），而由于生产资料价格大幅上升，增加的支出基本抵消了补贴增加的收入。如果把劳动力支出加入到成本中，种粮是负效益。党的十八大以来，“绿水青山就是金山银山”的理念深入人心。农业部提前实现了化肥与农药的“零增长”，但由于存量的基数太大，解决起来难度很大。中央提出在“十三五”期间，生态环境由“局部改善，总体恶化”转变为“总体改善，局部恶化”的局面，还要付出极其艰辛的努力。

二是粮食效益问题。在工业化初期，学习苏联的经验，国家采取工农业产品价格“剪刀差”的政策（斯大林对此称之为“超额税”），为工业提供了巨额的原始积累（9 494 亿元），农民做出了巨大贡献。改革开放以来，虽然提出“工业反哺农业，城市支持农村”以及“多予少取放活”的方针，使显性的“剪刀差”有所减弱，而隐性的“剪刀差”仍然严重，城乡居民收入差别仍居高位，最高为 2009 年达到 3.33∶1。2018 年下降为 2.68∶1，仍高于 1978 年 2.5∶1 与 1984 年 1.7∶1 的水平。特别是在工业化、城市化快速发展过程中，不但未能同步实现农业现代化，而且出现了新的“三化”（农业副业化、农业劳动力老龄化、农村空心化）以及三大留守群体（老人、儿童、妇女），谁来种地的问题凸显。农民突破户籍的限制，自带口粮进城务工经商，有 2.8 亿农民工由“世袭农民”变为“两栖农民”，在十分艰辛的条件下，获得了工资性收入，在家庭收入中超过了种地的经营性收入，尤其是粮食的收入微乎其微。从中可以看出，90 年代中国经济双位数的高速增长，是以廉价的劳动力红利与土地红利支撑的。1991—1995 年，全国 GDP 年均增长率为 11.8%，农村的贡献率为 8.18%，占 68.94%，而城市的贡献率为 3.62%，占 31.6%。在这种情况下，粮食已不是农民的主业。中央提出在“自愿、依法、有偿”的原则下，促进土地承包经营权流转，形成适度的规模经营。由于农民惜地心理，流转速度很慢，至今只有不到 40%，包括家庭农场、专业大户以及合作社等新型主体，需要对他们加大扶持力度，提高种粮的收益，使他们的收入不低于务工经商的收入水平，确保粮食安全才会有可靠的制度保障。2005 年中央决定取消农民一切税费（高达 2 800 亿元），受到农民的欢迎，结束了两千多年以来农民交皇粮国税的历史。

三是粮食大量进口问题。由于分户的经营规模小，被称之为“超小型农户经济”。在 2.4 亿农户中，户均土地只有 6.7 亩，尽管运用优良品种等技术可以提高单位面积产量，但劳动生产率与商品率很低，基本处于自给半自给状态，农业缺乏竞争力。我们虽然根据 WTO 的“黄箱”与“绿箱”政策，对粮食生产给以补贴，但杯水车薪微不足道。在国际化、市场化大潮中处于劣势地位，外国粮食长驱直入中国。近几年粮食进口量（包括大豆与谷物）高达 1 亿吨，相对于国内产量的 1/6（大豆为 9 倍），在历史上是空前的，这对国内粮食生产冲击之大是显而易见的。现在日本大米、俄罗斯的小麦已进口到中国。有人认为，进口粮食等于进口国外的土地、水、良种、化肥以及政府的补贴，何乐而不为？错矣！不敢苟同。中国是人口居于世界第一的大国。天有不测风云，人有旦夕祸福。如果一旦出现全球性灾荒，或发生战争，粮食常成为产粮国外交斗争的工具，扼制进口国，手里存有多少外汇也买不进粮食，这已为历史经验所证实。目前，全球尚有 8 亿饥饿人口，而粮食贸易量只有 2 亿～3 亿吨。中国大量进口粮食，会对世界粮食危机增加砝码。使我们记忆犹新的是前几年，在美国、德国先后发生抢购奶粉的事件，使当地居民恐慌不安。对此我们岂能坐视而不痛心疾首，作为农业战线工作多年的人，不能不为此

“内疚”。为了应对国际粮食市场的变化，在改革开放初期，与美国芝加哥期货交易所合作，在郑州建立了第一个粮食期货市场，运用期货价格调整国内市场。由于中国是个产粮大国，对国际粮食市场影响甚大。一次预计夏粮减产，芝加哥交易所的粮价立即上涨（实际上未减产），这说明中国打一个喷嚏，那里就会患一场感冒。在全球进入国际化、市场化大潮中，我们更应有忧患意识，居安思危，防患于未然，把粮食立足于国内基本自给，进出口作为品种与余缺调剂，以此作为基本方针，不能动摇。值得欣慰的是农垦系统的国有农场在改革开放中，建立了大农场套小农场的体制，粮食生产有了巨大发展，仅“北大荒”垦区拥有4 000万亩耕地，年产200多亿千克粮食，商品率95%以上，成为确保粮食安全的压舱石。他们在农业“走出去”中，与外国合作建设商品粮基地，发挥了“排头兵”作用。

四

中国是农业立国的国家，曾经创造了辉煌的农耕文明，成为东方农业文明发源地之一，与西方的希腊文明和罗马文明并驾齐驱领跑世界文明。科学史学者李约瑟说，中国已经使用铁器，而欧洲还处于黑暗时代。在英国工业革命之后，西方资本主义快速发展，而中国长期处于闭关自守状态，落后于西方经济的发展。在鸦片战争以后，西方以炮舰打开了中国的国门，使中国沦为半封建、半殖民地社会，西方在农业方面的先进技术也开始输入中国，突出的有三项：一是遗传育种技术，二是矿物营养技术，三是农业机械技术。使传统农业发生了变化，但进展缓慢。在传统农业中，粮食居于举足轻重的地位。稻、粱、粟、麦、黍、稷在甲骨文及《诗经》、《山海经》、《礼记》、《尔雅》均有记载，是中国粮食之源，也是养育中华民族之根。经考古发现，浙江余姚河姆渡文化遗址出土的种植籼稻化石，已有7 000年的历史，比文献记载推前2 000多年；内蒙古赤峰敖汉龙山文化遗址出土的种植粟（小米）的化石，已有8 000多年的历史；安徽亳县出土的碳化小麦种子，已有4 000多年的历史，在全球150多个小麦品种中，中国占一半以上；在甘肃、陕西一带的文化遗址出土的菽（大豆）化石，已有7 000～8 000多年的历史，证明中国是大豆的原产地。中国从寒温带到热带的气候地理条件，是最大的生物基因库，也是粮食作物的基因库。一些原产中国粮食作物的栽培技术，如稻田养鱼等已列入世界农业重要文化遗产保护项目。在960万平方公里的国土中，包括耕地、草地、林地，还有大面积的荒漠地、盐碱地以及水域，在丘陵山区多种木本粮食与木本饲料，在牧区多种草食动物。而如果不能解决农产品特别是粮食的自给问题，不论有千条万条“理由”，是说不过去的，无法告慰我们的祖宗，对此值得深思。习近平总书记提出的“把饭碗端在自己手里”与“藏粮于地，藏粮于技”等，都要落到实处，包括主产省与主产县增加调出量，缺粮省与缺粮县减少调入量，增加供求平衡的省与县，把战略目标与战术措施统一起来，增强抵御自然与市场风险的能力，使产粮大国变为产粮强国，使各族人民都能有真正的获得感、幸福感、安全感。

（作者系原农业部政策法规司司长）

新中国农业发展获得国际社会赞誉

——连任两届（1988—1989年和1990—1991年）联合国粮农组织计划署委员会委员的回顾

朱丕荣

一、中国与联合国粮农组织的关系

联合国粮农组织于1945年10月16日成立，比联合国成立早8天，当时有34个国家代表参加。中国派农业专家邹秉文先生出席，并在章程上签字，是发起国之一。

联合国粮农组织的宗旨是：促进世界经济的发展，并保证人类免于饥饿，提高人民的营养水平和生活标准；改进粮食和农业产品的生产和分配效率，改善农村人口的状况。

1971年11月20日，联合国粮农组织理事会第57届会议上通过一项决议，邀请新中国参加该组织和第16届大会。总干事布尔玛先生致电中国政府，希望中国申请成为联合国粮农组织正式成员，并出席第16届大会。当时我国外交部姬鹏飞代部长于11月23日复电，因时间紧迫而不准备参加大会了。总干事布尔玛要求大会同意，中国有愿望时可以不经任何手续参加联合国粮农组织。1971年11月25日16届大会上以68票赞同，3票弃权，无反对票的情况下通过决议，授权总干事在中国表示有参加愿望时，可以采取一切适当措施，以实现中国重新占有在本组织的位置，并在财政问题上采取必要的措施。1973年2月，总干事布尔玛先生应邀访华，向中国表示该组织承认中华人民共和国是中国唯一合法政府。这样中国政府就正式通知总干事，从1973年4月1日起，中国参加联合国粮农组织的活动。1973年9月起，中国在意大利罗马设立常驻联合国粮农组织代表处，并派出一些人员到联合国粮农组织总部担任官员和中文翻译工作。中国是发展中国家，是农业大国，人口和粮食产量均占世界的1/5。如果没有中国的参加，联合国粮农组织很难成为全球性多边机构。1973—1978年期间，双方合作良好，通过联合国粮农组织中国加强了与各国的农业交往。1979年，中国执行对外开放的政策，开始利用联合国粮农组织和多边机构的农业技术合作，粮食援助与国际货款，正常开放农业对外经济技术合作。

联合国粮农组织的最高权力机构每两年召开一次成员国大会。1990 年有 158 个成员国，现约有 190 多个成员国，其职能是确定政策，通过预防与工作计划，向成员国和其他国际组织提出有关粮农领域问题的建议，审查本组织各种委员会的决议和接纳新成员以及选择总干事（任期为六年）和理事会独立主席（任期两年）。大会下设理事会，在大会休会期间，执行大会所赋予的权利。一般每两年至少开会三次，理事会由独立主席和 49 个理事国组成，理事会任期三年，每届更换 1/3。理事国席位按区域分配，亚洲 9 个，远东 6 个，拉美加勒比 9 个，非洲 12 个，欧洲 10 个，北美 2 个，西南太平洋 1 个。但是一般高会费的发达国家中的美国、日本、德国、法国、美国、意大利、加拿大和发展中国家的中国、印度、印度尼西亚、巴基斯坦、阿根廷、巴西等，历届都当选为理事国。

理事会下设计划、财务、章法、农业、林业、渔业、商品、食品安全等 8 个委员会，协助研究审议各部门问题，提出相应建议。

计划和财务委员会是具体审议组织方针政策的两个主要机构。计委设主席 1 人，委员 10 人，财委设主席 1 人，委员 8 人，由理事会选择成员国中具有专长的代表担当，任期两年，连选三连任。计委中，欧洲、北美和西部太平洋区域 3 名；亚洲、非洲、远东、拉美与加勒比 8 名，共 11 名。财委中，欧洲、北美和西部太平洋区域 3 名，亚洲、非洲、远东、拉美与加勒比 6 名，共 9 名。

二、1987 年总干事竞选是发达国家与发展中国家的大较量

爱德华·萨乌马先生于 1975 年当选为联合国粮农组织总干事，1981 年又继任当选。1987 年 11 月换届时他仍要竞选下一届干事。1987 年 6 月在理事会上，澳大利亚、加拿大、美国等国提出总干事能连任两届，不能连任三届，表示反对他再连任。当时墨西哥、古巴等国代表提出反驳，提出粮农组织的正法中无这样的规定，大会选择加拿大、澳大利亚和北欧一些国家联合代表的书面意见，要求联合国粮农组织进行改革并指责萨乌马墨守成规，不支持他继任当选，并选择门萨先生担任联合国粮农组织的总干事。双方对此进行了大串联、游说、竞选活动。

萨乌马在过去 12 年工作中还是有业绩的，他有积极为发展中国家振兴农业的服务精神，关心农业、农民、农村问题。制定了技术合作计划，从经营当时两年 6 亿美元中抽出 12%到 17%，用于对发展中国家的技术援助，办了许多实事。在粮农组织中，征聘发展中国家的专业人才力求国际化。他的缺点是有些高傲，不太尊重一些发达国家的意见。经过激烈的竞选，1987 年 11 月第 24 届大会投票的结果

是萨乌马再次当选，连任三届联合国粮农组织总干事，显示了发展中国家团结的力量。

萨乌马先生竞选总干事特别希望得到中国的支持，并于1987年4月9日到17日来中国访问。时任农业部部长何康赞扬了他为各国做的许多事情，表示希望他能连续成功当选。萨乌马先生提出：希望中国在粮农组织中发挥更好的作用，建议竞选计委或财委委员。事后，经外交部和农业部研究，推荐我报名，去竞选计委委员。1987年11月27日第93届理事会上，我荣幸的以最高票数当选计委委员，说明各成员国对中国的大力支持，1989年换届时，我第二次当选，连任计委委员。

三、对联合国粮农组织的职能活动进行大审查

1989年11月第24届大会上，萨乌马先生第三次连任总干事，一些发达国家仍心怀不满，故意出难题，发起了要“对粮农组织目标和活动某些方面的审查”的提案，会上作为决议通过，授权计委、财委协同进行这方面工作。粮农组织除聘请两个高级专家组调查研究（240万美元）外，还动员内部工作人员全面总结检查，提出1988—1989年的宗旨目标仍然有效，进一步明确了联合国农粮组织的7个发展目标：①改进资源利用和生产。②保护自然资源和环境。③开发人力资源。④提高营养水平。⑤改变穷人和不利阶层的生活水平。⑥调整粮食的生产、分配和销售政策。⑦改进有关农牧业、营养、林业、渔业和信息工作，要求今后继续加强粮农组织的作用和活动，迎接新世纪农业新挑战。

联合国粮农组织的三大主要职能：①作为全球农业的信息收集者、传播者，希望建立世界农业信息中心。②促进包括农业改革问题的国家行动和国际行动，旨在加强农业和农村发展，从而实现生产保持增长，为减轻贫困、确保粮食安全提供一个基础，并使之可以审慎地选择发展项目与计划。③向发展中国家提供技术援助和其他支持。对此，在多次讨论中，一些发达国家代表要求加强前两个职能，对第三个职能则有异议。理由是：粮农组织机构庞大，人员众多，经费不足，应当压缩实地活动；同时联合国开发计划负责提供技术援助，粮农组织不必再向发展中国家提供技术援助，甚至认为，这是萨乌马先生为了讨好和拉拢发展中国家。发展中国家代表和专家组则认为，粮农组织的技术援助实地活动是向各国政府提供世界范围内积累的发展经验的一种主要手段，实地活动业绩同其他联合国机构相比，是相当优异的，是有成效的。粮农组织的技术合作计划是为发展中国家农业发展办好事，帮助解决一些具体技术问题，是起星火燎原作用的，是深受欢迎的，不能取消，还应加强，希望通过信托基金或其他渠道，争取更多资金和额外资助，支持更多技术合作项目，并提供更好的服务，帮助发展中国家改善资源和环境，满足其人口和子孙

后代持续发展的需要。

讨论粮农组织职能时粮农组织和发展中国家都希望有计划地增长，但一些发达国家（承担会费较多）代表表示反对，只同意零增长，争论极为尖锐和激烈。

四、审议农业农村可持续发展国际合作大纲

1992年在巴西召开的“环境与发展会议”提供了农业农村持续发展的国际合作大纲文件，粮农组织于1991年5月讨论了这个大纲，其中提到了持续农业的含义：“在管理和保护自然资源基础的基础上，调整技术和机制变化的方向，以确保获得和持续满足目前和今后世世代代人的需要。这种（农牧林渔方面的）持续发展能保持土地、水、植物和动物遗传资源，不造成环境退化，技术上适当、经济上可行，而且社会能够接受”。

对此，我就中国的情况提出看法和意见：①气候也是一种自然资源；②资源与环境需要保护。中国缺林少林，原来全国森林覆盖率7%多，现在已提高到13%多（注：2018年已达到22.96%）。主要靠人工造林，我国每年的植树节，号召全民植树造林，绿化祖国。水产方面，主要发展养殖，增强资源，养殖产量占水产总量的一半以上（当时全球养殖业占水产总量的12%）。中国人多地少，一方面需保护节约用地，同时也要改造低产田，对盐碱地、山坡地采取工程措施与生物措施相结合进行深度整理，改善生态条件，许多地方为了提高土地质量，因地制宜合理利用水土资源，实行设施农业，推广良种，综合提高农作物单位面积产量，提倡农林综合经营，农村一二三产业综合发展，增加农民收入。在农村推广沼气、太阳能、风能、小水电等，增加农村能源，改善生态环境。这些情况引起与会专家的兴趣，将其列入了会议纪要，事后粮农组织让我们将沼气技术向各国宣传推广。同时各国专家来访华参观考察，共同决定将中国农业可持续发展的经验向国际社会传播。

我担任联合国粮农组织计划委员会是一个新的尝试和陌生任务，通过介绍中国农业特点及成就，获得了意想不到的良好效果，在我结束任期时，总干事萨乌马先生1991年12月19日给我的来信中说：在您任期内，计划委员会根据要求处理了一些问题，使粮农组织的目标通过了审查，并评价了该审查的后续行动，我非常了解您所做的卓越贡献，这些卓越的贡献，不仅使您赢得了计划委员会中各位同事的称赞，而且也是我对您表示钦佩和感谢的原因。这是对我的鼓励，也是对中国农业发展的赞赏和表扬。

（作者系原农牧渔业部外事司司长）

新中国70年来农业国际合作的伟大贡献

朱丕荣

中国是一个发展中国家，是一个农业大国，人口众多，历史悠久，地域辽阔，生物资源丰富，是农产品生产、加工、消费、贸易大国。开展农业对外交流与合作是我国国际交往与对外开放的重要组成部分，对实现互利共赢、改善民生、共同发展具有重要意义。

新中国成立70年来，在中国共产党的领导下，我们勇于实践，探索前进，实行改革开放，组织发动全国各族人民，奋发图强，艰苦奋斗，从一个贫困落后、闭关自守的旧中国，变成了一个脱贫致富、开放进步的社会主义新中国，并成为世界第二大经济体，进入中等收入水平国家行列，这是一个举世瞩目的历史性巨变。

就农业领域来说，我国农产品供给由长期短缺，逐步做到供求基本平衡，丰年有余，而且质量普遍提高，创造了用不到世界9%的耕地养活了世界近20%人口的奇迹；7亿多人口脱贫，广大人民从温饱走向小康；农业生产持续增长，农业基础设施不断增强，农业生产力有很大发展，生态环境有所改善，现代化水平显著提高，农村面貌焕然一新，农业国际声誉与地位大为提升。实践证明，这与开展农业对外交往与合作是分不开的，对外开放带来了推进动力。

一、农业对外合作的发展历程

回顾70年来我国农业对外交往与合作的历程，大体可分为五个阶段。

第一阶段：新中国成立初期到20世纪60年代中期，主要与苏联、东欧及邻近国家开始农业交往。重点学习苏联，引进农业机械、种畜及先进技术，聘请专家来华咨询、讲学、指导，系统介绍米丘林遗传学说和威廉姆斯土壤学说，组织农业部门领导层与专家，去苏联、东欧和印度、缅甸、印度尼西亚、巴基斯坦、柬埔寨、越南、朝鲜、蒙古国、埃及等国家和地区，考察访问，并进行品种资源与技术资料交流，向苏联、东欧等国派遣留学生和实习生，签订有关动植物检疫和科技合作协议，举办学术研讨会等活动。应朝鲜、越南、蒙古国等国的需求，接受这些国家的留学生、实习生来华培训或派专家去协助工作，提供一些设备、实物援助。与日本则有民间交往，引进水稻品种、栽培技术和手扶拖拉机等。1963 年底、1964 年初，周恩来总理访问非洲，宣布对外援助八项原则，扩大向亚非拉发展中国家提供技术援助，由原来的 19 个国家扩大到 30 多个国家。"文化大革命"期间，中国与多数国家农业交往处于停顿状态，仅有少数国家，如越南、朝鲜、阿尔巴尼亚、巴基斯坦、坦桑尼亚、刚果、毛里塔尼亚、几内亚、马里等仍有来往。

第二阶段：70 年代，开始走向世界。1971 年我国恢复了联合国的合法地位。1973 年 4 月恢复了在联合国粮农组织的合法席位。1972 年起，在对外交往中，突出的是接替我国台湾在非洲国家农耕队的工作。在布基纳法索、坦桑尼亚、乌干达等国先后接办和新建农场 23 个。在赞比亚、桑给巴尔、埃塞俄比亚、莫桑比克、卢旺达、索马里、布隆迪、莱索托、苏丹、博茨瓦纳、马达加斯加、塞舌尔、毛里塔尼亚、塞内加尔、利比亚、几内亚比绍、几内亚、马里、上沃尔特、塞拉利昂、利比里亚、圣多美和普林西比、加纳、贝宁、毛里求斯、阿尔及利亚等国，均有中国农业援助项目，主要派出专家，帮助建立农业技术推广站，并提供必要的农机具、良种、化肥等生产资料，对受援国农业发展起到示范作用。同时还向拉丁美洲一些国家，如秘鲁、墨西哥、巴西、智利、圭亚那、苏里南、厄瓜多尔、哥伦比亚、巴巴多斯、乌拉圭等，开展农业往来，交换种子与技术交流。此外，同欧美、大洋洲、日本一些发达国家，如法国、意大利、联邦德国、荷兰、芬兰、丹麦、瑞典、挪威、比利时、英国、美国、加拿大、澳大利亚、新西兰等，也建立了政府或民间农业往来，相互考察交流。特别是与日本民间农业组织，如日本农民农业交流协会、日本农业协同组织、日中经济协会等，有计划地开展农业技术交流，活动频繁。

第三阶段：1978 年 12 月党的十一届三中全会提出改革开放决策后，到 2001 年加入世界贸易组织。中央与地方农业领导与科技人员有计划地去发达国家考察取经，广开眼界，解放思想，取长补短，更新概念，承认落后，奋起直追，虚心学习国外先进经验，积极引进外资、外企、技术、设备、人才。在以自力更生为主，争取外援为辅的方针下，积极接受国际援助与贷款，加入农业国际机构，如世界粮食计划署、联合国开发计划署、国际农业发展基金会、国际农业研究磋商组织、世界银行、亚洲开发银行等，逐步开展全方位、多层次、多渠道、多形式的农业对外合作。

与法国、联邦德国、美国、日本等国分别成立农业科技合作委员会或工作组，定期商定年度或长期农业技术合作、交流项目计划。还与澳大利亚、丹麦、荷兰、罗马尼亚、新西兰、比利时、瑞典、加拿大、意大利、南斯拉夫、匈牙利、美国、爱尔兰、西班牙、欧盟、奥地利、挪威、芬兰、瑞士、冰岛、保加利亚、波兰、民主德国等，按照平等互利、友好合作的原则，开展农业技术与合作活动。与苏联也开始恢复了交流与合作。至此，中国与世界主要发达国家都有了农业交往，为广泛开展国际合作提供了良好条件。

80年代，中国积极参加联合国粮农组织各项活动，阐明中国对世界粮食问题的立场，并支持促进发展中国家农业发展的政策与主张，得到国际社会的赞同与好评。与世界粮食计划署、联合国开发计划署、国际农业发展基金会、世界银行、亚洲开发银行、国际农业研究磋商组织等都建立了合作机制，开展实地项目活动。根据国内发展商品生产，推进一二三产业协调发展需要，重视以引进来为主，吸收外资、外企直接投资，贷款和无偿援助，大力加强农业基础设施建设和区域综合开发。1985年，农业就开始走出去，到非洲合作捕捞，开发远洋渔业，利用国内外两种资源，两个市场，我中有你，你中有我，融入经济全球化。

第四阶段：2001年加入世界贸易组织后，利用市场经济地位，积极发展农产品贸易，农业部门参与农产品对外贸易事务，加强农产品出口基地建设，扩大对外推介活动，努力发展农产品出口并增加农产品进口，成为农产品贸易大国。引进来与走出去相结合，积极开展农业领域"南南"合作，扩大农业援外范围和投入力度，加强对非洲、东盟、拉美等地区农业援助，推进共同发展，为世界粮食安全和扶贫开发事业多做贡献。

第五阶段：2012年党的十八大以来，进入社会主义建设新时代，开创新局面，加强农业对外投资合作，兴办境外农业，增强援外力度，倡导共商共建共享"一带一路"建设，共同构建人类命运共同体。积极参加区域、多边农业外交活动，利用亚太区域经济合作组织、上合组织、金砖国家、中—东欧、中—东盟、中日韩、中非、中—拉美、中—欧盟等合作机制体制，开展多边农业合作活动。为适应农业对外合作新形势，有计划地走出去，国家层面由农业部牵头，各有关部门参加，成立农业对外合作联席会议体制，统一规划，统筹协调，给予政策、贷款扶持与多方支持，开展农业对外投资项目，并组织产业联盟，增派驻外农业官员等有关工作，做好调研咨询服务。

二、加强农业对外科技合作，推进农业科技进步

农业对外交往，一般以科技交流合作为先导，简而易行，形式多样，有交换种质资源、情报资料，互派专家考察访问，讲学传授，召开学术会议，举办展览会，引进技术与装备，合作研究，学习培训等，促进智力开发，科技进步，农业生产力发展。据统计，我国农业科技进步贡献率，1976—1980年为27%，2012年为54.5%，2018年为58.3%。

1. 交换动植物种植资源

按照平等互惠，互通有无，有来有往，等价交换，以宝换宝的原则，进行农作

物品种资源、苗木、种畜、种禽、鱼苗、菌种等交换。经检疫试种鉴定后，有的可直接使用推广；有的用来作为杂交亲本或育种材料。1950—1979 年我国引进农作物品种资源 2 万多份，向国外提供 1 万多份。1979—2010 年引进 10 万多份，在生产上推广利用的有 150 多个品种。有的更新换代，目前生产上应用的良种，约有一半是从国外引进和利用引进种质资源培育成功的，如意大利小麦，阿尔巴尼亚阿夫、阿波小麦，日本水稻“农垦 58”，国际水稻 IR8，加拿大奥罗油菜，美国抗虫棉、脐橙，日本富士苹果，波兰、德国、荷兰马铃薯品种，东南亚橡胶以及油梨、咖啡、腰果、芒果等品种，还引进甜叶菊、聚合草、木豆、剑麻、籽粒苋、银合欢、澳洲坚果、油橄榄、辣木、藜麦等新作物。畜牧方面：50—60 年代引进苏联与蒙古国的役马，印度、巴基斯坦摩拉水牛、奶水牛；澳大利亚美利奴羊，丹麦长白猪，欧洲瘦肉型猪等。改革开放后，从欧洲、美国、加拿大、新西兰、澳大利亚、日本引进奶牛与肉奶兼用牛、奶山羊、种禽、德国长毛兔、肉兔、鸵鸟等。水产方面：50 年代从朝鲜引进虹鳟鱼，60 年代引进古巴牛蛙，70 年代引进沼虾、蟾胡子鲶、罗非鱼、墨西哥巨藻，以后引进海湾扇贝，南美白虾，尖牙鲈、银鲑、龙虾、鲟鱼等良种，逐步推广利用。

2. 引进实用技术

50 年代学习苏联的小麦密植、植棉技术、草田轮作、农田防护林、机械化耕作、播种、收割技术。60 年代学习日本塑料薄膜水稻育秧法、塑料大棚栽培蔬菜。1979 年后，引进日本水稻旱育苗移栽、旱直播、机械化栽培技术，塑料薄膜地面覆盖栽培技术，引进欧美智能温室、无土栽培蔬菜等。设施农业发展很快，1979 年全国只有 8 万多亩，2018 年达 5 800 多万亩。此外，还引进免（少）耕法、水果蔬菜保鲜贮藏技术、组织培养、高效低毒农药、苏云杆菌生物农药、复合肥料、测土配方施肥、机械化养鸡、雏鸡雌雄鉴别技术、冷冻精液、人工授精、配合饲料、青贮氨化饲料、奶牛机械化生产、加工技术等，养鱼配合饵料、网箱养鱼、飞机播种喷药防治病虫害、喷灌、滴灌、节水灌溉技术、遥感技术、核农学（原子能农业利用）、太阳能与风能利用、农药残留检测技术，禽流感防治以及农牧渔产品加工技术等。这些先进技术的推广应用，对于增加生产、提高质量效益、保障食品安全，都起了良好的作用。

3. 学习先进管理经验

50 年代到改革开放前，生搬硬套学习苏联计划经济体制，强调一大二公，行政指挥，不因地制宜，不讲究经济、社会、生态效益，走过一段弯路。1978 年在总结经验教训的基础上，尊重群众首创精神，下放权力，实行家庭承包责任制，充分调动农民生产积极性。吸取国外发展商品经济、讲求经济社会生态效益与可持续发展以及农业法治经验，逐步制定农业各种法规制度，保障农业生产、加工、销售、分配等活动有序健康实施。吸收南斯拉夫农村一二三产业综合发展经验，注意加强产后加工、储运、销售等薄弱环节，在一些城郊和国营农场试办农工商、牧工商、渔工商等联合企业，提高了综合效益。试办各种农业合作组织以及企业基地＋合作社、农户，实行产加销的产业化经营体系。对于农业投资拨款，采取国际合作项目的严格管理制度，建立立项科学依据、目标、设计、论证、评估、可行性调查、有效措施、进程、监督、审计、验收等程序。学习荷兰、丹麦、德国等农民职业教育，给合格农民发放绿色证书制度的经验，加强对农民进行各种形式的职业培训教育，努力提高农民素质，以利农业现代化建设。

党的十六届四中全会，吸收工业化国家的经验，提出了工业反哺农业，城市支持农村，实现工业、农业、城市、农村协调发展，实施以工补农，优惠扶农，扶农补贴，对农村采取“少取多予放活”的政策，有力推动农业农村发展。借鉴欧美等国发挥农业多功能性，推进休闲农业与乡村旅游业发展，既满足城市居民改善生活需求，又有利富裕农民，美化农村，密切城乡关系，缩小城乡差距。2008 年休闲农业全国接待 3 亿多人次，2015 年接待 22 亿多人次，2018 年接待 30 亿多人次，营业收入超过 8 000 亿元人民币，成为农村第三大产业。

4. 加强农业智力引进

50 年代和 60 年代初，邀请苏联和东欧国家农业专家学者来华讲学、指导，并派出实习生 500 名到苏联国营农场实习，向苏联、东欧国家派出一批农科留学生。农业科技界着重学习苏联米丘林遗传学说，批判摩尔根基因遗传学说，迷失了学术方向，加上受“文化大革命”影响农业科教事业受到了冲击，不了解西方先进国家农业科技发展的信息，致使我国农业科教事业发展滞后。改革开放后，狠抓科教兴农，积极采取请进来与派出去相结合，加快培养农业中高级人才。1979—2014 年引进农业专家学者 3 万多人次来华讲学咨询指导，同时派出留学生 1.4 万人次（包括访问学者），还有一批实习研修生。这对消化吸收国外先进农业科技知识，推进科技进步与创新能力起了积极作用。

5. 开展合作研究

改革开放后，为了使科技交流进一步深化，中外双方投入，进行合作研究，分工协作，优势互补，发挥智能创新，成果共享。如与日本合作，进行北京市瓜类育种，培育出“京欣”西瓜良种，进行云南水稻育种、黑龙江低温冷害防治合作研究。与澳大利亚开展小麦育种、柑橘育种、反刍动物微量元素、以虫治虫、生物防治等合作研究。与加拿大进行钾肥施用和油菜育种合作研究。与德国进行农村再生能源、农场废弃物处理合作研究。与意大利进行肉牛育种合作研究。与法国进行梅山猪、肉牛生产质量安全速测合作研究。与美国进行对虾病毒测定、陆地棉基因测序等合作研究。国际农业研究磋商组织所属的各个研究中心在我国 20 多个省区市

50 多个科研单位合作课题 200 多个，有 40 多个合作项目分别获奖。21 世纪以来，与国际农研机构和双边政府部门科研单位，互动互信，在中国建立各种实验室 70 多个，还在巴西、古巴、比利时、澳大利亚、瑞士、哈萨克斯坦等成立海外农业联合实验室。联合国粮农组织和世界动物卫生组织在华建立参考实验室6 个。国际马铃薯研究中心 2015 年在北京延庆成立亚太中心。美国比尔·盖茨基金会在华建立了绿色超级稻项目，在亚非 15 个国家示范推广超级稻。中国农业科学院、热带农业科学院、水产科学院、中国农业大学、西北农林科技大学等均与国外建立广泛的合作关系。一些外国涉农企业，也在我国不同地区、不同作物进行化肥、农药等试验示范推广工作。1994 年国家专项设立《引进国际先进农业科技计划》，即“948”计划。从 40 多个国家和地区引进高新农业应用技术 3 500 多项，通过消化吸收创新，加快农业科技进步。据评估，可缩短 10～15 年的研究开发时间，节约研究开发经费 30％～50％，有效提高了科技创新能力。

6. 引进农业机械装备与仪器设备

50 年代从苏联引进农用拖拉机及配套农机具以及马拉农机具，兴建拖拉机厂。60 年代从日本引进手扶拖拉机和小型农机具。“文化大革命”期间，从国外购买引进 13 套年产 30 万吨合成氨大型化肥厂设备，扩大化肥施用，对保障农业增产起了良好作用。改革开放后，利用贷款，补偿贸易及技术援助，不断从国外引进农田基本建设施工机械、耕作机械、联合收割机、插秧机、秸秆粉碎机、排灌机械、割草机、干燥机、种子加工、施肥、喷药机械等，有效地提高了劳动生产率、土地产出率、资源利用率。2018 年全国农作物耕种收综合机械化率已达到 68％。小麦基本实现全程机械化，改变了农民历史上“面朝黄土背朝天”的艰苦劳动状况。畜牧方面，引进养鸡、养猪、养奶牛、养兔等系列机械设备，屠宰、加工、奶制品包装、储运、加工检测等设备装置及饲料加工设备。在 80 年代从国外引进饲料加工设备的基础上自我发展，建成了强大、新兴的饲料工业，现在年产工业饲料量达 2 亿多吨，居世界第一。水产方面，引进渔轮、海洋捕捞、鱼品加工、海洋渔业资源调查、饵料、鱼粉加工、渔网编织机等设备，提高渔业机械化水平，为发展农业产业化经营，引进果品加工、马铃薯加工、畜产品加工、制革、啤酒、葡萄酒等设备，有力推进农业现代化进程。农业科教单位利用世界银行贷款，专项引进一批先进仪器设备，充实重点实验室，改善研究手段，有效地提高了科研教学水平，科研成果大量涌现。

7. 利用技术援助

通过多边、双边与民间渠道技术援助，建立项目，提供仪器设备、专家服务或派人出国培训考察学习。50 年代，苏联援助建立黑龙江省友谊农场，提供机械设备和专家。匈牙利援建山东兖州农业拖拉机站，捷克援助河北黄骅建立友谊农场，提供设备与专家服务。改革开放后，联合国粮农组织提供技术合作计划项目，每项不超过25万美元（后改为40万美元），内容单纯，针对性强，可执行性强，软硬件结合，硬件不超过总援助额一半。1979—2017年共立项190个，总援助额3 000多万美元，内容涉及专项技术开发，农产品产后处理，农业管理培训等。联合国粮农组织信托基金项目，属一些发达国家专项资助的技术援助项目，由粮农组织执行，共立项40多个，总援助额4 000多万美元。内容包括水土保持、治沙、环境监测、灌溉、病虫害防治、农机、遥感技术、农业统计、畜牧、渔业、农产品加工等，对加快科技进步，促进农业与农村可持续发展，有良好作用。联合国开发计划署援助，主要用于农业技术开发，教育培训，资源开发示范等，如西北黄土高原土地资源利用，黑龙江大豆研究，氨化秸秆饲料，海水养殖，农机试验鉴定，农业遥感培训与应用，沼气培训，蚕桑技术培训，淡水养殖培训，蔬菜无土栽培，甘肃沙漠综合治理等，不仅对中国有益，也为其他发展中国家来华培训提供服务。

八九十年代，来自发达国家的技术援助项目较多。如欧盟提供的中欧农业技术合作，海南橡胶木利用，四川长江上游水土保持等，加拿大提供奶类、养猪、钾肥施用等援助，澳大利亚提供保护性耕作、湖南零陵柑橘研究、黑龙江农用飞机、兽医研究等援助，日本提供中日农业研究、天津奶类发展等援助，德国提供浙江金华奶牛及奶制品加工、南京兔毛纺织等援助，荷兰提供蔬菜温室技术、马铃薯种薯培育援助，挪威提供海洋渔业资源调查船等援助，瑞典、芬兰提供禽流感防治研究、水稻病虫防治研究等援助，对解决不同地区不同产业的关键性技术，起了促进与示范作用。

来自民间援助，包括一些外国企业、友好人士提供的技术与资金资助。如日本米可多商社石本正一，1985—1995年间赠送我们并推广塑料薄膜地面覆盖技术应用，并援助多座设施农业温室。泰国正大集团1993年向北京农业大学、华南农业大学、浙江农业大学各赠送父母代养鸡及配套孵化场及肉鸡场设备。美国孟山都、福特基金、洛克菲勒、比尔·盖茨基金等资助我国农业科教事业，日本国际协力集团捐赠1 000万元人民币，资助农业技术推广人员。一些国际金融机构也捐赠、支持农村公益事业。

三、促进农业对外经济合作，加强基础设施建设

我国农业基础设施差，长期缺乏资金，投入不足。改革开放后，我们积极利用国际粮食援助、贷款，吸收外商直接投资，致力区域开发，商品基地建设和农业基础设施建设，农业综合生产能力不断增强。

1. 接受国际粮食援助

从1979年起，开始接受世界粮食计划署粮食援助，有开发性援助和紧急援助（救灾）。开发性援助用以工代赈方式，在缺粮贫困地区搞劳动积累，投入农田基本建设。该署提供小麦面粉等食物，发给项目区出工农民，每天3.25千克粮食（每人），工具、材料、种苗、运输等费用由中方作为配套投入。六大城市奶类项目则由对方提供奶粉黄油，由我方加工成液体奶，出售后的收入用来发展郊区奶牛业，增加奶品供应，缓解市场紧缺状况。1979—2005年止，该署在华76个项目，援助粮食实物折合金额达10亿多美元，涉及31个省区市，3 000多万农民直接受益，成效显著。2006年起，该署停止对中国援助，中国成为该署的捐赠国。

1986年起，接受欧盟奶类项目援助，到1996年止，欧盟共提供奶制品与赠款折合人民币约8亿元。主要用于大中城市发展奶业。1988—1994年接受德国粮食援助，用于山东11个县水利、水土保持造林等基本建设，德方无偿援助粮食与资金，折合人民币4.5亿元。1983—2000年间，接受日本粮食增产援助，提供水稻机械化设备、化肥等生产资料，用于23个省区市的水稻产区少数试点县，折合总金额7 500万美元。这些项目，都取得了良好的经济社会生态效益，受到国际社会的表扬，起到"为民造福，为国争光"的作用。

2. 利用贷款

1980年开始，由当时国家农业委员会牵头，最先利用世界银行贷款，用于发展农业科技教育事业，以后逐步扩大他用。

世界银行：1981—2016年农业领域贷款共115个项目，112.8亿美元，有华北平原农业开发，黑龙江农垦，中国橡胶发展，农业科教一、二期，种子，淡水养鱼，红壤改良，长江中下游农业开发，农业支持服务，饲料工业开发，农垦商业化，沿海资源可持续利用，肉牛发展，新农村生态家园，富民工程等项目。对于推进科教兴农，区域开发，加强国有农场企业、商品基地建设，发展种养产业，都起到了良好作用。

国际农业发展基金贷款：1981—2016年农业共30多个项目，贷款总额10亿多美元，主要用于贫困地区和区域综合开发，加强农村基础设施建设，改善生态环境建设，发展农村经济。

亚洲开发银行：1987—2015年农业项目31个，贷款36亿多美元，用于农业区域开发建设，农村能源，农业产业化，农业生态工程建设等。

其他贷款：80年代利用东欧记账外汇2.12亿美元，引进饲料工业设备28套，养鸡设备21套，屠宰、孵化设备10套，冷库15套，啤酒罐装线8套。利用日本"黑字还流"贷款2.55亿美元，用于蔬菜、水果、猪、水产等出口基地建设，扩大创汇能力。

3. 吸收外商直接投资

80年代初，从沿海地区开始，以“三来一补”（来料，来样，来设备加工，用产品补偿贸易）为主，从合作经营，逐步发展为独资、合资、租赁、融资等企业，并向中西部地区扩展，主要来自韩国、日本、新加坡、泰国、美国、加拿大、英国、德国、法国等国。据商务部统计，农林牧渔吸收外商投资，1979年821家、6.92亿美元，2010年累计20 262家、492.7亿美元，2016年底累计达24 652家（占总外商的2.85%）、1 026.8亿美元（占总外商投资的2.56%）。例如黑龙江洪河农场与日本日绵商社合作，利用贷款1 350万美元，购置引进先进机械装备，开垦30万亩耕地，用项目生产大豆5.5万吨，分5年补偿归还贷款本息。天津红光农场与法商合资建立“王朝”葡萄酒厂。

广东华侨农场与新加坡商人合作，生产油棕和甜叶菊项目，互利双赢。重庆三峡集团与美国派森百公司合资在四川忠县建设全自动鲜橙汁生产线，年加工23万吨，产品畅销东亚、中东和欧美。泰国正大集团在我国建立原种鸡场和畜牧场、加工场和饲料工业企业共400多家，总投资1 100亿元人民币，年销售额近1 000亿元人民币，员工超过10万人。吸收外商直接投资，有利贸工农结合，引进先进技术设备，了解国际市场行情，提高经营管理水平，推进农业产业化、标准化、集约化、现代化，增加出口创汇能力。2017年外资种子企业在我国有26家，经营蔬菜、花卉、玉米、棉花等良种，在我国市场占有一定地位，有力地推广了良种产业，实现了优质、高产、高效。

为了进一步扩大农业对外开放，2018年国家在山东潍坊和海南琼海新建农业对外开放合作试验区。

四、走出去办农业，互利双赢，共同发展

1. 农业技术传授

我国农业生物种类资源丰富，水稻、小麦、谷子、大豆、花卉、蔬菜、梅山猪、北京鸭、青鱼、鲤、鲢等品种为国外所喜爱，并被引去利用或培育新的品种。50年代初，苏联在我国北方征集旱作物品种资源（谷子、糜子、高粱等），并引去茶、果等品种，加以利用。我国水稻品种中，不少品种具有耐寒性强的基因；小麦品种中，不少具有早熟性和快速灌浆、抗病等基因，可扩大利用。我国还有一些独特的农业技术优势，如多熟制，种植绿肥，轮作倒茬，梯田，杂交稻，杂交小麦，种茶，养蚕，淡水养鱼，食用菌栽培，菌草技术，兽药，中兽医针灸，沼气，综合防治病虫害，中小型农机具，太阳能，风能利用等，深受发展中国家欢迎。50年代就接受朝鲜、越南、蒙古国等国农业实习生来华学习培训或派专家去指导。改革

开放以后，通过双边或多边渠道，接受来华培训或派专家出国传授指导。中国的一些实用技术已在国外开花、结果扎根。

2. 农业技术援外

1953 年起，我国就对亚非 19 个国家提供农业技术援助，如对越南提供 8 个农场和 1 所中等农业学校的设备，还帮助建设生物兽药制造厂。60 年代向亚非 30 多个国家提供农业援助。1967 年起对非洲坦桑尼亚、刚果、毛里塔尼亚、几内亚、马里等国援建旱稻、水稻、甘蔗、茶叶、烟草等农场或试验站。1972 年起，接替我国台湾农耕队在非洲 20 个国家的农业技术援助项目取得良好效益，获得受援国好评。到 1978 年执行农业援外项目 127 个，1979—1981 年又增加 39 个农业援外项目。1979 年起，在搞好农业援外项目的同时，积极开展农业对外经济技术合作，1982 年开始成立中国农牧渔业国际合作公司，执行“守约，保质，薄利，重义”的方针，通过服务、承包项目和合资等方式开展国外农业合作业务，执行 60 多个合作项目。

2000 年中非合作论坛成立后，农业援外进入新阶段，以建立农业技术示范中心，派出农业专家指导或受援国派人来华培训等方式援外，逐步加大农业援外力度。2008—2017 年我国向非洲国家援助 27 个农业技术示范中心，向非洲 35 个国家派出农业专家 567 人次，农业职业教育教师 332 人次，帮助受援国在当地培训约 5 万名农业人员，在华培训 3 000 多名农业官员与技术人员。1996 年和 2004 年我国共向联合国粮农组织捐赠 8 000 万美元，支持“南南”合作，在联合国粮农组织粮食安全特别计划框架下，向发展中国家提供农业技术援助，“授人以渔”，积极帮助他们提高农业生产能力。已实施 23 个项目，向 28 个发展中国家派出 1 100 多名专家，示范推广应用技术 1 000 多项。近 10 万当地农民和技术人员接受培训，超过 100 万农民从中受益。联合国粮农组织曾组织 50 多个采访团组约 500 多人来中国访问农村，扩大宣传影响。

2004 年我国向非洲提供“现代化合作计划”，将援助 600 亿美元，其中将建立 100 个乡村，实现农业富民工程，派 30 批农业专家援助非洲，建立中非农业科研机构合作机制，配套设备和专家，推进实施农业现代化建设。在肯尼亚援建中非联合研究中心，从事农业技术开发研究示范和培训高级人才。2014 年李克强总理访非，宣布支持非洲实施农业优质高产示范工程，5 年内为非洲培训 1 000 名农业技术管理人才。2013 年我国向东盟和拉美国家提供农业技术促进项目，支持农作物育种，推广良种和技术改进，人员培训；在亚洲周边国家组织跨境动植物疫病虫害防控等项目实施。向上海合作组织捐赠 5 000 万美元，用于成员农业机械推广和人员培训。2015 年 9 月习近平主席在联合国大会上宣布，为最贫困国家提供 20 亿美元的发展援助和增加对最不发达国家投资，力争 2030 年达 120 亿美元，其中都有农业技术教育援外项目。据商务部资料，截至2015年，我国农业援外完成270多个项目，派出专家技术人员1万多人次，帮助100多个发展中国家在当地培训农业技术人员18万多名，在华培训农业官员和技术人员4万多名，还提供大量农机、良种、化肥、农药等生产资料。曾不断提供紧急粮食援助，救济灾民，仅2016年就向非洲14个国家提供紧急粮援达7亿多元人民币，2017年向世界粮食计划署捐赠7 362万美元，累计帮助发展中国家减少饥饿人口近1亿人。

3. 发展境外农业产业

改革开放后，利用国内外两种资源，两个市场，优势互补，开展互利共赢合作，推进农业共同发展。1985年中国水产总公司首先到西非开创合作捕捞渔业，取得良好效益和信誉。现在我国远洋渔业已有渔船2 571艘，年产渔量约200万吨，作业海域分布40个国家的专属经济区及太平洋、印度洋、大西洋公海及南极海域。接着一些国有企业、地方与民营企业相继走出去，开展境外农业合作，采取租赁、买地、并购、独资、合资等多种形式，从事粮、油、糖、菜、果、饲料、养猪、禽、兔、奶牛、奶制品、油橄榄、油棕、橡胶、剑麻、葡萄酒以及水产品生产加工、兽药、农机等各产业，有的还建立农业综合开发区，实现产供销加一体化。重点在一些东盟、俄罗斯、中亚、非洲、巴西、阿根廷，也有在美国、澳大利亚及欧洲等一些发达国家。据商务部统计，2004—2010年，我国农牧渔林业对外投资存量由8.3亿美元增加到26.12亿美元。2013年农业对外投资企业379家，投资存量达37.13亿美元，遍及71个国家，解决东道国10.9万多人就业。

2013年农业部制定了《2013—2020年境外农业资源合作开发的发展规划》，成立了中国境外农业开发产业联盟，鼓励推动企业强强联合，发挥各自优势，形成走出去的产业链。2014年国家进一步重视农业对外合作，成立了农业对外合作部际联席会议制度，农业部牵头，联合有关部委统一协调。给予政策、贷款的扶植与支持，以市场为导向，企业为主体，项目为载体，政府服务为保障，围绕保障农产品供给和提升企业国际竞争力，在更大范围领域，更高层次上组织参与重点产业和区域的农业对外投资合作计划。全国大多数省区市也建立了省级农业对外合作联席会议的工作机制，出台了实施意见或制定了农业走出去的规划。2016年农业部又制定了《2016—2020年农业对外合作规划》。在中国农业科学院成立了海外农业研究中心，并建立了农业对外合作公共信息服务平台，举办走出去农业企业人才培训，征集项目信息与评价等工作体系。

据商务部2016年底统计，境外农业领域投资存量148.85亿美元，扩展到90多个国家。现已拥有一批骨干企业。如中国水产总公司、中国农垦集团公司、中国农业发展公司等，特别是中国粮食集团公司，已收购全球两大粮商（荷兰基尼德拉集团和新加坡来宝公司），其资产与机构覆盖60个国家与地区，业务涉及140多个国家与地区，海外经营收入占一半以上。经营量达1亿吨，海外员工超过2万人，预计2020年海外营业收入将占60%以上。海外粮源掌握量超过5 000万吨，第三国贸易量超过8 000万吨，总经营量达2亿吨，成为国家粮食进出口战略的国家队。农垦部门2016年底，在42个国家与地区建立106个境外项目，累计投资超过250亿元人民币，种植面积近20万公顷。广东农垦出资2.76亿美元，收购了泰国太华橡胶公司（超过200万吨的全球最大天然橡胶公司）。还有一些地方国有和民营企业也在境外开展了很多合作项目。如伊利、蒙牛奶业、光明食品、双汇食品、上海鹏欣集团、四川新希望集团等，都在发展壮大。光明集团海外企业总营业收入达226亿元人民币，海外资产总额329亿元人民币，海外员工达21.2万多人。

2013年9月习近平主席提出共商共建共享丝绸之路“一带一路”经济带建设以来，得到沿线国家地区热烈响应，2016年底沿线23个国家农业投资500万元人民币以上项目已达185个，总计达156亿元人民币。2017年我国与沿线58个国家及6个国际组织签署了126个多边合作协议。2018年中俄双方签署《东北与俄罗斯远东贝加尔地区农业发展规划》。中国与中东欧在深圳盐田港建立农产品电商物流中心和展示馆，推进“一带一路”建设与中东欧农业投资合作。

推进我国农业优势产能走出去，利用国内外两种资源，两个市场，为农业供给侧结构性改革，拓展更大空间，有利于缓解国内水土资源环境压力，巩固我国粮食安全，同时可以推进各国农业共同进步，繁荣发展，以利于人类命运共同体战略的实施。

五、发展农产品国际贸易，促进共同繁荣

我国历来以出口农产品、茶叶等土特产品，换取外汇，进口军需物资、汽油、工业设备等。1957年全国农产品及其加工品出口总值11.46亿美元，比1952年增加70.3%。在1957年货物出口总额中，农产品约占70%以上，主要靠农产品出口创汇。50年代，我国是粮食净出口国，1952—1957年期间粮食净出口997万吨。从1961年起，开始成为粮食净进口国。1978年，我国农产品进出口总额为61亿美元，1995年超过300亿美元。2004年前是农产品出口顺差国。

改革开放后，随着全球经济一体化发展，我国融入世界贸易组织，平等开放市场，实行有条件的贸易自由化。1990年后，我国由计划经济转为市场经济，1986年我国开始申请参加世界贸易组织，经与90多个国家谈判，达成协议，到2001年12月1日获得通过，正式加入世贸组织。

农产品国际贸易原由外贸部门独营，为维护国家农业发展利益和遵守国际贸易准则做出相应承诺，需农业部门共同参与，因此在加入世贸组织后，农业部设立了

国际合作司贸易处和农业对外贸易中心。

2002年12月国家对农业法作出了相应补充与修改。增加了农业投入与支持保护的内容、对农产品进口保护和促进出口扶植的措施，支持开展农业信息和产前、产中、产后的社会服务等内容。农业部还制定了《优势农产品区域布局规划》，建立了完善农产品质量标准体系、检测体系和产品认证体系，积极提高农产品质量和安全水平。农产品关税由2001年的23.1%降到15%（占世界平均水平62%的1/4)，对国内农业的支持补贴、约束在该产品产值的8.5%之内，取消所有农产品出口补贴。推进与东盟、新西兰、澳大利亚等双边农产品贸易自由化，建立贸易自由区。积极参与世贸组织农业谈判，坚持权利和义务相平衡的原则，坚持对农业的合理保护，注重长远利益，确保农业持续健康发展。

加入世贸组织以来，我国农产品对外贸易加快发展。2001年农产品进出口贸易总额279.1亿美元，2010年1 207.9亿美元，2018年2 168.1亿美元。其中出口797亿美元，进口1 371亿美元，成为世界农产品贸易第二大国，农产品进口第一大国，农产品出口第五大国。2004年开始成为农产品贸易逆差国，当年逆差11.3亿美元，2017年逆差503.3亿美元，2018年逆差573.9亿美元。进口增多的原因之一是，价格比国内便宜。进口以土地密集型粮油产品为主，如2018年进口谷物2 050万吨，大豆8 803万吨，食油籽9 448.9万吨；出口以劳动密集型的蔬菜、果品、水产品为主。有利缓解我国水土资源紧缺的压力，保障主要农产品有效供给。出口市场和进口渠道逐步多元化，国内出口基地由东部为主，向中西部扩展，农业产业化龙头企业成为出口主力军。

为了促进农产品贸易和出口，农业部积极支持和组织中央与地方有关单位，参加在国内或境外举办的国际农业博览会、茶业博览会、农产品交易会、贸易洽谈会、农业经贸合作论坛等活动，或参加中国国际贸易促进会举办的各种展销会，向国外宣传、推广、促销农产品，以利提升我国优势农产品出口声誉，树立国际良好形象，同时不断支持优势农产品出口基地和品牌示范建设。还重视加强对农业经贸管理人才的培训，推进农产品出口创汇。

六、农业国际地位与声誉提高，对外影响扩大

20世纪50—60年代，我国对外交往局限于苏联、东欧和一些发展中国家。70年代恢复联合国合法席位后，逐步扩展与西方发达国家与国际机构的往来。改革开放迄今，已与160多个国家，建立了广泛、稳定的长期农业合作关系，互动互信，与上百个国家有双边、区域、多边农业合作项目机制，在多边国际舞台上，成为负责任的农业大国，对全球农业治理，有了更多话语权，主导地位日益提升，影响力

不断扩大。

联合国粮农组织1999年授农民奖章给江泽民主席，表彰中国农业的巨大成就。1993年农业部部长何康、2004年水稻育种专家袁隆平院士分别获得世界粮食奖。2011年12月联合国粮农组织与世界粮食计划署联合授予中国农业部“南南合作”特别贡献奖。2012年10月温家宝总理获联合国粮农组织授予农民奖章。2015年联合国粮农组织表扬中国，授予我国完成世界粮食首脑会议“2015年贫困营养不良人口减少一半目标”的证书，成为国际农业扶贫发展的典范。

当前国际社会十分关切农业、农民、农村问题。全球面临着减少农村贫困与营养不良人口，保障粮食与食品安全，保护农业资源，改善生态环境，应对气候变化与自然灾害，搞好城乡协调发展，农业与农村可持续发展等挑战，需要认真对待，同舟共济，齐心协力，妥善解决。我国是负责任的发展中大国，积极参与农业国际事务，勇于担当，努力发挥应有的作用。2012年起，我国提出构建人类命运共同体理念和共商共建共享“一带一路”建设的倡议，获得国际社会的赞同响应。我国充分利用各种区域与国际农业高层会议、论坛，表达我国的主意与见解，表达发展中国家的呼声，引领全球农业治理体系的新发展。

2013年我国与联合国粮农组织、经济合作发展组织（发达国家）联合在北京召开世界农业展望大会，发布《2013—2020年农业展望》报告，专章介绍中国农业，提升我国农业对全球农业信息的影响力。2016年，在昆明召开的中国-中东欧国家（16+1）农业部长会议暨国际农业经贸合作论坛，发表了《昆明共同宣言》，宣扬中国绿色发展理念，“一带一路”建设的倡议，获得各方共识与响应。在西安召开的二十国集团农业部长会议，有副部长以上44名和4个国际农业组织一把手参加，由我国设置议题，磋商主导推进会议，并创新有部长、科学家、企业家三位一体的开会方式，取得良好成效。突出了中国绿色发展和推动“一带一路”建设的倡议，获得联合国粮农组织、国际农业发展基金会、世界粮食计划署三大国际机构的集体响应与支持。在二十国集团于杭州召开的首脑峰会，把粮食安全纳入重要领域，并赞成实现二十国集团农业部长会议的机制化。2018年，在长沙举办的全球农业“南南合作”高层洽谈会，发表由我方主导起草的《全球农业南南合作高层论坛长沙宣言》，有效提升了我国在全球化农业南南合作领域的影响力和话语权。联合国粮农组织、国际农业发展基金会、世界粮食计划署三机构与我国农业农村部共同发布了《中国农业农村部和联合国粮农三机构关于中国实施乡村振兴战略，助力2030年可持续发展议程的联合声明》，这是联合国农业机构明确支持中国乡村振兴战略的重要文件。还与联合国粮农组织及缅甸等5国共同签署了中国、粮农组织大湄公河次区域跨境动物疫病防控“南南”合作项目协议，成为区域合作的重要项目。

70年来，我国一贯积极参加或主持农业领域各种科学技术研讨会，有利增进友谊，交流合作，了解国际发展动向，推进赶超先进水平，扩大对外影响。如50年代社会主义国家农林科技工作协调会、国际水稻会议以及多熟制大豆、油菜、柑橘、蚕桑、旱地农业、草地、养蜂、牦牛、水产、甜菜、向日葵、玉米、小麦品质，食物营养、马传染性贫血病防治、草莓、玉米螟、全球农业科学院院长会等相继在中国举办，我国农业科技软实力有所提高。2018年农业科技发展高峰论坛的资料表明，2014—2016年间，中国农业发明专利申请是全球第一，近5年技术发展增速保持第一，在园艺种植和播种技术、饲料和肥料等领域相对技术优势排名第一。

在世贸组织、世界动物卫生组织食品法典委员会国际植物保护公约、联合国粮农组织渔业委员会、8个区域性渔业组织、捕鲸委员会等专业机构常要讨论规章制度、协商并修订标准细则等事务，我方十分重视，认真研究应对，提出明确表态意见，有理有节，力争维护国家利益，遵守国际秩序，中国的意见一般都能得到尊重或采纳。

2013年起，我国积极推进国际社会重视农业文化遗产保护工作，申报了一批农业文化遗产项目。2018年已有15个项目获联合国粮农组织批准（占认定总数50项的30%），居世界首位，被联合国粮农组织誉为世界农业文化遗产保护的领军者。

（作者系原农牧渔业部外事司司长）

农村土地包干到户政策“永远不变”的由来

郭书田

在庆祝新中国成立70周年回顾往事中，有一件鲜为人知的事，回忆起来是很有意思的。土地“包干到户”是安徽省凤阳县小岗村农民的一个伟大创造，拉开了农村改革的序幕。但对这一举措理论界一直有不同的看法。从这一政策的演变过程来看，反映了中央高层领导认识的变化，即从“两个不许”（不许分田单干，不许包干到户）到一个不许（分田单干）一个不要（包产到户），再到边远地区落后地区“可以”（包产到户）与“也可以”（包干到户），又到15年不变，以及30年不变，最后为“永远不变”与“长久不变”。怕政策变是农民难以抹去的一种恐惧心态。我们常说，要给农民吃“定心丸”或“长效丸”。在20世纪80年代初，我特意去小岗村调查，向农民提出四个问题：一是冒着风险，指的是什么？二是“包产到户”是指在包产指标内仍按工分分配，只是超产的归己，而“包干到户”则去掉了“工分”，当时是怎样考虑的？三是“交足国家的，留够集体的，其余都是自己的”，三句话反映了正确处理国家、集体、个人三者关系，对此当时是经过怎样讨论决定的？四是把土地分到户承包，是一个很复杂的问题，怎么在一夜之间能够把土地公平、合理地分给农民，而农民又很满意？使我吃惊的是他们对此作了非常准确而又具体的回答，使疑问迎刃而解，反映了中国农民的智慧，善于用简单的方法处理复杂的问题，是很高明的。但是就在这时，时任滁县地委书记（后任省人大常委副主任）的陆子修约我到他那里，去后他向我讲了安徽地区农民的心态。他说“包产到户”在20世纪60年代实行过，农民很拥护，时任省委书记曾希圣积极支持，却遭受严厉批判，使得“包产到户”成为农村工作一条不可触及的“红线”。这次小岗村大胆搞了“包干到户”，心里一直不踏实，其他县的农民都在看小岗村是一个怎样的结局？心里没底。他们认为，省领导都是很支持的，但又担心北京不认可，重蹈曾希圣的覆辙。这种“病痛”心态在安徽农民中普遍存在，心有余悸啊！他的这次深谈，给我留下了极其深刻的烙印，终生难忘。从此看出，在土地制度上“左”的思想多么根深蒂固，维护农民这个命根子的财产权，多么艰难！由此使我对小岗村农民怕政策变的心态有了真切的理解。1989年后，对土地包干到户政策的认识又出现了反弹，甚至认为 1985 年粮食减产出现徘徊是“方向、道路”的徘徊。当年国务院研究室与农业部政策法规司同志去安徽凤阳县调查农村政策，小岗村农民向他们提出中央对土地包干政策是否变了的疑问。为了消除村民们的疑虑，江泽民同志在安徽视察时，还特意去小岗村听取了农民的意见，农民问他说 30 年不变，那么 30 年以后是否还要变？他说，承包期再延长 30 年不变，而且 30 年以后也没有必要再变。胡锦涛任总书记进一步重申这个政策“长期不变”。习近平总书记提出 30 年到期以后，再延长 30 年。从这一政策开始执行算起，15 年到期是 1997 年，30 年到期为 2027 年，再延长 30 年为 2057 年。

（作者系原农业部政策法规司司长）

集体所有制是农地制度不可动摇的根基

刘　强

对于农村土地的所有制，中国共产党的制度路线有着清晰的发展脉络，通过土地改革，彻底废除封建的“地主所有制”，历史性地实现“农民所有制”；对农村土地“农民所有制”进行社会主义改造，建立社会主义性质的“集体所有制”，作为社会主义公有制的重要组成部分。因此，我国农村土地实行集体所有制，是历史发展的必然。在社会主义初级阶段，农村土地集体所有制不可有丝毫动摇；跨越初级阶段后，是否有必要过渡到全民所有制，需要根据那个阶段的发展需要再确定。

一、废除封建“地主所有制”，实现农民“耕者有其田”

（一）封建土地私有制是对贫雇农苛重剥削的制度根源

在中国漫长的封建社会里，土地制度是土地地主所有制占主导地位的封建土地私有制。土地很早就可以买卖，劳动者也可以流动，这在经济上比欧洲的封建领主制更加开放和灵活。但是，中国的领主经济转变为地主经济之后，官僚、地主、商人、高利贷者四位一体，形成垄断势力，对农民进行经济的和超经济的剥夺，地租、高利贷、贱买贵卖、苛捐杂税等加在一起，使农民不得温饱，几无剩余。到19世纪中叶，帝国主义的侵略，使中国沦为半殖民地半封建社会，中国政府则逐步演变成大地主与官僚买办资产阶级的联合专政机构。

封建土地私有制的一个主要特点是，地权的稳定只是相对的，变动则是普遍的。在半殖民地半封建的社会制度下，由于土地可自由买卖，地权变化更加频繁。地权的变动，使土地呈现出向地主阶级“集中”的特点。土地改革前，占农户总数3.79％的地主占有全国总耕地的38.26％，占农户总数3.08％的富农占有全国总耕地的13.66％，而占全国农户57％以上的贫雇农仅占有全国耕地总数的14％，处于无地少地状态。[①] 封建土地私有制另一个主要特点，在于地主使用土地的方式。地主不从事主要农业劳动，多数地主也不经营土地，地主阶级分散出租土地所得，远

① 杜润生．中国的土地改革［M］．北京：当代中国出版社，1996：4.

大于雇工式经营。他们把土地分割开来出租给无地和少地的农民耕种，靠收取地租营利，过着寄生生活。据大量调查推算，全国地主所有的土地，大约只有10%留着自己经营，其他部分都是分割开来租给佃农耕种。地主占有的土地越多，其出租土地的比重也越高。即使在地主经营的少数土地上，封建地主雇佣农民耕种，雇农不仅工资极低，而且在额定劳动数量之外往往还有种种杂役，雇工的人身自由也受到限制。富农则大部分经营自己的土地，他们参加主要农业劳动，并且雇佣长工和短工耕作，许多富农出租一部分土地。

土地改革前，农村耕地的60%～90%是由占农村人口90%左右的贫雇农和中农耕种的。据调查，平均每个农户的经营面积大约在15～20亩，经营面积不足30亩的农户约占农户总数的80%。占农村人口20%～30%的中农占有农村耕地的20%～30%，每户耕地平均为15亩左右，他们主要依靠自己的劳动力和生产工具，在自己的土地上进行小规模生产经营。[①] 租种地主、富农土地的佃农和半佃农绝大多数是无地少地的贫农，他们不得不交纳苛重的地租。地租租额占产量的比重普遍在50%以上，有些地方达到70%～80%。[②] 广大贫雇农遭受高租、重利、苛捐杂税的残酷剥削，生活很难维持，他们对封建土地制度极其不满，孕育着强烈的革命要求。在土地占有集中而使用分散基础上形成的残酷的封建剥削，造成了广大贫苦农民与地主的阶级对立。这构成了中国封建土地制度的基本社会特征。

（二）只有中国共产党才能领导农民废除封建土地私有制

在中国延续2 000多年的封建社会中，农民不满统治者的剥削和压迫，曾无数次起义，力图改变自己的社会地位，实现一个均贫富、等贵贱、耕者有其田的平等社会。20世纪初，中国资产阶级登上政治舞台。以孙中山为代表的民主革命派提出了“平均地权”的土地改革纲领和“耕者有其田”的口号。但是，由于中国的资产阶级和帝国主义、封建主义有很多联系，在经济上政治上有软弱性，在斗争中就不免有妥协性。在这种情况下，他们虽抱有改革的愿望，却不懂得依靠农民，反而对封建势力和帝国主义抱着某种不切实际的幻想，这就不可能变革旧的土地制度，更不能解决农民土地问题。

历史证明，这件事只有在中国共产党的领导之下，才能取得圆满成功。因为中国共产党是无产阶级的政党，它所领导的新民主主义革命，农民是革命的主力军。中国的革命需要有农民的积极参加，而农民自身的解放又需要依靠共产党的领导。因此，土地改革运动不仅是一场深刻的经济变革，而且是一场深刻的政治革命和社

---

① 杜润生．中国的土地改革［M］．北京：当代中国出版社，1996：13-14.

② 杜润生．中国的土地改革［M］．北京：当代中国出版社，1996：22.

会革命；不把地主对土地的垄断连根除掉，就不可能建立乡村的社会经济秩序。这个伟大任务的完成，铲除了延续 2 000 多年的封建统治的经济基础。这也是中国共产党领导的农民土地斗争能够百折不挠、星火燎原地蔓延扩大的深刻原因之一。

中国共产党从成立那天起，就把解决农民土地问题作为自己的历史任务而不断地进行理论探索和革命实践，对农民土地斗争的认识和领导有一个逐渐成熟的过程。中国共产党领导农民进行土地斗争，经历了建党初期和第一次国内革命战争时期的农民运动，第二次国内革命战争时期的土地革命，抗日战争时期的减租减息，解放战争时期和新中国成立以后的土地改革五个阶段。中国共产党领导的农民土地斗争和土地改革，成为新民主主义革命的主要内容。

（三）土地改革实行“农民私有制”是革命斗争的需要

1927 年 11 月，中央临时政治局通过的《中国共产党土地问题党纲草案》提出，“一切私有土地完全归组织成苏维埃国家的劳动平民所公有”，即没收一切土地，实行土地国有的政策。1928 年 10 月，在毛泽东的主持下召开的湘赣边界党的第二次代表大会，总结了土地斗争的经验，于 12 月颁布了《井冈山土地法》，这是中国共产党开创农村根据地后的第一部土地法，其中规定“没收一切土地归苏维埃政府所有”，“分配农民共同耕种”。这部土地法，用法律形式否定了封建地主土地所有制，也贯彻了当时中央提出的没收一切土地和土地国有的政策。在土地所有权问题上，中央在相当一段时间里一直坚持土地国有，禁止土地买卖。

但是，由于中国长期存在着土地私有制，农民的土地私有观念非常浓厚，如果只给他们土地使用权而不给他们土地所有权，势必影响他们的革命积极性。到 1930 年秋以后，各根据地在实践中不断总结经验，长期没有解决的土地所有权问题基本得到解决。1930 年 9 月，周恩来在中共六届三中全会上传达了共产国际关于土地问题的指示精神，指出“土地国有问题，现在是要宣传，但不是现在已经就能实行土地国有”。1930 年 10 月，湘鄂西特委制定的《土地问题决议案大纲》明确规定，“土地国有，此时只是宣传口号，而不是实行口号，所以，土地不禁止买卖”。1931 年 2 月，苏区中央局发出的第九号通告明确提出，农民参加土地革命的目的，“不仅要取得土地的使用权，主要的还要取得土地的所有权”，必须使广大农民在土地革命中取得“他们唯一热望的土地所有权”。1931 年 3 月，江西省苏维埃政府发布文告，宣布“土地一经分定，土地使用权所有权统统归农民”；4 月，闽西苏维埃政府在《土地委员扩大会议决议》中明确规定，“农民领得田地，即为自己所有”。这是对土地革命中所要改革的封建土地制度的认识和政策的一个重要发展。

1946 年 5 月，中共中央发布《关于土地问题的指示》，决定将抗日战争以来实行的减租减息政策，改变为实现“耕者有其田”。1947年9月，在西柏坡村召开的全国土地会议通过了《中国土地法大纲》，中共中央于10月10日批准并公布实施。大纲规定，乡村中一切土地平均分配，归农民私人所有。1948年，为保障个人土地所有权，各解放区的行政委员会分别发出颁发土地所有证的指示，颁发土地执照，由土地所有者存执。经过土地改革的亿万农民奋起保家保田，踊跃参军参战。土地改革是人民战争的基础，土改的各个阶段都反映着战争的形势变化，而解放战争的伟大胜利正是中国共产党土地改革政策成功的集中体现。新中国成立前的土地改革长期处于战争环境之中，环境迫使不能不经常把“一切为了前线”作为制定政策必须考虑的一个因素。这就形成在战争中要充分考虑到贫雇农的要求，因为贫雇农占农民的大多数，是革命性最坚定的一个阶层。为取得革命战争的胜利，有必要尽可能照顾他们的切身利益，一度产生“平均分配”的口号，颇大程度上出于这一原因。

新中国成立后，到1952年底，完成土地改革的农业人口约有3亿，加上之前已完成土地改革的老解放区，完成土地改革地区的农业人口已占全国农业人口总数的90%以上。[①] 土地改革的完成，使中国农村发生了翻天覆地的变化。由于封建土地制度一直受到上层政权的保护，因此土地改革自始至终是一场激烈争夺政权的阶级斗争。只有坚持武装斗争，夺取并巩固政权，农民运动才能得到保障；而农民土地问题的正确解决，也就能极大地调动起农民参加革命战争和政权建设的积极性。基于这样的认识，中国共产党指导土改运动，强调要讲究掌握政策和策略。因此，既未实行土地国有政策，也不实行和平购买政策（某些少数民族地区除外）。我们党从解放区做起，直到新中国成立，紧紧依靠农民群众这支队伍，先后完成了基层政权的改造运动。

二、对土改后形成的土地“农民所有制”进行社会主义改造，确立公有制性质的农村土地“集体所有制”

（一）土地改革后出现的新情况引起党中央的重视

新中国成立后，中国共产党的历史使命是建设社会主义。但是在土改后，随着农业生产的恢复和初步发展，农村出现了一些新情况和新问题。首先是农村各阶层的状况发生了新的变化。很大一部分原来的贫农、雇农上升为新中农，农村出现了中农化的趋势。其次，农村阶层中新的分化现象开始出现。有一部分富裕农民靠着资金、农具、劳力等方面的优势，经济地位上升很快，其中少数人通过雇工或放高

---

① 杜润生．中国的土地改革［M］．北京：当代中国出版社，1996：559.

利贷发展为新富农。而大多数农民的生产生活条件虽有改善，由于缺乏资金、耕畜、农具或劳动力不足，扩大再生产仍有许多困难，更经不起天灾人祸的袭击。在老解放区土改完成后的几年里，各地都有少数农民由于生产和生活困难等方面的原因，不得不重新借高利贷，甚至典让、出卖土地，靠当雇工和租种土地维持生活。有的由原贫农上升为新中农后，又因生活下降而返贫。这样，就在农村阶层中开始出现一定的分化现象。一些刚刚分得土地的农民重新丧失土地，或者面临失地危险。如果对此放任自流，重新导致农村的两极分化，势必带来严重后果。

农村土改后出现的新情况新问题，引起党中央的重视。土改后农业生产的恢复和增长，实际上带有很大的战后复苏性质。中国农业就其基本形态来说，是分散的、个体的、落后的。根据这些情况，在农村开展各种形式的互助合作，以避免产生新的两极分化，推动农村生产力进一步发展；个体农民要组织起来才能由穷变富，组织起来的远景目标是农业集体化、社会主义化。这两条是党的一贯主张，党内认识也是统一的。为了帮助农民克服一家一户个体经营中的困难，避免产生两极分化，为了发展生产，兴修水利，抵御自然灾害，采用农业机械和其他新技术，必须提倡“组织起来”。劳动互助是建立在个体经济（农民私有财产）基础上的，其发展前途就是农业集体化。1951 年 12 月，《中共中央关于农业生产互助合作的决议（草案）》印发各级党委试行实施，农业生产互助合作运动很快在全国范围开展起来。这表明，农业方面社会主义改造的初步工作已经开始进行。

（二）对农业进行社会主义改造是过渡时期的重要任务

实现工业化是强国的必由之路，但在我国分散、落后的小农经济的基础上，是不可能建立起社会主义大工业的。建立在劳动农民生产资料私有制上面的小农经济，制约着农业生产力的发展，不能满足人民特别是加快工业化建设对粮食和原料作物日益增长的需要。它与国家有计划经济建设之间的矛盾，随着工业化的进展而日益显露出来。因此，必须按照社会主义的原则来改造我国的个体农业，引导农民走社会主义集体化的道路。《中共中央关于农业生产互助合作的决议（草案）》明确指出，在临时的季节性的互助组和常年的互助组的基础上，发展土地入股的初级农业生产合作社，逐步过渡到土地公有的高级农业生产合作社，实现农业的社会主义化。

在过渡时期，党创造性地开辟了一条适合中国特点的社会主义改造的道路。怎样把占中国人口绝大多数的农民组织起来走社会主义道路，是一个需要探索并正确解决的问题。对个体农业，主要是遵循自愿互利、典型示范和国家帮助的原则，重点发展半社会主义性质的初级农业生产合作社，再发展到社会主义性质的高级农业生产合作社。为了指导和组织农业合作化工作，1952 年 11 月，中共中央决定在中央、中央局、分局和省委一律建立农村工作部。毛泽东在接见中央农村工作部部长邓子恢时指出，农村工作部的任务，是把四万万农民组织起来，在工业化的帮助下，逐步走向集体化。1953年，全国第三次互助合作会议前，毛泽东同农村工作部负责人谈话时指出：个体农民，增产有限，必须发展互助合作；从解决供求矛盾出发，就要解决所有制与生产力的矛盾问题；个体所有制的生产关系与大量供应是完全冲突的，个体所有制必须过渡到集体所有制，过渡到社会主义。

（三）通过社会主义改造建立了农村土地集体所有制

1956年6月，公布的《高级农业生产合作社示范章程》规定，高级农业社实行主要生产资料完全集体所有制，社员的土地必须转为合作社集体所有。到1956年底，加入农业生产合作社的社员总户数已达全国农户总数的96.3%，其中初级社户数占8.5%，高级社户数占87.8%。[①] 农业合作化的完成，实现了中国土地的公有化。随着土地及耕畜、大型农具等主要生产资料归农业生产合作社集体所有，在广大农村建立起了劳动群众的社会主义集体所有制经济。这标志着我国基本上完成了对个体农业的社会主义改造。亿万农民彻底摆脱了小块土地私有制的束缚，走上合作经济的发展道路，进入了建设社会主义农村的历史时期。在农业合作化后，我国农业的发展就有条件对土地的利用进行合理规划，逐步进行大规模的水利灌溉、大规模的农田基本建设，逐步推广机械耕作、施肥、杀虫灯等农业科学技术，从而使我国农业生产条件大为改观。如果没有农业合作化、没有集体所有制，仍然只在原来的小块土地上做文章，这些都是难以想象的。

到1956年底，我国对生产资料私有制的社会主义改造基本完成，农民、手工业者劳动群众个体所有的私有制，基本上转变成为劳动群众集体所有的公有制。这一生产关系的深刻变革，标志着党领导全国人民实现了从新民主主义到社会主义的历史转变，社会主义制度在中国基本建立起来了。这是中国历史上最深刻的社会变革。在中国这个几亿人口的农业大国，消灭资本主义私有制这样深刻的变革，是在保证国民经济基本上稳定发展的情况下完成的，是在得到人民群众普遍拥护的情况下完成的。这无论如何都是一场具有伟大意义的历史变革。

三、结论与启示

（一）共产党与私有制具有本质不相容性

中国共产党是无产阶级革命运动的产物，是无产阶级的先锋队。中国共产党自孕育和诞生以来，对于封建主义土地私有制的弊端，对于资本主义资产私有制的弊

① 中共中央党史研究室．中国共产党历史 第二卷（1949—1978）[M]．北京：中共党史出版社，2011：344.

端，都有着极其深切的体验和痛恶。封建社会、资本主义社会的私有制，是剥削与被剥削产生的制度基础，是剥削阶级与被剥削阶级形成的制度基础。广大无产阶级和中国共产党的诉求，就是废除私有制经济基础，构建公有制经济基础。无产阶级“无产”的现实，共产主义“共产”的理想，对于中国共产党来说都是刻骨铭心的。对于生产资料所有制，只有废除封建的、资本主义的私有制，建立社会主义的公有制，才能从制度根源上消灭阶级和剥削，才能从制度根源上追求公正和公平。从农村土地所有制的历史脉络看，土地改革实行农民所有制（私有制）是一种革命手段，农业合作化实行集体所有制（公有制）才是原本的革命目标。

（二）集体所有制是社会主义农村的标志

生产资料公有制是社会主义社会的经济基础，以生产资料公有制为主体是社会主义社会的基本特征。20世纪50年代中期我们党领导的社会主义改造，核心内容就是建立生产资料公有制。这是从民主主义革命时期向社会主义建设时期过渡的必然要求，是构建社会主义制度、发展社会主义经济的必然要求，是生产关系必须适应生产力发展的必然要求。总之，是社会主义国家建设发展的历史必然，是人类社会发展进步的客观规律。关于农业的社会主义改造，我们党一向认为，对于我国个体的分散的农业经济，必须谨慎地、逐步地而又积极地引导它们向着社会化和集体化的方向发展。这是农业必须适应国家工业化步骤的客观要求，是生产关系向社会主义转变的需要。农业合作化的完成，使农村土地由农民个体所有转为集体所有，土地的个体私有制被改造成集体所有制，在农村确立了社会主义公有制。没有土地的集体所有，便没有社会主义的中国农村，这是一个重要的标志。

（三）农村土地集体所有制不具有可逆性

农村土地所有制从封建的私有制革新为农民的私有制，再从农民的私有制改造为社会主义的公有制，这是历史发展的必然方向。这一历史变革过程，显然不具有可逆性。以生产资料公有制为主体的所有制，是社会主义社会的经济基础。当然，这并不意味着社会主义社会只能是单一的公有制经济，而不可以保留一部分有益于国计民生的个体经济和私营经济。在公有制为主体的情况下，应当保留多少非公有制经济，怎样发挥市场调节的作用，是一个需要通过长期实践，不断总结经验，才能进一步解决好的问题。尽管在以公有制为主体的社会主义所有制下允许私有制经济适度存在，并不能表明农村土地集体所有制具有可逆性。农村土地集体所有制不可能再回到农民的私有制，更不可能倒退回到封建的私有制。农村土地集体所有制唯一可能的方向，就是向全民所有制即国家所有制过渡。在社会主义初级阶段，农村土地集体所有制不应有丝毫动摇；跨越初级阶段后，是否有必要过渡到全民所有制，需要根据那个阶段的发展需要再确定。

参考文献

邓子恢．中国农业的社会主义改造［R］．人民日报，1959-10-18.

杜润生．中国的土地改革［M］．北京：当代中国出版社，1996.

杜润生．中国农村的社会主义改造与经济体制改革［M］．//杜润生文集（1980—2008）．太原：山西经济出版社，2008.

中共中央党史研究室．中国共产党历史 第一卷（1921—1949）［M］．北京：中共党史出版社，2011.

中共中央党史研究室．中国共产党历史 第二卷（1949—1978）［M］．北京：中共党史出版社，2011.

中共中央党史研究室．中国共产党的九十年［M］．北京：中共党史出版社，2016.

（作者单位：农业农村部离退休干部局西单工作处）

新中国农村经营体制70年变革回顾与展望

关锐捷

纵观共和国成立70年发展历程，前30年实行计划经济体制，后40年逐步向社会主义市场经济体制转变，农村经营体制也随之发生了重大变革，呈现出鲜明的时代特点。实践经验与教训揭示，不断完善创新农村经营体制机制，是新时期深化农村改革、促进经济发展的重中之重，必须坚持尊重广大农民的首创精神，必须将维护农民权益放在首要位置，必须坚持农村劳动群众集体所有制，必须着力于建立健全法律法规制度，必须构建适应农村经营管理的组织保障。

中国是以农业为基础的国家，农村经营管理应适应国情、民情和农业发展、农村繁荣、政府管理需要，侧重在生产关系变革促进生产力发展层面，研究完善创新农村经营体制机制的改革方向、政策措施，通过规范、系统、有效的指导监管服务，实现维护农民合法权益、促进现代农业持续发展、指导农村经济健康运行。

新中国成立70年以来，在中国共产党和各级人民政府的领导下，各级农村经营管理工作者不断推动经营体制和机制创新发展，做出了不可磨灭的突出贡献。回顾发展历程，总结经验教训，展望广阔前景，对于增强责任感和使命感，践行习近平新时代中国特色社会主义思想和党的十九大精神，意义重大。

一、坎坷的历程　辉煌的成就

纵观共和国70年发展历程，以1979年为界，前30年实行计划经济体制，后40年逐步向社会主义市场经济体制转变，农村经营体制也随着国家经济体制变化发生了重大变革，呈现出鲜明的时代特点。

（一）改革开放前30年

1949年新中国成立之初，国民收入近70%源于农业，工业收入不到13%，其中有70%来自手工业，是典型的以农业与手工业为主的国家。面对基础薄弱、内外交困、百废待兴的基本国情，国家实行了高度统一的计划经济管理体制，农村从土地改革后短暂的土地私有到互助组、初级农业生产合作社、高级农业生产合作社，随后迅速完成社会主义改造，实行了土地等生产资料归集体经济所有、集中统一经营的人民公社体制，构建了富有中国特色的农村社会主义劳动集体所有制经济。这种管理体制和运行机制，虽然曾为国家集中调配商品粮及工业原料，快速建立独立的工业体系，强化农田水利基本设施建设，推进农业机械化，发挥了重要作用，但“一大二公、一平二调”等僵化的体制机制日益暴露出效率低下的弊病。

1. 土地改革、互助合作：1949—1958年

新中国成立伊始，中央人民政府于1950年6月颁布了《土地改革法》，在全国范围内开展了大规模的土地改革，废除了封建地主土地所有制，全国3亿多无地和少地的农民无偿分得了4 700万公顷土地，实现了“耕者有其田”的梦想，农业生产力得以大大解放，到土地改革基本完成的1952年，全国粮食产量比1949年增长42.8%。为了进一步发展生产、改善生活、提高抵御各种自然风险的能力，农民群众自发产生了互助合作的要求，党中央积极引导和鼓励农民发展互助组、初级社、高级社。在发展初期，中央提出“要根据生产发展的需要和可能的条件而稳步推进”，“单干不如互助，互助不如合作”深入人心，合作社发展平稳健康。但1955年下半年，掀起推动农业社会主义改造高潮，出现了“要求过急、改变过快、工作过粗、形式也过于简单划一”的问题，原定15年完成的农业社会主义改造竟然在半年内就完成了。

2. 人民公社、统一经营：1958—1978年

1958年8月，中央通过了《关于在农村建立人民公社问题的决议》，随后人民公社化运动在全国迅速推开。同年9月，全国建立2.6万个人民公社，参加公社的农户1.2亿户，占农户总数98%以上，平均每个公社4 614户。人民公社实行“三级所有、队为基础”的管理体制（人民公社、生产大队、生产队），土地等生产资料归生产队集体所有，实行独立核算、自负盈亏，按指令性计划组织集体生产，社员无条件服从集体的劳动计划安排，劳动采取评工记分方式，分配总体上实行“平均主义”（实物与资金）。从1958年到1982年延续20多年的人民公社时期，由于工农业产品价格的“剪刀差”，农业为国家工业化提供了5 400多亿元资金，对国家工业化积累做出了至关重要的贡献；粮食产量增长了75%，农田水利基本建设和农业机械化取得重大进展，全国灌溉面积增加了62%，农机总动力增加了135.9倍，机耕面积增加了12.3倍。但受“文化大革命”影响，经营管理体制进一步固化，在所有制和产权关系上，有的地方开始搞穷过渡，即由生产队所有向生产大队、人民公社所有过渡；在经营管理和分配上，取消行之有效的定额管理，推行大寨式评工记分，“大锅饭”式的平均主义愈演愈烈，严重挫伤了农民的积极性。以致农村劳动生产率几乎没有实质性增长，1957年到1978年年递增率仅为0.3%，

明显低于同期中等收入国家平均 2.6%的水平，农民纯收入折合成粮食，仅由 527.5 千克增长为 627.5 千克，不少地方农民处于“生产靠贷款、生活靠救济”的窘境，广大农村孕育着日趋强烈的改革诉求。

（二）改革开放后 40 年

党的十一届三中全会的召开，为农村改革探索创造了政治前提，提供了思想基础。中国改革开放率先从农村拉开序幕，农村改革又是首先从变革农村经营体制起步，建立以家庭承包经营为基础、统分结合的双层经营体制，废除人民公社“政社合一”体制；取消农产品统派购制度，建立健全农村市场体系，让市场在农业生产经营决策和资源配置中发挥决定性作用；全面改革农村税费制度，推进农村综合改革，创立强农惠农政策体系，取消农业税、牧业税和农业特产税，建立农业支持保护制度，国家与农民关系实现由取到予的历史性转变，有效激发了亿万农民的生产积极性；通过农村组织制度创新，稳定和完善农村基本经营制度，丰富统一经营层次内容，实行农村承包地“三权”分置，培育新型农业经营主体，创新农业经营体制机制，农民合法权益受到重视和保护；逐步加大推进农村集体产权制度改革力度，探索农村集体所有制有效实现形式，起步农村集体经济组织立法工作，开辟农民增收、农业增效新途径。

全国粮食产量从 1978 年的 30 477 万吨提高到 2018 年的 65 789 万吨，增长 1.16 倍，肉蛋菜果茶鱼等产量稳居世界第一，依靠自己的力量，比较好地解决了历朝历代困扰中国人的吃饭问题。农民人均可支配收入由 134 元增加到 14 617 元，增长 108.08 倍（扣除物价上涨因素，实际增长 17 倍多）。农民消费水平不断提高，农村居民家庭恩格尔系数从 67.7%下降至 31.2%，人均住房建筑面积增加近 40 平方米。农村贫困人口由 40 年前的 7.7 亿减少到 1 660 万。农业发展方式深刻转变，农业科技进步贡献率达到 58.3%，农作物耕种收综合机械化率超过 68%。第一产业就业占比由 70.5%下降到 27%，城乡居民收入比由 3.3∶1 下降到 2.7∶1。

党的十八大以来，面对我国经济发展进入新常态带来的深刻变化，以习近平同志为核心的党中央推动“三农”工作理论创新、实践创新、制度创新，坚持把解决好“三农”问题作为全党工作重中之重，切实把农业农村优先发展落到实处，农村改革取得新突破，农村土地制度、农村集体产权制度改革稳步推进，重要农产品收储制度改革取得实质性成效，农村创新创业和投资兴业蔚然成风，农村发展新动能加快成长，城乡发展一体化迈出新步伐，脱贫攻坚开创新局面。2014—2018 年，8 000 多万农业转移人口成为城镇居民，城乡居民收入相对差距缩小，农村消费持续增长，农民收入和生活水平明显提高，贫困地区农民收入增速持续快于全国平均水平，集中连片特困地区内生发展动力明显增强，累计 6 800 多万贫困人口脱贫。

农村公共服务和社会事业达到新水平，农村基础设施建设不断加强，新型城镇化和人居环境整治加快推进，城镇化率比1978年提高40.6个百分点，教育、医疗卫生、文化等社会事业快速发展，农村社会焕发新气象。

1. 确立双层经营体制：实行家庭承包经营，建立社区合作经济组织

各地大胆迈出了探索农村经营体制改革的步伐，从定额包工到联产到组、专业承包，从联产到劳到包产到户，多种形式的农业生产责任制由点到面逐步推开，到1983年底，98%左右的基本核算单位都实行了家庭联产承包责任制，集体承包经营的土地面积占总耕地面积的97%左右，多数地方在人民公社、生产大队和生产队解体后，相应组建了不同层次社区性合作经济组织。至此，以家庭承包经营为基础、统分结合的双层经营体制在全国农村得以普遍确立，有效调动了亿万农民的生产热情，农业生产快速增长，1979—1984年，农业产量和农民收入分别以6.6%和15.1%的速度增长，迅速解决了广大农民的温饱问题，农村贫困人口减少了2/3。为了进一步稳定土地承包关系，中央在1984年明确土地承包期为15年，1993年提出再延长土地承包期30年，1998年前后全面落实农村土地二轮承包；2008年强调现有土地承包关系要保持稳定并长久不变，赋予了农民更加充分而有保障的土地承包经营权；2018年明确提出，衔接落实好第二轮土地承包到期（2028年前后）再延长30年的政策，让农民吃上长效“定心丸”。家庭承包经营制使广大农民普遍获得了基本就业和收入保障，成为具有生产经营和劳动就业自主权的市场主体。

2. 创新农村经营组织：农业产业化经营组织、农民专业合作组织兴起

20世纪80年代初，我国开始流通体制改革，在1985年水产品价格率先全面放开的带动下，逐步放开农产品市场和价格，党的十四大提出了建立社会主义市场经济体制的目标，市场化进程大大加快。随着城乡居民收入的提高和需求的多样化，小规模农户生产的无序性、盲目性，已难以适应千变万化的大市场需求，农产品“买难”、“卖难”时有发生，迫切需要创新组织制度来解决生产与市场有效对接问题，农业产业化龙头企业、市场中介组织、农民专业合作组织等应运而生，创新并丰富了符合国情、有利于生产力发展的农村经营体制，呈现出组织数量增加、经营效益提高、带动能力增强的发展势头，农业经营方式现代化水平显著提升，全国各类新型农业经营主体超过300万个，新型职业农民超过1 500万人，带动广大小农户迈向农业现代化。

3. 建立惠农政策体系：实行农村税费改革，惠农补贴力度逐步加大

逐步形成全面建设小康社会向“三农”倾斜的强农惠农政策体系，2000年中央启动了以“减轻、规范、稳定”为目标的农村税费改革试点工作，2003年在全国推开。2004年开始在全国逐年降低农业税税率，并选择黑龙江、吉林两个产粮大省开展全部免征农业税试点，同时取消了除烟叶外的农业特产税，直至 2006 年在全国范围内终结了延续 2 600 多年的“皇粮国税”。同时，积极推进以乡镇机构、农村义务教育和县乡财政管理体制三项改革为重点的农村综合改革。到 2007 年，全国全部免除农村义务教育阶段学生学杂费、贫困家庭学生课本费，补贴住宿生生活费，使农村 1.5 亿中小学生受益；同时，建立农村最低生活保障制度、全面推进农村新型合作医疗制度，2009 年启动的新型农村社会养老保险试点，使农民在“种地不交税，上学不付费，看病不太贵”的基础上，逐步实现“养老不犯愁”的愿望，保障水平逐年提高。

从 2004 年起，对粮食主产区种粮农民实行直接补贴、对部分地区农民进行良种补贴和购置大型农机具的补贴，2006 年首次实施农业生产资料综合补贴。随后，补贴品种增加、数额逐年增长，2009 年中央财政支农资金 7 161.4 亿元，四项补贴资金达到 1 230.8 亿元；2016 年起，在全国全面推开将上述除农机购置补贴外的农业“三项补贴”合并为农业支持保护补贴，政策目标调整为支持耕地地力保护和粮食适度规模经营；2019 年中央财政农业生产发展资金主要用于对农民直接补贴以及支持农业绿色发展、乡村产业发展、农业结构调整、新型经营主体培育等 5 大类 21 个项目；2018 年是新一轮农机购置补贴政策实施的启动年，共实施中央财政农机购置补贴资金 174 亿元，扶持 163 万农户购置机具 191 万台（套）。国家开展政策性农业保险试点以来，加快推进农业保险“扩面、提标、增品”，保险基本覆盖水稻、玉米、棉花、大豆、油菜、小麦等大宗农作物，保费收入从 2007 年的 51.8 亿元增至 2018 年的 572.7 亿元，年均增速为 24.4%；提供的风险保障从 1 126 亿元增至 3.46 万亿元，年均增速 36.5%。价格保险、“保险＋期货”、收入保险、天气指数保险等的创新试点，有效支持了贫困地区的特色农业发展，为脱贫攻坚战和乡村振兴战略的实施提供源源不断的动力。

二、群众的创造　制度的保障

回顾农村经营管理体制 70 年变迁史，既有成功的经验，也有失败的教训，这些经验教训，是推动中国农村经管事业健康发展的宝贵财富。

（一）必须坚持尊重广大农民的首创精神

70 年的变革实践证明，每一项重大改革决策和措施方案的出台，无一不是立足于广大农民群众的实践，无一不与农民群众的大胆探索、积极参与密不可分。从 20 世纪五六十年代的“包产到户”的几度兴衰、80 年代初安徽省凤阳县小岗村 18 户农民“包干到户”的秘密约定，到最终促成了农村基本经营制度的形成；从东部沿海地区农民、企业自发联办“贸工农一体化”、“产加销一条龙”新型经营模式，到最终形成全国农业产业化的整体推进；从农村专业户大量涌现和农民专业合作组织应运而生，到推动立法、确立农民专业合作社法人地位。总之，农村改革伟大进程中的每个重大成果，既凝结着干部群众不懈探索实践的智慧和心血，也渗透着亿万农民饱受挫折磨难的艰辛与抗争。坚持尊重农民群众首创精神，从深入研究、先行试点到因地制宜逐步推开，始终是从事农经工作、制定农村政策、深化农村改革必须牢记的一条重要经验。

（二）必须将维护农民权益放在首要位置

始终尊重民情、顺应民意、关注民生，切实解决农民最关心、最直接、最现实的突出问题，让农民共享改革发展成果，是农经工作的价值核心和基本原则。在经济上，切实维护农民土地承包经营权益，促使我们不断完善农村基本经营制度，恢复、发展、壮大农村集体经济组织；切实减轻“不堪重负”的农民负担，促使我们不断推进农村税费改革乃至农村综合改革。在政治上，确保农民的民主权利，维护农民群众的知情权、参与权、表达权和监督权，促使我们全面推进财务公开和民主理财，不断规范村级会计委托代理，实行村民自治，探索建立党组织领导下自治、法治、德治相结合的乡村治理体系，巩固党在农村的执政基础。真正实现好、维护好、发展好亿万农民的根本利益，始终是推进农经工作的出发点和落脚点。

（三）必须坚持农村劳动群众集体所有制

我国现行经济制度的基础是生产资料的社会主义公有制，即全民所有制和劳动群众集体所有制。所谓“集体经济”，是社会主义劳动群众集体所有制经济的简称，是生产资料归部分劳动者共同所有的公有制经济。发展壮大农村集体经济，无论在改革开放前还是改革开放后40年，都是中国共产党和人民政府长期坚持、坚定不移的政策取向和变革底线。1984年“三级所有，队为基础”的人民公社体制解体，《中共中央关于一九八四年农村工作的通知》明确：“为了完善统一经营和分散经营相结合的体制，一般应设置以土地公有为基础的地区性合作经济组织。这种组织，可以叫农业合作社、经济联合社或群众选定的其他名称”。但在之后的35年中，由于没有法律法规政策保障，农村集体经济组织在不少地方被逐步弱化甚至取消，成为毋庸讳言的一大憾事。根据全国农经最新统计，在全国近61.2万个行政村中，建立村级集体经济组织的仅占41.4%，需要强调，40年农村改革的是经营体制和运行机制，并没有改变所有制性质。长期实践表明，农村集体经济组织及其集体资产是亿万农民安身立命之本、经济收入之源、维护权益之基（土地承包经营权、宅基地使用权、集体经济收益分配权），因而必须一以贯之坚持农村劳动群众集体所有制。

（四）必须着力于建立健全法律法规制度

“家庭承包经营为基础、统分结合的双层经营体制”正式写入《宪法》，标志着农村基本经营制度正式确立；《农村土地承包法》赋予农民长期而有保障的农村土地承包经营权，《农民专业合作社法》颁布实施并修改完善推进了农民的经济互助与合作，《农村土地承包经营纠纷调解仲裁法》为及时化解农村土地承包经营纠纷、维护当事人合法权益提供了法律依据，党中央明确要求研究制定《农村集体经济组织法》……为农村改革发展提供稳定的制度保障，要求我们必须始终坚持建立和完善与社会主义市场经济体制相适应的农业、农村法律法规体系，在保证已有法律成为管理工作依据的同时，加快将行之有效的政策和管理规范上升到法律法规层面，不断推动农经工作法制化建设迈入新阶段。

（五）必须构建适应农村经管的组织保障

农村经济经营管理工作，既涉及农村生产力发展，也涉及生产关系调整，经管工作的有效推进，离不开自下而上、运转高效的农村经管体系，离不开多部门协调配合的工作保障机制。农村经管体系是贯彻落实党的农村经济政策、维护农民合法权益、促进农村和谐稳定的重要力量，是汲取基层实践经验、不断丰富创新农村经营体制和机制的重要载体。农村土地承包和减轻农民负担、集体经济组织建设和资产管理等政策法规，要依靠其具体落实并规范；农业产业化、农民合作社等典型经验，要依靠其发现总结并推广；农经统计数据、基础资料和农村经济动态反应，要依靠其收集、整理、反馈。悉心培育一支熟悉农村政策、了解农情民情、热心为农民办实事的专职队伍，坚持不懈地重点强化农村基层经管体系建设，是推动农村经管事业健康发展的保障基础。实践已经并将继续证明，依托农业农村部牵头建立的国务院减轻农民负担、农村土地承包管理、农业产业化、农民合作社、农业社会化服务等联席会议机制，有利于整合资源、搭建经常有效沟通平台，有利于形成合力、争取相关部门配合支持，亟待继续强化和完善。

三、广阔的前景　艰巨的任务

《乡村振兴战略规划（2018—2022 年）》强调，全面建成小康社会和全面建设社会主义现代化强国，最艰巨最繁重的任务在农村，最广泛最深厚的基础在农村，最大的潜力和后劲也在农村。实施乡村振兴战略，是解决新时代我国社会主要矛盾、实现“两个一百年”奋斗目标和中华民族伟大复兴中国梦的必然要求，具有重大现实意义和深远历史意义。不仅将发展目标确立为实现农业农村现代化，全面实现农业强、农村美、农民富，更为重要的是农业、农村、农民将改变以往以服务于城市居民、服从于城市建设为前提的从属地位，从根本上确立了城乡改革发展和分享成果的主体地位。

70年实践经验与教训揭示，不断完善创新农村经营体制机制，是新时期深化农村改革、促进经济发展的重中之重。伴随城镇化、工业化加快发展和新农村建设、现代农业建设乃至乡村振兴战略的持续推进，农业经营体制机制方面存在的深层次矛盾日益显现，如何改变农村集体经济组织弱化甚至缺位窘境，如何确保土地承包关系稳定并长久不变，如何促进农户分散经营与社会化大生产有效对接，如何提高农业集约化水平和组织化程度，如何健全依法维护农民权益长效机制，如何加快现代农业制度体系和新型社会化服务体系建设，如何强化自下而上的农村经济监管服务体系等，都是深入研究、探索、解决新形势下农村改革的重大课题，必须以改革创新和科学务实的精神，不断取得新突破、新进展、新成效。

农村改革进入重在制度建设、力求创新发展的新阶段，完善创新农业经营体制机制、切实保障亿万农民合法权益，是新时期农村经管部门的重要职责，是新时代党和人民赋予的光荣使命。要把农村经管工作放在统筹城乡发展中去思考，放在全面建设小康社会中去谋划，放在实施乡村振兴战略、加快农村改革发展大局中去推进，切实为现代农业发展、新型农村繁荣提供体制支撑和机制活力。

1. 健全严格规范的农村土地承包经营制度

以家庭承包经营为基础、统分结合的双层经营体制，既是农村改革40年最大的制度成果，也是中国特色农业农村现代化的制度基础。要坚持劳动群众集体所有制和农村基本经营制度不动摇，以保持现有土地承包关系长久不变为基础，以健全农村土地承包经营纠纷调处机制为保障，发展壮大农村集体经济，建立农村产权交易平台，加强土地经营权流转和规模经营的管理服务，充实强化管理和服务的组织载体和监管措施，全面完成土地承包经营权确权登记颁证工作，加强农用地用途管制，提高农业的集约化、专业化、组织化、社会化水平，有效带动小农户发展。完善农村承包地“三权分置”制度和集体林权制度，坚持农村土地集体所有、不搞私有化，坚持农地农用、防止非农化，在依法保护集体所有权和农户承包权前提下，平等保护土地经营权，衔接落实好第二轮土地承包到期后再延长30年的政策。

2. 完善创新适应现代农业发展的经营方式

继续深化农村集体产权制度改革，重点研究法人地位、成员资格、扶持政策等问题，加快《农村集体经济组织法》立法进程，充实农村集体产权权能，推动资源变资产、资金变股金、农民变股东，发展多种形式的股份合作，完善农民对集体资产股份的占有、收益、有偿退出及抵押、担保、继承等权能和管理办法。发挥村党组织对集体经济组织的领导核心作用，防止内部少数人控制和外部资本侵占集体资产。

分散、小规模、兼业化的经营方式，不利于与现代农业要素相对接，须因地制宜地构建家庭经营、集体经营、合作经营、企业经营等共同发展的新型农业经营体系，不断提升规范化水平，特别重视发挥农村社区集体经济组织在统一经营中的基础和主体作用，增强服务功能，探索实现形式，赋予新的内涵；建立健全支持家庭农场、农民合作社等新型经营主体发展的政策体系、管理制度和信用评价体系，落实财政、税收、土地、信贷、保险等支持政策，落实扶持小农户和现代农业发展有机衔接的政策，扩大新型经营主体承担涉农项目规模，扶持新型多元化经营主体创新发展，增强自身实力、提高带动能力，完善利益联结机制，鼓励工商资本到农村投资适合产业化、规模化经营的农业项目，稳步推进多种形式适度规模经营；采取政策扶持、舆论监督等有效措施，增强农村集体经济组织、产业化龙头企业、农民专业合作组织的社会责任意识；统筹各种组织资源，构建农业社会化服务体系，大力培育新型服务主体，是新时期农村经营体制改革提升的重中之重，按照“简单化、方便化、标准化、社会化”要求，加快发展“一站式”农业生产性服务业，科学制定政府购买农业农村社会化服务目录，鼓励新型经营主体与小农户建立契约型、股权型利益联结机制，开展信息、技术、购销、金融、农机、加工等服务，为农村经济提供全程覆盖、综合配套、便捷高效的新型社会化市场化服务。

3. 大力强化基层农经监督管理服务体系

发展需求和各地实践表明，落实强农惠农政策、土地承包经营管理、农民负担监督管理、集体资产财务管理、农村金融体制改革、农民合作组织壮大、农业社会化服务体系建设和推进农业产业化和一村一品、政策性农业保险、农业和农村信息化等，对加强新时期农村经管工作提出了新要求。须从深化农村改革、保障农民权益、确保粮食安全、发展现代农业、实施乡村振兴、促进社会稳定的高度，重新审定基层农村经管系统的工作职能、机构设置和手段保障问题，着力加强基层经管体系建设；及时完善、制订相关法规制度，使监管服务的范围、内容等更加符合农业发展、农民维权、农村繁荣和政府管理的需要，实现有法可依、有章可循；针对减轻农民负担的新特点、社区集体资产管理的新问题，研究分析监管工作的薄弱环节，制定相应的监管措施，建立事前预警、事中监测、事后检查的全程防控体系，在指导监管服务中为乡村全面振兴不断增添新动能。

不忘初心，牢记使命。雄关漫道真如铁，而今迈步从头越……

参考文献

韩长赋．四十年农业农村改革发展的成就经验［N］．人民日报，2019-01-17.
关锐捷．纵论华夏农村经济［M］．北京：中国经济出版社，2000.
关锐捷．半个世纪的中国农业［M］．广州：暨南大学出版社，1999.
关锐捷．中国农村改革二十年［M］．石家庄：河北科技出版社，1998.
关锐捷．探寻农业产业化之路［M］．北京：中国经济出版社，1997.

（作者系农业部原巡视员、研究员）

破解我国农地产权制度改革难题的新思路

郭熙保　高思涵　郭　厦

改革开放40年以来，我国农村发生了翻天覆地的变化，以家庭承包制改革为重点的土地产权制度改革是推动农村发展的关键力量。历史经验充分证明了，一个激励性的土地制度能促进农民生产积极性的充分发挥，从而有利于农业生产率的提高和农业生产的增长，反之亦然（郭熙保，1995）。实践证明，20世纪80年代初实施的家庭承包制是最有激励的经营制度。但是，随着经济和社会的迅速发展，工业化和城镇化已经进入后期阶段，持续了40年的家庭承包制的局限性和弊端越来越突出。中央提出“三权分置”的改革思路，试图来破解家庭承包制所面临的各种难题，但由于现行制度和观念的掣肘，改革陷入难以深化的困境。本文将在坚持集体所有制的基础上，提出土地股份化和成员动态化的新思路，以图破解现行农村产权制度改革所面临的主要难题。

一、文献综述

随着工业化、城镇化和农业现代化的快速推进，我国农业农村发展的微观基础与宏观环境发生了深刻变化，农业剩余劳动力绝大多数已经转移到非农产业和在城市定居，在农村的劳动力越来越少，而且留守农村的农民呈现出老龄化、女性化和低素质化（郭熙保等，2010）。在这种情形下，我国现行农村集体产权制度已经不适应新的发展阶段，我国学术界对“三权分置”和农地股份合作讨论比较热烈。

2014年中央“两办”在《关于引导农村土地经营权有序流转发展农业适度规模经营的意见》中正式提出坚持农地集体所有，实现所有权、承包权和经营权“三权分置”，党的十九大进一步提出要深化农村产权制度改革，完善承包地“三权分置”。其实关于承包地“三权分置”问题在国内学术界已经研究很长时间了，只是中央正式提出“三权分置”概念之后，研究文献就更多了。

第一，关于承包权和经营权的权源、性质和内容。有学者主张承包权为成员权（刘俊，2007；郑志峰，2014；叶兴庆，2014），有学者认可承包权的用益物权属性（蔡立东、姜楠，2015；高圣平，2017）。而成员权与物权的根本区别在于前者为货币资产，后者则是实物财产。经营权性质主要是债权和物权之间的争议。一些学者认为，经营权是一种在土地承包经营权之下设立的次生性用益物权（朱广新，2015；蔡立东、姜楠，2015，2017）。也有学者认为，经营权是独立的用益物权（潘俊，2014；高富平，2016）。也有不少学者依据“一物一权”原则认为经营权是债权（刘征峰，2015；申惠文，2015；刘云生等，2017）。有学者综合两类观点提出通过租赁流转而来的经营权属于债权性质，但是转让、入股和互换等交易方式形成的经营权则具有用益物权属性，因为它变更了原承包权的法律地位，原农户的承包权被消灭，不再享有基于其成员权而初始取得的集体承包土地的权利（杨一介，2018）。

第二，对农地所有权、承包权、经营权的权能范围的界定。所有权包括管理、处分、使用和收益四项权能，落实好集体土地所有权必须明确和保障集体所有权的发包、调整、监督等权能，建立健全集体经济组织民主议事机制（张红宇，2017）。关于承包权的权利内容，分离后的承包权，大多数学者认为其应包括承包地位维持权、分离对价请求权、征收补偿获取权以及衍生的有偿退出继承权等多种权益（张红宇，2014；申惠文，2015）。分离后的经营权，学者们认为更多表现为耕作、经营、收益以及其他衍生的入股权、抵押权等权益（张红宇，2014；潘俊，2015）。这些文献都没有提及集体所有权人的收益权利，因为根据我国相关政策和法律，所有者的收益权已经转移给承包人了。

第三，农地“三权分置”改革的体系构建与路径选择。陈胜祥（2017）提出集体所有权之上创设具有成员权性质的农户承包权，将原承包经营权更名为经营权；刘云生等（2017）认为权利分置应采“集体土地所有权-成员权-承包经营权-经营权”之法权塑造路径。还有学者重构了“三权分置”下的农地权利流转制度（蔡立东等，2015）；土地经营权抵押（韩学平，2016；高圣平，2016）；农地资本化（宋才发，2016；李毅等，2016）；土地承包经营权有偿退出（韩立达等，2016）。

第四，关于农地股份制改革方面。作为土地流转规模化经营的一种新形式，近年来，农村土地股份合作制已受到理论界和实践界的普遍关注。学者们主要讨论了农村土地股份制的含义、实施条件、主要模式、作用与意义等。在产权安排和股权设置方面，仍存在一定争议。徐建春、李翠珍（2013），田焱（2017）等人从产权的角度入手，阐述了农地股份合作制是将土地实物形态与价值形态分离，实行按股分红与按劳分配相结合的新型土地产权制度，防止土地碎化，提高使用和经营效率，在一定程度上解决了家庭承包制产权不明晰问题。但是产权结构体系该怎样构建，并没有形成共识。大多数学者同意设立集体股和个人股（孔凡文，1998；“农村集体产权制度改革和政策问题研究”课题组，2014；庞璐，2017），要允许股权的合理流转，在集体组织一级，可就成员变动相应进行股权流转；在农户家庭内部，就成员变动进行增减自我平衡。然而林善浪等（2001）提出必须坚持有限股权原则，股份不能转让、买卖和继承，应随人口增减而定期调整农地股份。这些文献大都局限于一个既定的法律框架内来构建产权体系和股权结构，而忽视了现有的法律本身具有的缺陷和调整滞后性，所以农村土地股份合作制的产权和股权问题总是纠缠不清，复杂难解。农地股份制改革涉及集体成员流动问题，但学术界对这个问题讨论较少。为了解决集体成员固化带来的弊端，郭熙保（2014）提出集体成员动态化的主张。

综上所述，以“三权分置”为重点的农地制度改革和土地股份合作制改革问题得到了国内学者的高度重视，现有研究取得了一些有价值的成果。但是国内对农地“三权分置”的内涵还不统一，三权的权能划分和实现路径仍存在较大的争议。对股份合作制方面研究也大多是实际案例总结报道性描述，缺乏理论分析和学理研究。此外，分析思路比较狭窄，仅仅就农地产权的法律概念进行辨析，很少从土地配置效率、农业生产率等经济学角度来思考农地产权问题，也没有从整个经济发展阶段的变化和城乡发展一体化的大背景下看待农地制度的动态转变问题，因而提出的解决方案难以解决农地产权存在的根本性问题。基于此，本文在发展阶段、制度环境和人地关系发生重大变化的背景下，在农村土地集体所有、家庭承包的制度约束条件下，突破当前农地市场化配置的各种制度障碍，提出农地产权股份化和集体成员动态化同步推进的新思路。这不仅可以解决集体所有制下集体所有权虚置、农地承包权流转不畅、经营权保障不足问题，而且还能加快农地规模化经营，促进农民工市民化和土地退出承接方缺失问题，顺利推进我国城乡发展一体化和“四化”同步协调发展。

二、我国农地产权制度存在的主要问题

我国的农地产权制度是中国社会主义公有制的重要组成部分，虽然农地在法律上属于集体所有（部分国家所有），但其产权结构不是一成不变的，而是随着经济社会发展而不断分割重组。在这个过程中，农地产权制度产生了诸多的问题，与我国经济和社会的发展不相适应，与农业生产力的发展也不相适应，而且很多法律与政策相矛盾，迫切需要通过体制改革和法律修订来加以解决。集体农地产权制度涉及很多层面，例如：集体建设性用地制度、宅基地使用制度、国家对农业土地征收征用制度等，但本文主要讨论与农业生产有关的农地产权制度问题，也就是农地的“三权分置”问题。

（一）所有权虚化

财产所有权是指所有人依法对自己的财产享有的一组权利，包括占有权、使用

权、收益权和处分权四项权能。农地产权中这四项权能都未能得到充分有效的行使。

所有权虚化产生于我国的家庭承包制。在20世纪80年代以前，集体土地集体所有，集体经营，农地的各项权能都属于集体，其权属是非常清晰的。但是在80年代初，集体土地都承包给了农民家庭经营，经营权就转移到农户手里。在农地承包给农户之后，中央一再强调要稳定承包关系，并提出长久不变；承包期不断延长，而且一延就是几十年；并规定在承包期内，集体不得收回农地承包权。在承包期长久不变且不准收回的约束下，集体就长久地失去了对农地的使用权和处分权。最初，农地承包人还向集体交公积金、公益金以及其他费用，类似于交租金，这体现了集体对农地还享有收益权。但2005年之后，国家免除了承包户上缴的各种税费，从此集体就失去了收益权。

可见，由于国家一系列政策和法律的规定，在承包制实施之后集体作为农地所有者所应享有的各项权利基本上被转移给承包人了，因此，所有权被虚化了。

农村土地集体所有制是由我国社会主义基本制度所决定的，是由宪法规定的，集体所有权的虚化与农村土地集体所有制的公有性质和法律规定相悖。此外，土地的集体所有制有其优越性，是我国经济高速增长的秘诀所在。我国工业化和城镇化的快速推进得益于土地资源的低成本特性。如果土地是私人的，那么我国公共基础设施建设用地，城市工业和商业用地的成本就会大幅度增加。现在社会上有人对我国土地征用制度持批评观点，认为这种制度伤害了农民的利益。这个观点有正确的一面，的确存在征地过程中对失地农民的补偿偏低的情况，这肯定是不公平的，需要改革。但这种观点也有些片面性。如果从整个社会经济发展和全体人民的整体利益来考虑，如果完全按照市场价格来征地，来补偿农民的损失，我们认为工业化和城镇化不会进行得那么快。最后，农村土地集体所有制也能够防止土地过分集中在少数人手中，导致土地分配的严重不公，使大多数普通农民成为无地劳动者，如同过去几十年中拉美国家发生的土地分配严重不均推动大量无地农民向城市流动一样，导致都市贫民窟的大量存在。因此，土地集体所有制无论从制度和法律层面，还是从经济和社会层面，都有其存在的必要性和合理性，而土地所有权的虚化将不利于集体所有制的巩固，如何做实土地集体所有权是当前和今后一段时期需要研究的课题。

（二）承包权固化

我国家庭承包制始于20世纪80年代初，自从那个时候把集体土地按人头分给农民家庭经营之后，由于有增人不增地，减人不减地的政策法律规定，集体农地除了微量调整外基本上就再也没有重新分配过。也就是把集体与农户的承包关系固化了。此外，中央一再强调要稳定集体和农户之间的承包关系，甚至提出要长久不变，在前两次延长承包期 45 年之后，最近又提出再延长 30 年。

有效的产权制度要求产权符合效率原则，而自由流转是保持效率的基本要求。但是固化和永久化的承包权使得农地的自由流动受到了一定影响，影响了土地的有效配置，与党的十九大确定的要素自由流动和要素市场化配置的市场化改革目标有一定差距。当然，经营权是被允许流动的。但我们认为，促进农地流转的关键是承包权的流转，承包权流转不顺畅，必然会导致使用权流转不顺畅。承包地在农户手里，农户对承包地的流转和收回具有决定权。虽然流转有合同约束，但合同期限比较短，而且承包人对农地有剩余索取权，可以要求不断涨租金，这样肯定会在一定程度上抑制经营权的流转。还存在这样的情况，不少转移到非农产业和城市里的农户，自己虽不种地也不愿意流转承包地，故意让其抛荒、或者粗放经营。目的是多方面的：或者留着待价而沽，等待着土地变成非农业用地的机会，或者等待有新型经营主体出更高的租金；或者等他们老了回乡自己种，等等。这种情况并不少见，我们在土地流转调查中常常碰到一些“钉子户”，由于种种原因（很多还不是经济原因）而不愿流转承包地的情况，最后土地规模化经营项目被迫流产。现在的“三权分置”的改革思路是要解决人地分离的问题，即在保护农民承包权的基础上让其流转土地使用权，实行规模化经营。这部分解决了土地配置的无效率问题，但影响了土地流转。

（三）经营权弱化

自 20 世纪末以来，承包地经营权的流转就一直在进行，但近年来，中央从默许到公开支持，直到最近提出“三权分置”，各地农地经营权流转速度在加快，促进了农地向农民专业合作社、家庭农场、农业产业化企业等新型经营主体集中。目前我国大约有 1/3 的农地实现了流转。由于禁止承包地向集体之外的自然人和企业转让，所以目前我国大多数土地流转方式是租赁。新型经营主体经营的农地基本都是通过租赁流转而来，得到的只是农地的经营权，承包权还在农户手里。承包人与经营主体之间的关系变成了一个债权债务关系，这容易引出一些现实的和潜在的问题。经过调研发现新型经营主体一般与承包户或农村集体组织签订流转合同来保护流转农地的稳定性，但由于流转双方主体权力不对等，承包权主体占优势地位，而经营权主体处于弱势地位，这就会产生经营权不稳定问题。由于对租金看涨预期和未来政策不确定性因素，农地承包方主体一般不愿签订很长时间流转合同，大多数 3～5 年，很少超过 10 年。一旦合同到期，拥有承包权的农户可以随时收回流转出去的农地，或者要求涨租金。除此之外，由于农民法制意识不强致使租赁关系不稳定，容易造成违约行为，临时要求改变流转期限、提高租金或收回土地的现象时有发生。如衡阳市衡南县某种植大户流入100亩土地，投入8万元修好机耕道后，农民强行收回自己耕种。为了避免正在经营的农地被收回，现有租赁者被迫增加租金，从而使成本增加，利润相应减少。在当前经营权处于弱势地位的情况下，新型经营主体随时有失去现有经营农地的危险，甚至直接解体。此外，经营权虽然按照法律可以用来作为贷款的担保抵押，但因为承包权在承包人手上，经营地块不能转让拍卖，银行也不会把它当做担保物进行贷款，这就限制了新型经营主体的经营能力。

有效的产权制度能保障产权主体对产权的运用和拥有的收益权利，并且产权主体对分配的物质成果可以自由运用，但是新型经营主体对农地的使用和收益得不到有效保障。在这种情况下，农场主不会对租来的土地进行长远的规划和投资，如平整土地，改良土壤，修建基础设施等来改善土地生产条件，提高产出水平，其结果不利于农业生产效率的提高和农业现代化的实现。另一方面，家庭农场等规模经营主体由于土地是租来的，因此当经营收益很低、甚至发生亏损时，在土地租约到期时也可能把流转过来的承包地退还给承包人，甚至有的还可能在土地租约期内不按时支付租金，或者直接把流转过来的承包地退还给承包人。这种情况在我们的家庭农场调查过程中也可以看到。安徽郎溪县有一户种植水稻的家庭农场由于稻谷价格偏低，加上出现自然灾害而减产，致使大面积亏损，虽然租期未到，但该农场主还是告知承包户，准备下一个年度把一部分承包地退还给承包人，不再支付租金，而承包人无奈只得收回流转出去的承包地。

可见，在承包权与经营权双方权力不对等情况下，无论新型经营主体经营状况好，还是经营状况不好，都不利于农地使用权的稳定性，不利于农业规模化和农业现代化。

三、我国农地产权制度改革的目标

2016年12月出台的《中共中央、国务院关于稳步推进农村集体产权制度改革的意见》（以下简称《意见》）为农地产权制度改革指明了方向、目标和实施途径。

《意见》明确提出了我国农村集体产权制度改革的目标：归属清晰、权能完整、流转顺畅、保护严格。上一节分析表明我国农地产权制度存在归属不清、流转不畅等问题，离《意见》提出的目标还有一定差距，所以农地产权制度改革任务还很艰巨，必须要对照这十六字要求深化农地产权制度改革。

（一）做实所有权

我国农村土地按法律规定属于集体成员集体所有，但是从以上分析中可知，长期以来，农地产权中的所有权存在虚化现象。农地产权制度改革首先是要把集体所有权做实，让集体变成实实在在的农地所有者。要做到这一点，必须在农地占有、使用、收益和处分这四种权能上都能体现集体的权益。

我国农地所有权虚化的主要原因主要有三点。首先，政策和法律不断强化农户的承包权，并一再延长承包期限。其次，由于集体是个集合概念，具有很强的公共产品属性和外部性特征，由村委会代表行使，而农民个体对集体所有权并不关心，因此，集体所有权就容易被沦为少数人的个人权利。最后，大量的农村青壮年集体成员陆续离开农村流入城市，他们无法对集体产权履行所有者和监督者的职能；而在农村从事农业经营的主体很多是老年人和妇女，或者不是农村集体成员，他们无力或无权行使土地所有者的监督职能。

要明晰农地的集体所有性质，必须赋予集体对土地的各项权能。首先是要切实落实所有权和承包权的关系，在稳定现有承包关系基础上，让集体对农地拥有占有权。其次是要解决集体的“搭便车”问题，把外部性内部化，让集体成员都能切实感受到这个集体与他自已利益密切相关。这就要通过改革和完善农村集体经济组织和乡村治理结构来让集体成为所有集体成员的利益共同体。最后是科学界定和确定集体成员身份，打破集体成员身份封闭性，让集体成员有出有进，使得集体成员身份与从事农业生产的职业基本匹配。

（二）搞活承包权

稳定承包权是中央一直强调的基本方针政策。但是，稳定承包权并不等于固化承包权。我国法律规定，只有本村集体成员有权承包本集体土地，而非集体成员一般是不允许承包的，因此，承包权是一项成员权。承包权依附于成员身份。当一个人失去集体成员身份时，承包权也就相应灭失，否则就违反了我国现有各项法律。随着越来越多的农民工进城落户，其集体成员身份是否应该取消，他所拥有的集体土地承包权是否需要退出，值得探讨。因此，搞活承包权是当前和今后一个时期农村产权制度改革的重要目标。

搞活承包权不是强迫农民无偿交回承包地，而是在依法自愿有偿的条件下有序转让承包权。“依法”是指根据法律进城落户农民必须放弃集体成员身份，也就是要放弃农村的承包地，否则就是违法行为。“自愿”是指政府不能强迫农民退出集体成员各项权能，而是要根据农民意愿退出，也就是要通过建立各种激励机制让农民自愿退出。“有偿”是指农民退出承包权必须获得相应补偿。这是中央为了维护农民利益的一项补偿性政策规定。

承包地转让不限于进城落户农民，而且对于所有农地承包农户都适用，只有让所有的承包地都可以流转，才能促进农地承包权流转顺畅，否则就不可能顺畅。当然，当前的重点是推进进城落户农民转让承包权。

（三）强化经营权

十九大提出农地“三权分置”明确把农户承包权与经营权分开，促进农户在保留承包权基础上积极流转经营权。这是顺应我国城乡发展一体化趋势、土地规模化经营的一项重大举措。经营权从承包经营权中分离出来，作为一项独立的权能，就必须要对其加以严格保护。以上分析表明，由于我国政策和法律都在强化承包权的保护，而没有专门针对经营权保护的法律和政策文件，因此土地经营权在“三权”中处于弱势地位。2016年中央“两办”出台的《关于完善农村土地所有权承包权经营权分置办法的意见》提出：“土地经营权人对流转土地依法享有在一定期限内占有、耕作并取得相应收益的权利。在依法保护集体所有权和农户承包权的前提下，平等保护经营主体依流转合同取得的土地经营权，保障其有稳定的经营预期”。这是中央文件第一次提出要平等保护经营权主体的权益。最近修订的《农村土地承包法》也增加了有关经营权保护的法律条文。但是具体怎么保护，目前还没有相关政策文件出台。

四、农地产权制度改革的路径

要解决农地产权制度存在的问题，实现农地产权制度改革的目标，我们认为，同步推进农地股份化和成员动态化的改革是最佳的途径。

（一）农地股份化

改革开放初期，我国农村推行的家庭承包制，就是把集体所有的土地按人头平均分配给集体成员，农民对土地的承包权就固化在所承包的土地上，承包权与承包地合二为一。这在农村存在大量剩余劳动力的情况下是合理的，因为大多数农民在从事农业生产。随着工业化、城镇化加速推进，亿万农业劳动力向非农产业转移，亿万农村人口向城市流动。目前，约3亿农民从农业中转移出来，约2亿农村人口已迁移到城市，而留在农村的人口越来越少。在这种情况下，人地分离就越来越突出了。如果继续把承包权和承包地连在一起，已经不合时宜了。但是，按照国家的政策和法律，这些农民虽然远离承包地千里之外，但仍然保护他们的承包权，集体不得收回，于是，在现有政策法律约束下，解决人地分离的问题的最好办法是实现承包权与承包地分离。也就是说，承包权依然归农户所有，但承包地须还给集体统一管理和经营。这实际上是把法律赋予集体成员对集体土地承包地的各种权能进行拆分，承包人拥有承包权的收益权和处置权，但把占有权和使用权让渡给集体，便于农地使用权的流转和规模化经营，实现资源的优化配置。

实现承包权与承包地分离的最佳路径是土地股份化。土地股份化的主要思想是在坚持家庭承包制的基础上，把股份制引入了农村土地产权制度改革。通过土地承包权入股，把土地占有权和收益权分离，使土地资源能在整体上进行规划利用；通过向农民配置股权，把土地承包权转换为收益权，以价值形态把农民土地承包权长期确认下来，使土地得以流转，让新型经营主体成为农业生产的生力军和主力军。入股的土地或其他资产由组建的股份合作组织或资产管理公司统一进行管理和经营，经营所获利润扣除必要成本和集体提留后按股分红。

土地股份化与中央提出的农村产权制度改革的目标是一致的。首先是产权归属清晰，土地入股之后，村集体对土地统一管理和经营，体现了集体对土地的所有权性质。其次是权能完整，集体获得土地的占有、使用、收益和处分等多种权能。再次是流转顺畅，农民承包地集中在集体手中，集体经济组织可以自己经营，也可以流转给其他新型经营主体经营，集体或者以地入股，或者收取固定租金，所流转的土地收益一部分可以按土地股份分给承包户，一部分留在集体中。最后是保护严格，土地入股之后由集体统一管理，对所有者、承包人和经营者的权利给予充分保护。

土地股份化有利于推进农业规模化经营。因为农地必须连片经营，在实行家庭承包制之初，农地都是按照土地好坏程度化整为零进行分配的，因此农户承包地被分成了若干地块。如果要把连片的土地流转给新型经营主体，还必须要一家一户去与农民签订土地流转合同，如果有几家不同意流转，那么这块地就流转不顺畅。如果土地股份化了，农户把承包地占有权交给集体了，农户只是获得土地股份的收益权，新型经营主体只与集体签订合同，土地流转就会顺畅得多。

土地股份化也照顾到了承包户的利益。虽然农户再也不可能拥有一个物理属性的承包地，但他所拥有的承包权依然存在。因为大多数农民迁入城市，自己也不种地，他们也会把承包地流转给他人耕种，获得出租收入。现在土地入股之后，农民的出租收益不仅不减少，而且在集体对土地统一经营之后，土地利用效率和效益提高了，农户所获得的股权收益，甚至有可能超过他原来出租承包地的收入。当然，这里还必须制定权利保障规则，让入股的农户有知情权、参与权甚至决策权等权利。否则，承包人可能对股权收益是否得到有效保障产生疑虑，而不愿意把承包地入股。

土地股份合作在我国有些地方已经有很长历史了。肇始于20世纪90年代初广东南海地区的土地股份合作制，对促进农业生产规模化、提高农业生产率起到了立竿见影的成效。20多年来，被广东、浙江、江苏等经济发达省份的农村相继效仿开展试点。因地制宜是试点的最主要特征。就地域差异而论，经济发达地区如深圳、南海、湛江、上海等地农村集体土地多采用股份公司形式进行市场化经营；广大中、西部除少数城郊接合部和较为发达地区采用股份公司形式外，其他多采用股份合作社形式。

根据股权设置不同，我国农村土地股份制改革形式主要有：①单一以土地入股为主，成立土地股份合作社；②土地作价入股，即以土地、资金、技术等多种要素入股，成立综合型股份合作社；③村（社区）经济股份合作制内的土地股份量化。对于股权设置，各地一般设立土地股、个人股、集体股，也有一些合作社设立现金股、技术股等。对于股权流转，许多地方实行股权“生不增，死不减”原则，封闭性流通，在合作社范围内可以继承、转让和赠予。也有小部分地区采取了动态管理模式，因地制宜制定了不同的政策，如上海九星村规定村民股份每3年做一次调整，“生要增、死要转”。在股权量化上，目前，绝大部分地区量化的股权主要是以设置社员分配股份为主，享受对象为股份制改革时实际在册的村集体经济组织成员。以承包经营权入股的，入股土地以第二轮土地承包确权的面积为依据；以资金、资产等生产要素入股的，入股土地一般应先作价，后股份量化。

对于城市集群周边的农村土地，股份制改革的目标是为了实现城镇化，如珠三角、长三角地区，这些地区工业发展和城市扩张较快，土地需求较大，以土地股份化方式解决土地供给短缺问题，同时让农民通过分享土地的增值收益，获得立足于城市所需的发展资本。而对于中国广袤的欠发达农村地区，农村土地股份制改革的目标则是为了实现集聚土地资源，提高土地效益，按股分红，增进农民收入。湖北省鄂州市张远村就是一个典型的案例。在成立内置金融股份合作社之前，张远村水利条件不好，土地高度分散，90%的村民外出打工，农地抛荒率高。农民之间难以形成统一的对外流转意愿，无法在流转的过程中形成规模经营，效率难以提高。为解决这些问题，张远村提出了确权不确地的做法，农民的土地以小组为单位连片放入内置金融合作社，土地只是变成了一个数值，农民每年可以获得的租金为每亩400多元，远高于农民间土地流转的几十块钱，另外每年还有一定数量的分红。合作社将土地集中平整并流转给家庭农场或企业发展现代农业，经营规模化使得农地利用效率大大提高，合作社还将提留的部分收入用于发放养老金等福利项目。

张远村的股份合作与南海的股份合作是两种不同的模式。后者主要是成立企业型或社区型股份公司，而张远村模式受发展水平不高的影响，多倾向于以土地专业合作社为主要组织形式。他们实行“确权确股不确地”方式，承包人不直接生产经营承包地，而是通过多种方式流转给新型农业经营主体来经营，农户家庭以股权来分享经营收益，最终实现城乡发展一体化和现代化，这也是适合现阶段中国大多数农村地区的股份合作模式。

由于中央的支持和各地政府的推动，农地股份制改革在我国许多地方进展较快，且取得了显著成效。但要注意的是，土地股份制形式不要搞一刀切，要鼓励各地勇于探索符合本地实际的股份合作形式，也要充分尊重承包户的意愿，不能强制承包农户入股。尤其土地股份合作中要建立规范、透明的管理制度，让承包户有知情权、参与权和决策权。

（二）成员动态化

根据我国法律，农村土地集体成员集体所有，农村土地只能由本村集体成员承包。因此，农地承包经营权也就是成员权，承包权依附于成员权。但是，我国集体成员身份是静态封闭的。在20世纪七八十年代，中国农村人口基本上是禁止向城市流动的，农民世世代代就生活在自己的村庄里，这时封闭型集体成员身份制度是适当的。但是在过去几十年中，我国农村人口持续不断地向城市流动，到目前为止大约有2亿农民异地务工和居住。这种状况下，还坚持封闭型集体成员制度显然已经不合时宜了。这些流转出来的人早已不是农民了，但其身份仍然是农民，名义上还是集体成员，这种身份和居住地分离如同以上所说的承包人与承包地分离一样已经与现实脱节。

集体成员不仅是封闭型的，而且还是不平等的。根据法律，集体成员有权享有集体土地的承包权。由于有了“增人不增地、减人不减地”的法律规定，在80年代之前出生的人拥有承包地，80年代之后出生的人就没有承包地。这就出现了这样的情况：即虽同为集体成员，但权利是不对等的。有人认为，承包地是按照家庭为单位分配的，因此，集体成员权利不平等可以在家庭内部进行平衡。但是，40年来，家庭也在不断分裂重组，最终形成享有农地承包权的家庭和不享有农地承包权的家庭两类，仍然存在成员权的不平等问题。

封闭的、静态的集体成员制度与法律存在冲突。我国农民工市民化在加速推进，农业转移人口逐步登记为城市居民。拥有城市户籍就应该退出农村集体。但我国现有政策仍然不强制要求在城市落户的农民退出承包地和宅基地。不是集体成员还可以拥有集体承包地，这显然与我国现有法律相冲突。

从以上分析可知，我国农村集体成员制度已经完全不适应新形势的变化，有必要对集体成员制度进行改革，由于承包权依附于成员权，因此集体成员制度改革、农村户籍制度改革也是农地产权制度改革的重要组成部分。

2016年12月中央发布的《关于稳步推进农村集体产权制度改革的意见》指出，做好农村集体经济组织成员身份确认工作，解决成员边界不清的问题。但是，集体成员身份怎么认定？那些在城里落户的农民还是不是集体成员？那些在城里务工经商多年但没有在城市落户、又从不从事农业生产、也不关心村集体的人，是否认定为集体成员？那些80后出生的农二代、或者新生代，没有获得集体承包地的人，是否是集体成员？集体成员身份是否要与集体土地和其他资产挂钩?《意见》没有对这些问题提出具体的可操作的指导性意见。更为关键的是，《意见》仍然没有跳出传统的思维模式，也就是没有突破封闭性的集体成员制度的框架。而正是这种封闭型的集体成员制度，才是农村集体产权制度各种问题存在的根源。要解决集体产权制度所存在的主要问题，关键是要打破集体成员封闭性制度。

这里，我们提出一个新的解决路径，把它叫做集体成员动态化，即把集体成员从封闭状态变为开放状况，从固化状态转变为流动状态。具体思路类似于城市人口的流动。当一个居民从甲城市流入到乙城市时，甲市将办理户口迁出程序，乙市办理户口迁入程序，于是，甲市将减少一个居民，乙市将增加一个居民。在乡村集体中，一部分人迁出村时就注销村集体成员身份，而另一部分人户口迁入本村时就登记为村集体成员身份。这些新成员可以是农村人，也可以是城里人；可以是本地人，也可以是外地人。让集体成员流动起来，可以解决我国农地产权制度存在的主要问题。

集体成员动态化能有效解决进城农户的农地退出不畅问题。为了维护农民的权益和加快推进农民工市民化进程，中央不要求进城落户农民退出农村集体各种权益，但还是明确提出，要引导和支持他们转让这些权益。但是，谁来承接这些进城农民退出的土地？中央没有提出具体的途径和办法。有转让必须有受让，有退出必须有承接。这个问题在现有封闭性集体成员制度下很难解决。因为除了少数返乡创业的集体成员之外，大多数村集体成员年龄偏大，身体状况越来越差，没有能力经营更多的农地；而且大多数留在农村的集体成员收入不高，也没有经济实力来支付退出的承包地费用。村集体经济组织大多没有收入来源，也没有能力有偿地支付进城落户的家庭转让的承包地费用。现在放开集体户口，准许外来人员加入村集体，这些人是外村人，外乡人，甚至是城里人，他们有投资资金，有技术水平，有经营能力，而且也愿意从事农业生产。这些人将是承接那些进城落户农民转让承包地的主力军。这就为进城落户的农民转让承包地提供了一个便利的通道，解决了承包地无人承接的难题。

集体成员动态化也有利于新型职业农民群体的形成和新型经营主体的壮大。中央鼓励和支持大学毕业生、技术人员返乡入乡创业。如果政策放开，让外部人能够加入村集体，这些新成员一般都是具有较高素质的职业农民，这将有利于新型职业农民群体的壮大。他们将是新一代家庭农场主，现代农民合作社的主要带头人，农业产业化企业的主要经营者，而且还是提高乡村治理和文明水平的先锋和骨干。

（三）土地股份制改革与集体成员动态化的相互作用

1. 集体成员动态化有助于土地股份制改革的推进

中央积极鼓励和支持农村集体产权制度的改革，其改革的重点是实施股份合作。2016 年 12 月出台的《关于稳定推进农村集体产权制度改革的意见》提出，要有序推进经营性资产股份合作制改革。虽然《意见》只是针对经营性资产的股份制改革，没有涉及土地资产，但我们认为股份制改革也适合农村土地产权制度改革，而且更为重要，因为农村集体的主要资产是土地。农地股份制改革就是农地承包制改革，就是把农户承包权转换为成员权，保留其收益权，让渡占有权。但是，如果没有外来的技术和管理人才加入村集体，土地股份制改革就难以顺利推行。如果这些人才被准许成为村集体的新成员，这些新成员由于视野比较开阔、资金比较雄厚、经营能力较强，能够成为集体经济组织的带头人，把通过股份化集中起来的农地进行有效的经营和管理，会大大提高农地股份合作的收益，这样才能促进农地股份化改革的顺利推行。否则如果经营效益不好，长期没有分红，农户将会要求退出农地股份合作，致使农地股份制改革归于失败。

2. 土地股份制改革有助于推进集体成员动态化

农地股份制改革将成为集体产权制度改革的核心。农地股份制改革就是要促进农户把承包地变成承包权，把承包权转换为股权。土地入股之后，农户对原承包地没有占有权和使用权，这样就有利于那些进城落户的农民在退出承包地占有权的同时，可以通过转让股权来退出农村集体，因为作为货币资产的股权的转让比实物资产的承包地的转让要容易得多，卖方只要对农地股权给出一个转让价格，而买方接受这个转让价格，就可以及时成交，不需要受让方接受具有实物资产属性的承包地。这将为进城落户农民退出集体提供了一个便捷的通道。同时，那些想要参加农地股份合作的外部人也可以通过购买老成员转让的股份而加入村集体，变成新成员和新股东。如果没有土地股份化，退出和加入集体就会要困难得多。

五、农地产权制度改革的政策思路

我国农地产权制度存在着诸多问题，既不适应新时期的经济形势，也与我国一些法律规定相冲突，必须进行改革。改革的主要途径是要同步推进农地股份化和成员动态化。要顺利推进农地股份化和成员动态化，我们提出如下政策思路。

（一）解放思想，大力支持和鼓励各地积极探索

我国已经迈入中等收入国家，工业化和城镇化进入了后期阶段，农业剩余劳动力转移已接近尾声，城市和乡村一体化发展已经成为当前新的潮流。在这种形势下，实施了几十年的农村土地家庭承包制为核心的农村产权制度必须相应进行改革。但事实上，自 20 世纪 80 年代开展的家庭承包制改革以来，我国农村体制改革步伐较慢，有很多政策和法律明显落后于经济和社会发展的实践，已经不适应新时

代的发展要求。主要原因是思想不够解放，政策法律保守。

农村封闭式集体成员身份只适应传统的农业社会，而不适用人口高度流动状态的现代社会，但我们仍然在坚持这种过时的集体成员制度。解释这种现象只能从思想观念中寻找。可能有人认为农村是个封闭的熟人社会，具有排外倾向，如果新的成员加入到集体中来，新成员和老成员可能会产生矛盾和冲突，导致农村社会不稳定，因此不敢放开农村户口。其实，现代的农村社会也不是完全封闭的，绝大多数农民接受过初中以上教育，而且大部分在城市务工经商，与外界的联系紧密，在互联网时代，信息传播和交流很频繁。因此，现在的农村是开放的，只要制度设计好，只要这些新成员能够给村集体和农民带来好处，是可以接受陌生人加入村集体的。而且农村有些传统文化如户族观念是与现代社会背道而驰的，也应该通过新成员加入来改造这些不良文化，使之更快融合到现代社会中。可能还有人担心，如果农村户口放开，准许外部人加入村集体，会造成怀有不良目的的人蜂拥而至，大量圈占农地和宅基地，排挤和剥夺现有农村集体成员的各项权利。其实，这种担心也是多余的。放开农村户口是有门槛的，有限制的，那些不是在农村干事创业的人是不准许到农村落户的。

因此深化农村产权制度改革的首要任务是解放思想，破除旧观念。在坚持农地集体所有、农地农用和维护农民利益这三条基本原则基础之上，支持和鼓励各地勇于探索，大胆创新，对各地出现突破现有的法律限制的创新举措要有较大的容忍度。在各地实践中总结成功的经验，对现有的法律条文进行修改，最终形成既体现公平又注重效率的新型农村产权制度。

（二）同步推进城乡户籍制度改革

集体成员动态化要求改革现有的农村户籍制度。改革户籍制度目前主要聚焦农业转移人口在城市落户问题，也就是放松、放开城市落户的各项限制，并赋予他们参与社会保障的资格，但农村户籍制度改革还没有提到议事日程。笔者认为，应该同步推进城乡户籍制度改革、实现人口自由迁徙，既放开农村人口到城市落户限制，也放开城市人口到农村落户限制，以及准许人口在农村内部和城市内部之间流动。只有城乡户籍制度同步改革，才能打破农村集体组织的封闭状态，使农村集体成员进出自由，实现集体成员动态化。

放开集体成员进入限制并不意味着完全不要条件。对于有意进入村集体的中国公民，应该设定一些基本资格条件：如须是自然人，不能是企业和公司法人；必须要通过合法程序获得一定数量的本集体农地承包权或股权；还必须从事规模化经营项目。

为了保护进城落户农民的权益，可以把退出集体成员身份和退出农村承包地和宅基地等集体权益分开进行。按照相关法律，进城落户农民在退出集体成员身份的同时把承包地和宅基地交还给集体。但是，为了吸引更多的农业转移人口在城里落户，同时考虑到进城落户的农民在城市生活的适应性和稳定性需要较长时间的现实，可以先办理进城落户和退出农村集体成员的相关手续，同时保留其在农村的承包地和宅基地，让其有充分时间找到承包地和宅基地转让的承接者。此外，还可以准许进城落户的农业转移人口自由退出城市户口，返回或到其他村重新落户。只有完全放开人口迁徙限制，让公民自由选择居住地，才会更顺畅地加快农民工市民化和集体成员动态化的步伐。

（三）借鉴国企改革经验，创新农地股份制改革模式

承包地股份化涉及一系列具体问题。承包地如何入股？集体其他资产如何入股？股价如何确定？股权收益如何分配？股份如何转让？这些问题都是要通过各地探索具体的实施路径和办法，中央应只提出一些指导性意见，不提出具体实施办法，要充分尊重各地基层组织和工作者的主动性和创造性。不管农地股份制改革采取何种模式，关键是要让农地股份合作获得较显著的效益，让广大农民从农地股份合作中有获得感。

要使农地股份制改革取得成功，可以借鉴国企改革中资产管理与企业管理分开的模式，建立“产权清晰、责权明确、村企分开、管理科学”的现代土地股份合作制度。集体经济组织作为农地所有人对股东负责，股权转让、收益分配等重大事项通过召开股东大会决定，在日常工作中，集体经济组织代表股东行使所有人的职责和权力。为了有效管理集体资产，应设立集体资产管理公司。资产管理公司可以由本村集体经济组织管理，也可以聘请外人管理，本村集体经济组织负责监督。资产管理公司只是负责集体存量资产的配置和运营，不干预农业经营活动。农地经营形式可以多元化，可以由农民专业合作社统一经营，也可以委托给农业产业化公司来经营，还可以直接租赁给家庭农场来进行规模化经营。具体采取何种经营方式，应根据各地实际情况而定，在实践中不断创新经营方式。资产管理公司与经营主体签订合同，按合同监督经营主体，但不干预经营主体的日常经营活动。经营的收益按照合同约定上缴资产管理公司，资产管理公司扣除成本后上缴给集体经济组织，除集体留一部分之外，剩余按投入的股份份额进行分红。

（四）及时修订不合时宜的相关法律

随着工业化、城镇化和农业现代化的快速推进，现有《土地管理法》、《物权法》、《农村土地承包法》等土地相关法律已经落后于农村经济社会发展实践。有些条文已经过时，有些条文规定模糊，有些条文相互冲突，有些条文缺失，因此需要

结合新形势下农村产权制度改革、户籍制度改革以及其他相关改革进行修改和完善。我们建议，首先，修改法律应该解放思想，创新思维，广泛征求社会各界意见。第二，在坚持集体所有制、农地农用和农民利益的基础上，条文不要规定太具体，要为各地探索集体所有制实现形式留有充足的探索空间和余地，一旦规定太具体，就可能会限制各地开展创新性试验，扼杀行之有效方法的产生。第三，各个法律条文之间要协调，要符合宪法的基本精神，而不是与宪法相矛盾。例如，目前有关政策规定进城落户农民可以继续保留集体承包地和宅基地，这就与宪法和其他相关法律相矛盾。如何解决这些矛盾应该有一个说法。第四，有些法律条文空白，例如，承包权的继承问题是一个现实问题，但法律还是一个空白，在法律修改过程中应该直面这些现实问题做出明确的规定，以便在实践中能够有法可依。最后，法律和政策常常存在冲突和矛盾，中央出台涉农各种文件时，既要考虑现实的需要，也要考虑与法律的衔接，真正体现法治精神。

（五）建立和完善土地要素市场化体制机制

建立开放有序的农地产权交易中心。当前各地农村产权交易中心交易的标的物主要是土地经营权，而对于承包权和土地股权交易还比较少。应该与土地股份制改革相适应，准许土地承包权和股权在交易中心交易。市场是公平交易的前提，政府前期应给予人才、资金和政策的支持，建立起土地交易的中介组织，独立于政府管辖之外。除此之外，为避免少数人操控交易市场价格，应建立权威的集体土地价值评估体系和土地最低保护价制度，设定参考标准和范围，并确保广大农民认可。还要建立和完善土地交易的各项法律法规，制定和出台《土地交易法》等，以规范土地交易规则，公平保护土地交易的各方利益。

参考文献

蔡立东，姜楠．承包权与经营权分置的法构造［J］．法学研究，2015（3）．

蔡立东，姜楠．农地三权分置的法实现［J］．中国社会科学，2017（5）：102－122．

陈胜祥．农地“三权”分置的路径选择［J］．中国土地科学，2017（2）．

高富平．农地“三权分置”改革的法理解析及制度意义［J］．社会科学辑刊，2016（5）．

高圣平．承包土地的经营权抵押规则之构建——兼评重庆城乡统筹综合配套改革试点模式［J］．法商研究，2016（1）．

高圣平．农地三权分置视野下土地承包权的重构［J］．法学家，2017（5）：1－12．

郭铁民，林善浪．农地股份合作制问题探讨［J］．当代经济研究，2001（12）：30－33．

郭炜，丁延武．深化农村土地产权制度改革的困境突破与路径选择［J］．经济体制改革，2015（4）：84－89．

郭熙保，冷成英．我国家庭农场发展的十大特征——基于武汉和郎溪607户家庭农场的比较分析［J］．经济纵横，2018（10）．

郭熙保，苏桂榕．我国农地流转制度的演变、存在问题与改革的新思路［J］．江西财经大学学报，2016（1）：78-89．

郭熙保．农业发展论［M］．武汉：武汉大学出版社，1995：298-306．

郭熙保．市民化过程中土地退出问题与制度改革的新思路［J］．经济理论与经济管理，2014（10）：14-23．

郭熙保．赵光南．我国农村留守劳动力结构劣化状况及其对策思考［J］．中州学刊，2010（5）：112-117．

韩立达，韩冬．市场化视角下农村土地承包经营权有偿退出研究——以成都市为例［J］．中州学刊，2016（4）．

韩学平．“三权分置”下农村土地经营权有效实现的物权逻辑［J］．社会科学辑刊，2016（5）．

孔凡文．论农地制度改革与农村经济发展［J］．中国土地科学，1998（5）：33-36．

李伟伟．“三权分置”中土地经营权的权利性质［N］．农民日报，2015-12-19（003）．

李毅，罗建平，林宇静，牛星．农村土地流转风险：表现、成因及其形成机理——基于浙江省A乡的分析［J］．中国农业资源与区划，2016，37（1）．

刘俊．土地承包经营权性质探讨［J］．现代法学，2007，29（2）：170-178．

刘颖，唐麦．中国农村土地产权“三权分置”法律问题研究［J］．世界农业，2015（7）：172-176．

刘云生，吴昭军．政策文本中的农地三权分置：路径审视与法权建构［J］．农业经济问题，2017（6）．

“农村集体产权制度改革和政策问题研究”课题组，夏英，袁崇法．农村集体产权制度改革中的股权设置与管理分析——基于北京、上海、广东的调研［J］．农业经济问题，2014，35（8）：40-44．

潘俊．农村土地“三权分置”：权利内容与风险防范？［J］．中州学刊，2014（11）．

潘俊．农村土地承包权和经营权分离的实现路径［J］．南京农业大学学报（社会科学版），2015（4）．

庞璐．马克思土地产权理论视角下农村土地股份制改革研究［D］．福州：福建农林大学，2017．

申惠文．农地三权分离改革的法学反思与批判［J］．河北法学，2015（4）．

宋才发．建立农村集体土地三权分置制度的法治探讨［J］．学习论坛，2016（7）．

田燚．农村产权股份化：土地股份合作社建构的理论与现实思考［J］．农村经济，2017（7）．

吴爽．农民土地承包权有偿退出法律机制的建构［J］．农村经济，2017（9）：25-29．

徐汉明，杨择郡．推进土地股份合作制实施中的民意考量［J］．管理世界，2012（5）：176-177．

徐建春，李翠珍．浙江农村土地股份制改革实践和探索［J］．中国土地科学，2013（5）：4-13．

杨唯希．家庭农场发展与农村土地产权制度改革——农业经营制度创新背景下的“三权分置”改革［J］．河北经贸大学学报，2018（2）．

杨一介．论“三权分置”背景下的家庭承包经营制度［J］．中国农村观察，2018（5）．

叶兴庆．从“两权分离”到“三权分离”——我国农地产权制度的过去与未来［J］．中国党政干部论坛，2014（6）．

张红宇．三权分离、多元经营与制度创新——我国农地制度创新的一个基本框架与现实关注［J］．南方农业，2014（2）：6-13．

张红宇．准确把握农地“三权分置”办法的深刻内涵［J］．农村经济，2017（8）：7－12.
张旭鹏，卢新海，韩璟．农地“三权分置”改革的制度背景、政策解读、理论争鸣与体系构建：一个文献评述［J］．中国土地科学，2017，31（8）：88－96.
郑志峰．当前我国农村土地承包权与经营权再分离的法制框架创新研究——以2014年中央一号文件为指导［J］．求实，2014（10）：82－91.
中国社会科学院农村发展研究所“农村集体产权制度改革研究”课题组，张晓山．关于农村集体产权制度改革的几个理论与政策问题［J］．中国农村经济，2015（2）.
朱广新．土地承包权与经营权分离的政策意蕴与法制完善［J］．法学，2015（11）：88－100.

（作者单位：郭熙保，武汉大学经济发展研究中心；高思涵，中国中部发展研究院；郭厦，中南财经政法大学经济学院）

总结发展中政策失误的历史经验

郭书田

在庆祝新中国成立70周年之际，既要充分肯定取得的巨大成就，又要重视总结在发展中政策失误的经验，从中吸取教训。古人说："失败是成功之母"、"闻过则喜过勿惮改"，都是具有深刻哲理的经典之语。我在2003年5月28日接受中央电视台记者采访，并写了这篇《让农业特产税寿终正寝》，文章就这项税种的开征、加重、减轻、取消四个阶段的变化过程作了具体分析，并从四个方面论述了产生的不良后果，今天看来，仍记忆犹新。我在调查中深感农民负担过重问题，已引起农民强烈不满。中央领导同志十分重视这一问题，并探索解决的办法。早在20世纪90年代初，就有领导提出"费改税"的方案，即把"三提五统"费免去，将农业税率由3%提高到10%（"什一税"），由于有不同意见未予立即执行。2001年在安徽实行"费改税"的试点，2002年试点扩大到20个省，浙江省在开征农业特产税时，取消"费改税"。1996年8月13日，我在农村工作座谈会讨论农民负担问题时，反映了农民的苦衷："头税轻，二费重，各种摊派无底洞"，希望中央采取治本之策，解决这个问题。接着在2000年2月23日，我与几位研究农村政策的老专家联名上书，提出取消农业税费从根本上解决农民负担问题的建议，据当时计算，农民一年各种负担为2 800亿元，其中农业税310亿元，屠宰税20亿元，教育附加费38亿元，"三提五统"900亿元，"两工"1 350亿元，认为"费改税"实际上增加了农民的负担。领导对此也做出了专门批示。2003年开始，国家停止征收农业特产税。2005年末，中央果断地作出取消不应由农民负担的各种税费，受到了农民极大欢迎，也极大地改善了党和政府与农民的关系，引起国内外媒体的广泛赞扬。大家一致认为，这一重大举措改变了自汉代以来延续2 000多年征收"皇粮国税"的历史，是一个重大的进步，永载史册不朽！

附：让农业特产税寿终正寝——中央电视台记者采访

让农业特产税寿终正寝

——中央电视台记者采访

2003 年 5 月 28 日

农业特产税自 1983 年底实施以来，已有近 20 年的历史，经历了开征、加重、减轻、取消四个阶段。

一、开征

1983 年 11 月 12 日，国务院颁布了《关于对农林特产收入征收农业税的若干规定》，开始征收历史上第一次的农林特产税，其目的是为了“平衡农村各种作物的税收负担，促进农业生产的全面发展”。根据 1958 年颁布的《中华人民共和国农业税条例》关于“园艺作物的收入、其他经济作物的收入和经国务院规定或批准的征收农业税的其他收入”都应当依法征税的原则，对农林特产收入征收农业税。征收范围：①园艺收入，包括水果、茶、桑、花卉、苗木、药材等产品的收入；②林木收入，包括竹、木、天然橡胶、柞树（养柞蚕）、木本油料、生漆及其他林产品收入；③水产收入，包括水生植物、淡水养殖、滩涂养殖产品的收入；④各省、自治区、直辖市人民政府认为应当征收农业税的其他农林特产收入。农林特产税的税率一般定为 5%～10%，在此范围内，由各省、自治区、直辖市人民政府按照不同农林特产产品的获利情况，在不低于粮田实际负担水平的原则下，分别规定不同产品的税率，对少数获利大的产品，可以适当提高税率，但最高不得超过 15%。这个规定开创了征收农林特产税的先河。

二、加重

时隔六年，1989 年 3 月 3 日，国务院颁布了《关于进一步做好农林特产农业税征收工作的通知》，指出一些地区对征收农林特产税的意义认识不足，尚未认真组织征收；有的地方虽然征收，但税率和核定的计税收入偏低，税收流失较多。为了调节农林特产生产的收入，平衡农林特产与粮食和其他经济作物的税收负担，稳定粮食生产，决定全面征收农林特产税，并改进征收办法。《通知》指出：征收农林特产税对“促进农业生产的协调发展，特别是对保持粮食生产的稳定增长，具有十分重要的作用”。《通知》决定：“任何单位和个人一律不得擅自决定减税、免税或者暂缓征税”，对已经减、免、缓征的“应即恢复征税”，对过去核定收入偏低的、负担过轻的都要“重新核定”。《通知》决定扩大征收范围，将果用瓜和海水养殖产品收入列入征收范围。对农林特产实行全国统一税率：海淡水养殖收入为10%，其中水珍品为15%；水果收入为10%，其中柑橘、香蕉、荔枝、苹果收入为15%；果用瓜收入为10%。其他应税税率不得低于5%，利大的可适当提高税率，最高不超过30%。经省、自治区、直辖市人民政府决定，还可征收10%的地方附加。《通知》要求公安、司法、工商管理等部门积极支持财政机关征税，建立健全征管机关，充实征收力量等。

三、减轻

时隔五年，由于农民反映十分强烈，1993年3月20日，国务院颁布了《关于调整农林特产税税率的通知》，决定对大宗农林特产收入仍实行全国统一税率：海淡水养殖收入由10%降为8%，其中水珍品由15%降为8%；水果为10%，其中柑橘、香蕉、荔枝、苹果由15%降为12%；果用瓜由10%降为8%，其他应税产品的税率最低仍为5%，最高由不超过30%降为20%，继续执行10%的地方附加。对荒山、荒地、滩涂、水面从事农林特生产的，免税1～3年，对老、少、边、穷地区的贫困户，适当给予减免税照顾。这个决定，虽然在一定程度上缓解了农林特产税的负担，但并未从根本上解决这项税负问题。

四、取消

2001年国务院在安徽省实行费改税的试点，对征求农林特产税决定全国不作统一规定，由各省、自治区、直辖市人民政府参照农业税决定税率。2002年有20个省、自治区、直辖市实行“费改税”。浙江省率先决定取消农林特产税，随后其他一些省在“费改税”中陆续决定取消农林特产税。2003年3月，时任总理温家宝明确表示，最终目标要把一切不应由农民负担的税费统统减下来。3月27日国务院《关于全面推进税费改革试点工作的意见》中指出：“各地区应结合实际，逐步缩小农业特产税征收范围，降低税率，为最终取消这一税种创造条件”，这项税负的取消有期可待。

近20年的实践证明，这项政策的出台效果是不好的。

1. 增加农民负担，减少农民收入

我国的改革从农村开始，农村改革得益于农民，使农民增加收入，这是农村改革有成效的主要标志。改革前的1978年农民人均收入为133元，1984年上升为355元，农民自然是高兴的。但是开征农林特产税以后，明显增加了农民的负担，减少了农民收入，在一定程度上抵消了由于生产发展而应增加的收入。到2000年，农林特产税达到160亿元，相当于农业税310亿元的一半以上。农业税约占农业收入的3%左右，如加上农林特产税，约占农业收入的4.5%，即比农业税增加了1.5个百分点。粗略统计，20年来农林特产税累计约为3 000亿元，也就是说，农民减收了3 000亿元左右的收入，这与努力增加农民收入、减轻农民负担和“多予少取”的政策目标是完全相悖的。

2. 未能起到调节粮食收益的作用

1989年国务院的《通知》指出，征收农林特产税，对于“保持粮食生产的稳定增长，具有十分重要的作用”，事实恰恰相反。开征农林特产税从1984年起正式实施。而1985年的粮食生产是大滑坡，粮食播种面积由1984年的16.9亿亩下降为16.3亿亩，减少6 000万亩；粮食总产量由4 073亿千克下降为3 791亿千克，减少282亿千克，下降6.9%。当然，粮食产量的大幅度下降，主要是由于调整产业结构而采取了一些重大的政策，如把对粮食国家统购的“超购加价”政策改为合同定购的“倒三七价格”政策以及取消对农用生产资料的价格补贴，是工农业产品价格“剪刀差”重新扩大的结果。而征收农林特产税，不但没有起到“稳定粮食生产”的“十分重要作用”，而且相反，对减少农业收入起了“重大作用”。1985年农民人均纯收入由上年的355元增加为397元，而城市居民可支配收入为739元，城乡居民收入之比，由1984年的1.7∶1上升为1.86∶1，拉大0.16个百分点。当时制定这项政策的出发点在于调节种粮农民与种经济作物的利益，想用征收的农林特产税去弥补种粮农民的收入。事实上，征收的税金进入地方财政收入，而当时大多数县级财政是“吃饭财政”或“补贴财政”，怎么可能去弥补种粮农民的收入呢？完全是一厢情愿的主观愿望。

3. 农林特产税在征收中出现很多问题

一是由于这些产品的生产十分分散，计算和核实其收入又十分困难，因而税务部门和人员采取摊派的办法在未取得收入时即向农民征收，实际上变成了“定额税”，如农民院子里种的果树尚未结果就开始征税，引起农民强烈不满。二是由县确定征收指标下达到乡镇，由乡镇下达到村，由村下达给农户，背离了根据实际收入征求的原则，有的甚至对并无从事农林特产生产的农民也征收农林特产税，实际上变成了“指标税”。三是一户农民的承包地往往既种粮食作物又种经济作物，如实行粮果间作、粮瓜间作等，特别是在复种指数高的南方往往是交叉种植的，既征收农业税又征收农林特产税，实际上变成了“重复征税”。

4. 征收农林特产税虽然增加了地方财政收入，但是付出了十分高昂的成本和代价

为了征用农林特产税，增加了征税人员，自然要增加开支；征税人员去调查统计和核实农林特产收入又十分困难，往往不得不用征收的税金去“倒推收入”，实际上是弄虚作假；在征收过程中，由于影响农民的利益，必然与农民发生矛盾，引起争执和纠纷，难以解决，因而又常常动用公安、司法、工商管理等执法部门，采取了强制办法征收，造成与农民关系紧张，加剧了党和政府与农民的矛盾。

20年的实践证明，征收农林特产税的政策是不可取的，可以休矣，应当让它尽快寿终正寝。

（作者系原农业部政策法规司司长）

新中国70年的“三农”发展

郑有贵

1949年以来的70年，是中国共产党和政府不断解决“三农”问题的70年。在工业化进程中，一个普遍的现象是，与工业、城市、城市居民相比，农业农村农民呈现出明显的弱质性，并困扰其发展。面对工业化进程中弱质性困扰的“三农”问题，中国共产党和政府基于弱质的农民发展诉求表达难的问题，正视存在的“三农”问题，发挥中国共产党领导的政治优势和社会主义的制度优势，主动施策，从促进国家现代化发展和中华民族伟大复兴出发，基于统筹长远与近期发展、全局与局部发展处理工农城乡关系，成功探索形成破解弱质性困扰的“三农”问题之路，这是中国工业化和“三农”都实现跨越发展的关键。

一、勇于正视并解决弱质性困扰的“三农”问题彰显中国共产党的使命担当精神

70年间，中国的“三农”问题是什么样的问题，或者是什么性质的问题，这是梳理新中国70年“三农”历史，并总结好解决“三农”问题经验首先需要辨析的问题。

“三农”问题不仅在新中国成立初期存在，而且现在也存在，贯穿70年。新中国70年“三农”实现了跨越发展，到达了历史上从来没有过的高点，而且远高于新中国成立初期国内外人们的预期。问题与发展是贯穿“三农”70年历史演变的两个方面，中国“三农”问题的存在及难以破解，既有工业化的共性原因，也有国情所致的特殊原因。

共性原因在于，“三农”问题是工业革命以来普遍存在的结构性问题。工业革命以来，全球经济社会发生了重大结构性变迁，在三次产业结构上，表现为二三产业所占份额大幅度提升，而第一产业所占份额大幅度下降；在城乡人口结构上，呈现出城镇人口所占份额大幅度增加，而农村人口所占份额大幅度减少。中国的现代化进程也是如此。实现恢复发展后的1952年与2018年相比，第一产业在国内生产总值中的份额，由51.0%下降到仅有7.2%；人口城镇化率由12.5%

提高到 59.6%。[①] 国内外一致性的结构变迁，是因为存在发展态势上的工业强与农业弱、城市强与农村弱。这种结构性变化和发展态势的差异，不仅缘于工业化是现代化的先导产业，以及工业化、城镇化被视为现代化的重要标志而予以倾斜推进，更是缘于资源配置的机会成本差异，即由于生产率、价值链中的位置等差异，而导致投入回报率上工业高于农业。正是缘于此，尽管发达国家农业劳动力大规模向非农转移，由此有利于农场经营规模扩大，但农业老龄化的现象普遍，农场没有从根本上摆脱经营困境，如近年美国中西部地区农场破产数量增加即是一种表现。[②]

国情所致的特殊原因主要有两方面。一方面，新中国是一个后发国家，在成立初期，与先发国家在发展水平上存在较大的差距，基于此，缩小与先发国家发展上的差距，乃至实现中华民族伟大复兴，成为人心所向的奋斗目标。与发达国家不同的是，中国与其他后发国家一样，面临劣势窘境，不仅缩小与先发国家差距的难度大，破解“三农”问题的难度也很大。全国一盘棋集中力量办工业化这个关系国家现代化和中华民族伟大复兴的大事，是破解后发国家劣势窘境而实现跨越发展的法宝。为实施人心所向的国家工业化战略，国家不得不动员全国人民艰苦奋斗，不得不选择农业向工业提供更多资本积累和农产品供给的政策，由此农业积累放缓，加之长期实施农产品统派购制度、城乡户籍管理制度、人民公社制度，以及制度变迁的路径依赖，使破解“三农”问题复杂而艰难。另一方面，中国是全球人口第一大国，即便大幅度提升人口的城镇化率，仍然有庞大数量的人口留在农村，不可能改变人均耕地少及相应的人均土地经营规模小的问题，这不仅存在经营规模不经济问题，还由于经营规模小而不利于国际竞争。如此，即便实施工业反哺农业，“三农”的弱质性在较长时期仍难以根本改变，缓释缩小城乡差距的难度还需时日。

共性原因和特殊原因叠加，使得农业、农村、农民与工业、城市、城市居民相比，呈现出一定的弱质性，使新中国 70 年来解决“三农”问题极为困难而又错综复杂。中国共产党和政府从来没有在推进国家工业化乃至整个现代化进程中回避“三农”问题，而是特别清醒地认识到“三农”问题的所在。正视并解决“三农”问题，这是中国共产党牢记初心而勇于担当使命的体现，反映出中国共产党强烈问题意识的优秀品质。

---

① 国家统计局．中华人民共和国 2018 年国民经济和社会发展统计公报［N］．人民日报，2019 - 03 - 01；国家统计局．新中国 60 年［M］．北京：中国统计出版社，2009：608，612.

② 参见：陈立耀．美国农业正在破产及原因［EB/OL］．http：//www.sohu.com/a/293681236_379553.

二、破解弱质性困扰的“三农”问题彰显 70 年“三农”转型发展成就的辉煌

新中国在 70 年间不断破解“三农”问题，实现跨越发展，呈现出明显的特征。

（一）台阶式破解“三农”问题

根据所面临的主要矛盾及其实现的发展突破，中国解决“三农”问题大致经历了五个阶段。

第一个阶段是 1949—1952 年，在中国共产党的领导下，新中国建立起人民当家做主的政权，在这一伟大社会变革的基础上，还针对封建地主阶级土地制度对“三农”发展的桎梏，从巩固新生的人民政权、为国家工业发展奠定基础出发，在老解放区进行土地改革的基础上，在全国范围基本完成土地改革，如此上层建筑和经济基础变革的推进，不仅从政治上确立了农民在新社会中当家做主的地位而让农民立起来，还从经济上破解了农民的依附性问题而让农民立起来。让农民立起来这一社会变革的重大突破，不仅调动了农民的积极性，而且促进了农业生产的快速恢复发展，更成为新中国 70 年“三农”发展的基础。

第二个阶段是 1953—1978 年，针对传统经验技术和人畜力为主的生产力条件下，一家一户在农业生产中遇到的畜力不足、生产工具不足和基础设施水平低下等问题，中国共产党和政府号召农民组织起来，建立起农业生产合作社及之后的农村人民公社，所形成的社区集体统筹和积累机制，促进了社区集体经济的发展，并以此为条件，促进了农田水利、农村道路等农业农村基础设施改善，促进了农业科技应用、机械化的发展，促进了农村科技、教育、文化、卫生等事业的发展，粮食产量由 1949 年的 11 318 万吨、1952 年的 16 391.5 万吨，提高到 1978 年的 30 476.5 万吨。农业生产力水平大幅提升这一重大突破，不仅解决了全国人口由 1952 年底的 57 482 万人增加到 1978 年底的 96 259 万人的吃饭问题，还为国家工业化的快速推进提供了大量的农产品和资本积累的支持，支撑了国家工业化战略的顺利实施。

第三个阶段是 1978—2002 年，中国在建立起独立的比较完整的工业体系后，实施放活政策，发挥农民的创造性，不仅促进了农业的全面发展，还促进了乡镇企业的异军突起，走出了中国特色农村工业化和城镇化之路。农业现代化、农村工业化、农村城镇化并进发展这一重大突破，实现了农村产业结构和就业结构的重大突破，拓展了“三农”发展的路径和空间。

第四个阶段是 2002—2012 年，基于工业化、城镇化快速发展进程中乡村建设滞后的问题，从构建和谐社会和有利于国家现代化的进一步发展出发，中共十六届

五中全会提出按照“生产发展、生活宽裕、乡风文明、村容整洁、管理民主”的要求推进社会主义新农村建设、农村基础设施建设快速推进和社会事业快速发展。社会主义新农村建设快速推进这一重大突破，显著改善了农村生产生活条件。

第五个阶段是自 2012 年中共十八大起，针对“三农”是全面建成小康社会、实现中华民族伟大复兴的短板，开启乡村全面振兴进程，抓重点、补短板、强弱项，实施脱贫攻坚战，促进乡村产业振兴、人才振兴、文化振兴、生态振兴、组织振兴，推动农业全面升级、农村全面进步、农民全面发展。开启乡村全面振兴进程这一重大突破，旨在破解工业化进程中“三农”弱质性的世界性课题，朝着农业强、农村美、农民富的方向发展，促进“三农”发展实现质的飞跃。

70 年间，中国“三农”五次台阶式发展表明，中国的“三农”问题不是固化的问题，不同时期有不同的表现，是发展中的问题，是发展到更高台阶后的问题。

(二)“三农”由传统向现代转型的历史性进展

新中国 70 年“三农”的发展历程，是不断推进现代化的历程。早在新中国成立前夕的中共七届二中全会上，毛泽东就提出了占国民经济总产值 90%的分散的个体农业经济是可能和必须谨慎地、逐步地而又积极地引导它们向着现代化的方向发展的。① 周恩来 1949 年 12 月在全国第一次农业生产会议上提出必须把城市工业组织起来发挥领导作用才能使农业现代化，1954 年 9 月在一届全国人大一次会议上所作的《政府工作报告》提出包括现代化农业在内的四个现代化建设任务，1964 年 12 月在三届全国人大一次会议上所作的《政府工作报告》中将现代农业提至“四化”之首。② 经过 70 年的努力，中国的“三农”由传统向现代转型发展实现历史性突破。

传统农业向现代农业转型。新中国大力发展现代农业科技，并推广应用，实现了由传统经验技术快速转向现代科技，到 2018 年，农业科技进步贡献率达到 58.3%；现代技术装备水平极大提高，2018 年主要农作物耕种收全程综合机械化率达到 67%③。新一代信息技术应用到农业生产、经营、管理、服务中，改变了以人畜力为主和面朝黄土背朝天的劳作方式，不仅极大地减轻了农民的劳动强度，把大量劳动力从农业中转移出来，还提升了耕作质量和改进了农艺。农业现代化的发展，促进了农业的全面发展，仅粮食产量而言，由 1949 年的 11 318 万吨增加到 2018 年的 65 789 万吨，其中 2012 年起连年保持在 60 000 万吨以上④，不仅把中国人的饭碗牢牢端在了自己的手中，还较好地满足了人民对食物消费多样性的需求。

---

① 毛泽东选集：第 4 卷［M］. 北京：人民出版社，1991：1432.

② 周恩来经济文选［M］. 北京：中央文献出版社，1993：29，176，563.

③④ 国家统计局农村司 . 农业生产跃上新台阶 现代农业擘画新蓝图——新中国成立 70 周年经济社会发展成就系列报告之十二［EB/OL］. http：//www.stats.gov.cn/tjsj/zxfb/201908/t20190805_1689117.html.

传统乡村向现代乡村转型。随着工业化的发展，乡村要素发生了明显变化，由农业社会的狭窄不平的土路、土墙、茅草屋，向水泥硬化路、电力、现代通信、现代医疗、现代教学、楼房等发展，环境脏乱差向美丽乡村发展。乡村美化后，不仅是农民的美丽家园，还成为城市居民休闲娱乐和体验农耕文明的乐园。农业功能由主要提供农产品向发挥多种功能发展，农村不仅发展农业，还发展休闲农业和乡村旅游业。到 2018 年，休闲观光、乡村民宿、健康养生等园区景点接待游客 30 亿人次，营业收入 8 000 多亿元①，满足了人民生活水平日益提高后对乡村文化、生态等日益增强的需求。随着社会主义政治文明建设的推进，乡村由封建统治向中国共产党领导下的民主自治发展，促进了乡村事业的发展和乡风文明建设。

农民素质全面提升。在旧中国，农民基本处于文盲半文盲状态，如此低的文化素质约束着“三农”的发展。正因为如此，20 世纪 30 年代仁人志士兴起的乡村建设运动把治盲、治愚、治病作为切入点。新中国成立后，中国共产党和政府不仅在农村开展认字运动以扫除文盲，还积极发展农村教育、文化、医疗、卫生、体育、社会保障等事业。例如，改革开放前，基于农村社区集体经济的发展而发展起来的合作医疗和“赤脚医生”，尽管水平较低，但保障了农民对医疗的基本需求，这一做法引起联合国教科文组织、世界卫生组织关注。1978 年召开的国际初级卫生保健大会将合作医疗和“赤脚医生”的经验写入《阿拉木图宣言》，世界卫生组织将其作为解决初级卫生保健的成功范例向发展中国家推介。② 随着经济的发展，农村社会事业跨上新的发展台阶。现今，在全国农村普及了九年义务制教育，建立起农村合作医疗制度，构建起农村社会保障体系。农村教育、文化、医疗、卫生、体育事业发展的重大突破，大幅提升了农民的综合素质，提升了农村的人力资本，成为农业农村乃至国家经济社会发展的基础。随着工业化的发展，农民还向非农产业发展，2018 年，全国农民工有 28 836 万人，其中外出农民工 17 266 万人、本地农民工 11 570 万人。③ 70 年来，随着农民现代化水平的提升和经济社会的发展，农民生活水平实现了大幅提升。2018 年，全国农村居民人均可支配收入 14 617 元（1954 年人均纯收入仅 64.14 元），其中全国农民工人均月收入 3 721 元；全国农村居民恩格尔系数降低至 30.1%，表明农民生活质量显著改善；全国共有 3 520 万人享受农村居民最低生活保障，455 万人享受农村特困人员救助供养④。

“三农”实现跨越发展的同时，还为国家工业化的发展提供了不可或缺的支撑，如为工业提供农产品原料，通过工农业产品价格“剪刀差”为工业提供积累，通过

① 韩长赋．国务院关于乡村产业发展情况的报告——2019 年 4 月 21 日在第十三届全国人民代表大会常务委员会第十次会议上［EB/OL］. http：//www.npc.gov.cn/npc/c30834/201904/1e30cb31a2a242cdb82586c5510f756d.shtml.

② 参见：姚力．卫生工作方针的演进与健康中国战略［J］. 当代中国史研究，2018（3）.

③④ 国家统计局．中华人民共和国 2018 年国民经济和社会发展统计公报［N］. 人民日报，2019-03-01.

出口农产品换取购买工业技术装备所需外汇等。

三、探索形成破解弱质性困扰的“三农”问题之路彰显中国共产党领导的政治优势和社会主义的制度优势

中国作为后发国家，面临劣势窘境而力求跨越发展，加之缺乏经验，以及实践不充分条件下的理论认识偏差，在探索破解“三农”问题上有过曲折，一些时候“三农”问题还很突出。尽管如此，从长时段总体考察，“三农”实现历史性的跨越发展，这充分表明所探索形成的发展路径对于破解弱质性困扰的“三农”问题是有效的和成功的。中国之所以能够探索形成破解弱质性困扰的“三农”问题之路，根本缘于发挥中国共产党领导的政治优势和社会主义的制度优势。

（一）中国共产党把解决好“三农”问题作为全党工作的重中之重，以破解“三农”问题的弱质性困扰

如果国家治理受利益集团控制，那小规模经营的农民的发展诉求是难以顺利表达的，国外如此，旧中国也如此。中国共产党的领导改变了这一状况，始终把解决好“三农”问题放在重要位置。在实施国家工业化战略之际，把农业摆在国民经济的首位；在建立起独立的比较完整的工业体系后，明确首先解决好农民和农村问题；在进入工业化中期，明确把解决好“三农”问题作为全党工作的重中之重；进入新时代，明确坚持把解决好“三农”问题作为全党工作的重中之重，坚持农业农村优先发展。70 年间，中国共产党高度重视促进“三农”发展而不懈怠，是因为不忘为人民谋幸福、为民族实现复兴的初心，并基于解决好“三农”问题进而实现乡村振兴是实现“两个一百年”奋斗目标和中华民族伟大复兴中国梦的必然要求的认识，因而能够在解决好“三农”问题的行动上高度自觉。正因为有中国共产党领导的政治优势，才能把解决好“三农”问题作为全党工作的重中之重。70 年间，中国共产党坚持群众路线和调查研究了解农民的需求，向农民问计，并进行重大战略部署，除中国共产党全国代表大会对发展“三农”进行战略部署外，还有 11 次中央全会对“三农”问题进行了专题研究，制定实施了 21 个以解决“三农”为主题的中央 1 号文件，以及数量众多的专题性文件，及时解决“三农”发展中遇到的问题，这是受弱质性困扰的“三农”能够实现跨越发展的关键所在。

（二）在农村土地公有制基础上探索共同发展道路和实现组织化规模化的形式

中国“三农”问题能否解决，根本在于是否具有较强的内生发展能力。中国人

多地少的资源禀赋决定了一家一户经营规模过小而在向现代化发展过程中有很多难题需要破解。把农民组织起来，提高经营规模，有利于提高“三农”的内生发展能力，是改造传统农业的必由之路。中国“三农”实现跨越发展，一个重要的原因，就是通过对农业的社会主义改造，建立起农村土地农民集体所有制，在此基础上探索共同发展道路和现实组织化规模经营的形式。

从建立社会主义制度出发，同时也是从解决土地改革后分散的一家一户在农业生产中遇到的困难出发，号召农民组织起来，并在这一进程中完成了由农村土地农民所有向农民集体所有的改造。这一农村土地公有制自建立之日起，一直坚持至今，只是进行调整和完善而已。其中较大的变化是，在改革开放初期，在坚持农村土地农民集体所有制不变的情况下，对土地实行家庭承包经营。中共十八大以来，实行农村土地所有权、承包权、经营权分置改革。

农村土地农民集体所有制的建立和坚持完善，以此为基础所形成的农村社区集体统筹和积累机制，既有利于增强“三农”的内生发展能力而破解“三农”弱质性困扰，还保障了能够朝着共同富裕道路不断前行。以土地农民集体所有制为基础的高级农业生产合作社、人民公社，解决了农民生产经营中遇到的困难，所形成的农村社区集体统筹和积累机制，促进了农田水利等基础设施建设、现代农业科技的推广运用、农村社会事业发展和社会保障体系的构建，也避免了农民两极分化现象的发生。改革开放以来，基于土地农民集体所有制，一些地方从适应社会主义市场经济要求出发，通过改革，对社区集体统筹和积累机制进行完善，发展成为城乡融合发展的小城镇；即便集体经济弱而积累少的村，也能通过“一事一议”促进社区集体事业的发展。基于土地农民集体所有制所形成的农村社区集体统筹和积累机制而促进“三农”发展是社会主义制度的特色，也是中国传统乡村社区建设做法在社会主义制度下的传承发展。坚持土地农民集体所有制，还避免了无地农民涌向城市形成贫民窟现象，为农民安心外出创业就业提供了保障，并促进了工业化和城镇化的健康推进。一些农村社区集体经济组织在实行股份合作制改造后，明确了农民在集体经济组织中的产权份额，这一组织制度的探索形成也能保障农民变市民的权益，进而有利于促进城镇化的顺利推进。

农村土地农民集体所有制的建立和坚持完善，探索形成了有中国特色的组织化规模化的多种形式。改革开放以来，在对集体土地实行家庭承包经营的基础上，尊重农民的意愿，形成了多种组织化规模化经营形式，有家庭农场，有多种类型的农民专业合作社，有专业合作社的联合社，有“公司＋合作社＋农户”，有“党支部＋合作社＋农户”等。在多种组织化规模化经营模式中，农民还可以用土地承包经营权入股。坚持土地农民集体所有制及家庭承包经营制度探索形成组织化规模化的多种形式，有利于更充分地在组织化规模化进程中保障农民的主体地位和权益，形成与社会主义初级阶段相适应的共享发展路径，是中国的特色。

(三) 从促进国家现代化和中华民族伟大复兴出发构建和完善社会主义工农城乡关系

70年间，中国共产党和政府解决“三农”问题，不是孤立地就“三农”问题解决“三农”问题，而是从促进国家现代化和中华民族伟大复兴出发，通盘统筹促进“三农”发展与国家工业化发展，处理好工农城乡关系，呈现出以下明显特征。

第一，促进工农城乡协调发展，基于工业化进程中“三农”的弱质性困扰，着力补齐“三农”发展这个短板，夯实国家现代化发展根基。在高度集中的计划经济体制下促进工业化发展过程中，曾发生过工业增长偏快的工农城乡发展失衡，中国共产党和政府都能够及时进行成功调整，如20世纪60年代初、70年代末、80年代末对国民经济进行调整，强化了农业的基础地位，使整个70年的国民经济呈现出快速增长态势。随着社会主义市场经济体制的建立和完善，国家宏观调控体系的构建和完善，整个国民经济稳健发展，避免了工农业发展严重失衡现象的发生。进入21世纪初，针对城市快速发展而农村发展相对滞后的问题，中共十六届五中全会起实施社会主义新农村建设。中共十八大以来，中国共产党和政府针对全面建成小康社会和中华民族伟大复兴中“三农”这一短板，相继提出“推动信息化和工业化深度融合、工业化和城镇化良性互动、城镇化和农业现代化相互协调，促进工业化、信息化、城镇化、农业现代化同步发展”①，重塑城乡关系，促进一二三产业融合发展、城乡融合发展，实施乡村振兴战略，明确了到2050年实现乡村全面振兴的目标。

第二，根据工业化发展阶段处理好工农城乡的“取”与“予”的关系，形成长时段视角下的相互支持、相互促进的政策体系和发展机制。在工业化初期实行农业支持工业或称农业养育工业政策，在进入工业化中期则转变为工业支持农业或称工业反哺农业，这是国际上工业化进程中带有普遍性的现象。中华民族的伟大复兴，首先要实现工业化的跨越发展。新中国工业化实现了跨越发展，只用了几十年的时间，就走完了发达国家几百年走过的工业化历程，同时也促进“三农”的跨越发展。之所以能够如此，是因为中国共产党和政府从国家现代化和中华民族伟大复兴出发，发挥中国共产党领导的政治优势和社会主义的制度优势，全国一盘棋集中力量办大事，处理好长远与近期发展、全局与局部发展关系。在推进国家工业化这样一个历史性进程中，中国成功地实现工业化所需资本的快速积累，这不仅是因为号召全国人民艰苦奋斗及选择高积累、低消费的政策取向，还因为顺利地实施了农业

---

① 十六大以来重要文献选编：上［M］. 北京：中央文献出版社，2014：16.

养育工业的政策。中国尽管实施农业养育工业的政策，但从一开始就注重处理好工农城乡关系，把握好对农民“取”的度，并通过粮食定产定购定销（简称粮食“三定”）、工农业产品价格比价、税收、农用工业等保障农民的基本利益和促进“三农”发展。在高度集中的计划经济体制下，尽管实行农业养育工业政策和城乡二元体制，但工农城乡差距可控，仅以城乡居民收入倍差为例，1978 年为 2.57：1。1979 年起至世纪之交，城乡差距由缩小演变为扩大。20 世纪 70 年代末至 1984 年，农村改革率先成功突破，农业农村发展快速发展，缩小了农村与城市的差距，如城乡居民收入倍差缩小至 1984 年的 1.84：1。自 20 世纪 80 年代中期起，城乡差距拉大，这是由于在市场条件下的马太效应所致，城乡居民收入差距持续扩大，到 2009 年高达 3.33：1。可见，市场机制使工农城乡差距拉大。21 世纪初起，中国共产党和政府基于工业化进入到中期阶段，将农业养育工业的政策调整为工业反哺农业，并推进城乡二元结构向一体化发展的改革。中共十八大以来，践行共享发展理念，探索通过股份合作而形成风险共担、利益共享的一二三产业融合发展模式，总结推广“订单收购＋分红”、“保底收益＋按股分红”、“土地租金＋务工工资＋返利分红”等[①]农民能够分享到融合发展成果的多种实现形式。在建设社会主义强国和实现中华民族伟大复兴的进程中，应坚持这种有益探索，促进以共享发展为取向的新型工农发展关系的构建和完善，这也是新中国 70 年促进“三农”发展的基本经验之一。

（作者单位：中国社会科学院当代中国研究所）

① 韩长赋．国务院关于乡村产业发展情况的报告——2019 年 4 月 21 日在第十三届全国人民代表大会常务委员会第十次会议上［EB/OL］. http：//www. npc. gov. cn/npc/c30834/201904/1e30cb31a2a242cdb82586c5510f756d. shtml.

20 世纪中期以来中国粮食生产、消费与产业分工关系解读

郭爱民

一、农业劳动生产效率与产业分工关系的学术探讨

农业劳动生产效率是单个农业生产单位（或单个农业劳动力）在单位时间内生产农产品的数量。在农业劳动生产效率增长程度与农业、非农业部门的分工之间，存在着何种关系？早在 18 世纪，古典经济学家就强调了农业劳动生产效率大幅度提高的重要性。重农学派代表人物魁奈提出了国内粮食生产的基础性地位，他写道："人口数量随着土地收入的增多而成比例地增长。有一些人由进行耕种而创造这些财富，另外一些则把它加工使之能够适合享受使用。……为了使人和财富能够存在，必须先有土地、人和财富。……只有商人和手工业的国家，除了依赖外国土地的收入，是不能够维持他们的生存的。"（魁奈，1997）此后，亚当·斯密吸取了重农学派的精华，强调农业劳动生产效率的作用。他提出："由于土地改良和耕作的结果，一家的劳动，能供给二家的食物，于是半数人口的劳动便足以生产供给全社会的食物，所以其余半数，至少其中的大部分的劳动，能用来生产其他物品，即用以满足人类其他欲望和嗜好。"（斯密，1972）亚当·斯密认识到了农业和非农产业分工的基础在于农业劳动生产率的大幅度提高。

此后，马克思进一步强调了农业劳动生产效率的重要性，他写道："社会上的一部分人用在农业上的全部劳动——必要劳动和剩余劳动——必须足以为整个社会，从而也为非农业工人生产必要的食物；也就是使从事农业的人和从事工业的人有实行这种巨大分工的可能性，并且也使生产食物的农民和生产原料的农民有实行分工的可能。"（马克思、恩格斯，1974，1972）庞卓恒根据这个论断，归纳出关于农业劳动生产效率和农业、非农产业分工的模型如下：

$$Agr = 1/(1+R) \quad (1)$$

$$Nagr = 1 - 1/(1+R) \quad (2)$$

式中，Agr 表示农业人口比重，$Nagr$ 表示非农产业人口比重，R 表示平均每

个农业人口生产的农产品除自身消费外可以供应的人口数量（庞卓恒，2004）。这里，R 是以农业人口为基准，衡量农业劳动生产率的核心数值。在 Agr 和 $Nagr$ 表达式当中，R 值越大，农业人口比重越小，非农产业人口比重越大；R 值越小，农业人口比重越大，非农产业人口比重越小。因而，R 的数值是衡量农业、非农产业人口比重的关键。

《农民生产能力的增长与社会转型》一文以工业化时期英格兰和近代长三角为研究对象，诠释了在从以小生产农业占主导地位的社会向以社会化大生产和普遍的商品交换为特征的现代社会的转型过程中，农业劳动生产效率是农业和非农产业社会分工的基本条件，并且验证了 Agr 和 $Nagr$ 表达式的正确性（Aimin，2012）。20 世纪 50 年代以来，特别是改革开放以来，中国经历了从以农业为主的经济结构向以工业为主经济结构转变的过程。20 世纪 50 年代以来，在中国的经济结构转变和农业劳动生产效率之间，呈现出怎样的走势？这里，本文以 Agr 和 $Nagr$ 表达式为基础，探讨此问题。需要说明的是，20 世纪 50 年代以来，在国家统计局相关的统计数据当中，农业人口的统计数据并不完美。这是因为，改革开放以来，越来越多的农村人口在农村或在城镇从事非农产业；另外，在许多农村家庭，存在着部分人员从事农业、部分人员从事非农产业的现象。因而，以 R 为中心考察 20 世纪 50 年代以来中国农业和非农产业分工的问题，存在着诸多弊端。

值得注意的是，2010 年以来，国家统计局统计农村人口时，在“乡村户数”“乡村人口数”两个原有的栏目之外，增加了“乡村就业人员数”“乡村就业人员数·第一产业”两个栏目，并且对这两个增加的栏目进行了追加性统计，一直追加到 1978 年（《中国农村统计年鉴》2010 年；《中国农业年鉴》2010 年）。基于这些数据，笔者把 Agr 和 $Nagr$ 表达式推进一步，并表示如下：

$$Agr = N/S$$

$$Nagr = 1 - N/S$$

式中，N 表示农业人口数量，是农业劳动力数量的倍数；S 表示一个农业劳动力每年生产的粮食可以供应的人口数量。这里，S 是以农业劳动力为基准，衡量农业和非农产业人口比重的核心数据。一般而言，在一个国家或地区，在某个时段，N 的数值相对稳定，所以，S 的数值越大（即一个农业劳动力生产的农产品能够供应的人数越多），农业人口比重越小，非农产业人口比重越大。因而，在粮食进口比重不是很大的情况下，S 数值的大小是衡量一个国家或地区农业和非农产业分工状况的核心数据。

这里，笔者立足于 Agr 和 $Nagr$ 表达式，通过 S 数据的变化衡量 20 世纪 50 年代以来中国农业和非农产业分工的变化趋势，利用农业劳动生产效率和 S 的数值解读 20 世纪 50 年代以来中国农业出现过的一些教训和当前面临的困境。

二、20 世纪中期以来中国粮食产量的动态变化

由于粮食生产的周期为一年，这里，笔者以年度为单位，以大约 5 年为时间跨度，拟对 20 世纪 50 年代以来单个农业劳动力在一年内生产的粮食数量作以计量，作为衡量农业劳动生产效率的数值。

首先，以大致 5 年为跨度，对新中国成立以来中国主要粮食作物的产量作以统计。按照原农业部和《中国农业年鉴》编辑委员会的统计分类，中国的粮食作物分为谷物、豆类、薯类三个类别；谷物包括稻谷、小麦、玉米、谷子、高粱、杂粮，豆类包括大豆等，薯类包括马铃薯等。因而，稻谷、小麦、玉米、谷子、高粱、杂粮、豆类、薯类八类粮食作物是本文考察的主要对象。在国家统计局提供的有关 1949—1979 年的数据中，只显示了各个年份的粮食总产量以及其中包含的稻谷、小麦的产量（《中国农业年鉴》1980 年），因而，在表 1 中，笔者只能给出 1952 年、1957 年、1962 年、1965 年、1970 年、1975 年这些年份每年的粮食总产量。1952 年、1957 年、1962 年、1965 年、1970 年、1975 年，全国粮食总产量分别为 3 278.3 亿斤*、3 900.9 亿斤、3 200.0 亿斤、3 890.5 亿斤、4 799.1 亿斤、5 690.3 亿斤（《中国农业年鉴》1980 年），可以换算为 16 391.5 万吨、19 504.5 万吨、16 000.0 万吨、19 452.5 万吨、23 995.5 万吨、28 451.5 万吨（表 1）。1980 年，全国稻谷、小麦、薯类、玉米、高粱、谷子、杂粮、大豆的产量分别为 2 785.1 亿斤、1 083.1 亿斤、556.9 亿斤、1 234.6 亿斤、135.5 亿斤、108.9 亿斤、302.7 亿斤、157.6 亿斤（《中国农业年鉴》1981 年），分别可以换算为 13 925.5 万吨、5 415.5 万吨、2 784.5 万吨、6 173 万吨、677.5 万吨、544.5 万吨、1 513.5 万吨、788 万吨。

表 1　1952—2010 年中国粮食作物产量

单位：万吨

年份	稻谷	小麦	薯类	玉米	高粱	谷子	杂粮	豆类	粮食总产
1952	—	—	—	—	—	—	—	—	16 391.5
1957	—	—	—	—	—	—	—	—	19 504.5
1962	—	—	—	—	—	—	—	—	16 000.0
1965	—	—	—	—	—	—	—	—	19 452.5
1970	—	—	—	—	—	—	—	—	23 995.5

* 1 斤=500 克。

（续）

年份	稻谷	小麦	薯类	玉米	高粱	谷子	杂粮	豆类	粮食总产
1975	—	—	—	—	—	—	—	—	28 451.5
1980	13 925.5	5 415.5	2 784.5	6 173	677.5	544.5	1 513.5	788.0	—
1985	16 856.9	8 580.5	2 603.6	6 382.6	560.9	597.7	1 278.6	1 050.0	—
1990	19 174.8	9 935.6	2 768.1	9 882.3	568.2	456.4	1 288.7	1 120.0	—
1995	18 522.7	10 221.5	3 263.2	14 295.06	475.50	302.14	890.3	1 350.42	—
2000	18 790.78	9 963.65	3 685.35	10 600.15	258.20	212.51	697.02	2 009.98	—
2005	18 059.2	9 744.5	3 468.0	13 936.5	254.6	178.5	603.2	2 157.9	—
2010	19 576.1	11 518.1	3 114.1	17 724.5	245.6	157.3	415.4	1 896.5	—

资料来源：《中国农业年鉴》各年。

同样重量单位的各类粮食作物，所包含的营养成分迥异。按照折算营养成分的方法，很难把不同类别粮食作物每年相对应的产量数值统一起来。能量则是维持人体正常生理功能及日常活动所需的基本物质。人体的一切生命活动都需要能量，如物质代谢的合成反应、肌肉收缩、腺体分泌等，食物则是能量的主要来源。这里，笔者遵照能量标准，把不同种类粮食作物的数量折合为原粮的数量。根据中国疾病预防控制中心营养与食品安全所的研究，在每100克粮食作物中，能量标准分别为：谷物的稻米346千卡[①]、小麦317千卡、玉米335千卡、高粱米351千卡、小米（谷子）358千卡，杂粮类的大麦307千卡、糜子323千卡、荞麦324千卡、莜麦366千卡、薏米357千卡，豆类的黄豆359千卡、黑豆381千卡、青豆373千卡，薯类作物的马铃薯（又名土豆、洋芋）76千卡、甘薯（又名山芋、红薯）99千卡（中国疾病预防控制中心营养与食品安全所，2002）。根据这些数据标准，可以看出，同样重量单位的各种谷类作物和豆类所包含的能量差别不大。根据这些数据，可以推算，每100克谷类和豆类作物所包含能量的中间数为337千卡。同理，同样重量单位薯类作物的能量差别不大，每100克薯类作物能量的中间数为88千卡。按照能量标准，可以推断，每100克谷物（或豆类作物）大致相当于400克薯类作物包含的能量，即4个重量单位的薯类作物所包含的能量与1个重量单位谷物（或豆类作物）所包含的能量相当。根据以上讨论的各类粮食作物热量标准的比较数据，可以把表1内“薯类”的重量转化为表2内“薯类折算为谷物”的重量，并进一步推算出相应年份的“原粮总产”，如表2所示。

① 千卡为非法定计量单位，1卡=4.1868焦耳。下同。——编者注

表 2　1952—2010 年中国各类粮食作物折合原粮的重量

单位：万吨

年份	稻谷	小麦	薯类折算为谷物	玉米	高粱	谷子	杂粮	豆类	原粮总产
1952	—	—	—	—	—	—	—		16 391.5
1957	—	—	—	—	—	—	—		19 504.5
1962	—	—	—	—	—	—	—		16 000.0
1965	—	—	—	—	—	—	—		19 452.5
1970	—	—	—	—	—	—	—		23 995.5
1975	—	—	—	—	—	—	—		28 451.5
1980	13 925.5	5 415.5	696.13	6 173	677.5	544.5	1 513.5	788.0	29 733.63
1985	16 856.9	8 580.5	650.90	6 382.6	560.9	597.7	1 278.6	1 050.0	35 958.1
1990	19 174.8	9 935.6	692.03	9 882.3	568.2	456.4	1 288.7	1 120.0	43 118.03
1995	18 522.7	10 221.5	815.80	14 295.06	475.50	302.14	890.3	1 350.42	46 873.42
2000	18 790.78	9 963.65	921.34	10 600.15	258.20	212.51	697.02	2 009.98	43 453.63
2005	18 059.2	9 744.5	867.00	13 936.5	254.6	178.5	603.2	2 157.9	45 801.4
2010	19 576.1	11 518.1	778.53	17 724.5	245.6	157.3	415.4	1 896.5	52 312.03

在表 2 内，根据 1980—2010 年“薯类折算为谷物”的数据，再加上与这些年份相对应的谷物和豆类作物产量，可以计量出与这些年份分别相对应的原粮总产。这样，就得出了 1952—2010 年大致以 5 年为跨度、相对应的每一年度原粮总产的数值，如表 2 所示。

三、20 世纪中期以来中国农业劳动生产效率的动态量化

（一）对 1952—1975 年乡村农业从业人员数作以统计

第一，在国家统计局提供的数据中，没有 1952 年、1957 年全国乡村户数的具体数字。这里，笔者根据《中国农业大事记》提供的相关数字，进行推测。“到 1955 年年底，全国……入社农户 7 000 多万户，占全国农户总数的 60%。”按照这段文字中的数据，1955 年，全国农户的数量为 11 666.7 万户，1952 年全国乡村户数的数据与此相差不会太大，可视之为 1952 年全国乡村户数的数字。“1956 年我国农村合作化已经基本完成，……到年底，入社农户又增加到 1.2 亿户，占全国农户总数的 96%。”按照这段文字提供的数据，到 1956 年底，全国乡村户数为 12 500 万户，这可以视为 1957 年全国乡村户数的数字。基于这些来自笔者估算的以上间接数据以及来自《中国农业年鉴》和《中国人口年鉴》的相关数据，可以把表 3 内的“乡村户数”和“乡村人口数”补充完整，并根据这组数据，推算出 1952—

2010年的“农户户均人口”（表3）。

表3　中国乡村户数、乡村人口数量、乡村农业从业人员数

年份	乡村户数（万户）	乡村人口数（万人）	农户户均人口（人）	乡村农业从业人员数（万人）	农业人口数量是农业劳动力数量的倍数（N）
1952	11 666.7	49 191	4.22	23 333.4	2.11
1957	12 500	54 035	4.32	25 000	2.16
1962	13 410	56 024	4.18	26 820	2.09
1965	13 527	59 122	4.37	27 054	2.19
1970	15 178	69 984	4.61	30 356	2.31
1975	16 448	77 712	4.72	32 896	2.36
1980	17 672.7	81 096.0	4.59	29 122	2.78
1985	19 076.5	84 419.7	4.43	31 130	2.71
1990	22 237.2	89 590.3	4.03	38 914	2.30
1995	23 281.5	91 674.6	3.94	35 530	2.58
2000	24 148.47	92 819.65	3.84	36 043	2.58
2005	25 222.4	94 907.6	3.76	33 442	2.84
2010	26 384.6	96 618.9	3.67	27 931	3.46

注：“户均人口”一栏的数据是笔者按照“乡村户数”和“乡村人口数”两个栏目内的数字推算出来的。

资料来源：《中国农业年鉴》1980年、1981年、1986年、1991年、1996年、2001年、2006年、2011年、2013年、2014年分卷；《中国统计年鉴》2001年分卷；《中国农村统计年鉴》2015年分卷；《中国人口年鉴》1985分卷。

第二，基于以上分析，对于在国家统计局数据中缺位的1952—1975年“乡村农业从业人员数”，也可以采用间接的方法获取。在这一时段，中国一直推行“以粮为纲”的农业政策，一般的农村劳动力，就是农业劳动力。在这一时段，全国基本上没有流动人口，人均预期寿命50余岁，一般的家庭人口数量为4.18～4.72人（表3），即一般的家庭，由一对夫妇（2个劳动力）和2～3个孩子构成。鉴于这两个原因，1952—1975年“农村农业从业人员数”的获取，可以由“乡村户数”×2的方法获得（表3）。

（二）对1980—2010年乡村农业从业人员数的统计作以分析

改革开放以来，由于人口流动性增强，农业人口外出从事非农产业经营的人数呈现增长趋势。从2011年开始，《中国农业年鉴2010》开始把农村从业人口区分为“乡村从业人员数”和“乡村农业从业人员数”。以此为基础，《中国农业年鉴2014》对乡村人口作以专门的界定，“乡村人口数指乡村居民户数中的常住人口，即经常在家或在家居住6个月以上，而且经济和生活与本户连成一体的人口数。”根据1981年及1981年前的户籍统计数，1982年、1990年、2000年、2010年的人口普查数据，第六次人口普查数据，以及《中国统计年鉴》提供的相关数据，《中国农村统计年鉴2015》对1978年以来各个年份的“乡村人口数”“乡村从业人员数”“乡村农业从业人员数”作追加统计。这样，对于1980—2010年相应年份的“农村从业人员数”和“农村农业从业人员数”这些数据，本文直接引用了《中国农村统计年鉴2010》所提供的数据（表3）。

根据上述估算，得出了1952—2010年相应年份的原粮总产（表2）和乡村农业从业人员数（表3）。可以把表2内1952—2010年“原粮总产”和表3内“乡村农业从业人员数”这两组数据抽取出来，组成表4。然后，根据“原粮总产”除以“乡村农业从业人员数”的方法，计量出1952—2010年相应年份每个农业劳动力年均生产原粮的数量，即单个农业劳动力每年的农业劳动生产效率（表4）。

表4　1952—2008年农业劳动效率的动态量化

年份	原粮总产（万吨）	乡村农业从业人员数（万人）	农业劳动生产效率（吨）
1952	16 391.5	23 333.4	0.702
1957	19 504.5	25 000	0.780
1962	16 000.0	26 820	0.597
1965	19 452.5	27 054	0.719
1970	23 995.5	30 356	0.790
1975	28 451.5	32 896	0.865
1980	29 733.63	29 122	1.021
1985	35 958.1	31 130	1.155
1990	43 118.03	38 914	1.108
1995	46 873.42	35 530	1.319
2000	43 453.63	36 043	1.206
2005	45 801.4	33 442	1.370
2010	52 312.03	27 931	1.873

四、农业劳动生产效率变动下的农业与非农产业分工

上文计量表明，20世纪50年代以来，在中国，以农业劳动力为核心的农业劳动生产效率处于上升趋势；同时，在乡村地区，居民主要食品的消费构成也呈现出相应的动态变化。如表5所示，1952—1990年，人均粮食消费量趋于上升，由人均每年197.67千克上升到262.08千克；1990—2010年，人均粮食消费量则呈现下降势态，由人均262.08千克下降到181.44千克。这是因为，1990年以前，人们的食

物消费构成以粮食为主，副食品消费相对较少；1990—2010年，肉、蛋、奶等副食品的消费一直处于上升趋势。1990—2010年，乡村居民食油、肉类、蛋类、奶类、水产品的消费量呈倍增趋势，比如，对禽肉的消费量由人均每年1.25千克上升到4.17千克，对奶及奶制品的消费由人均每年1.10千克上升到3.55千克。肉蛋奶等副食品消费趋增，食品消费多样化趋势的出现，是1990—2010年中国农村居民家庭人均粮食消费量趋少的原因。结合前面的论证，可以得出农业劳动生产效率与食品消费相对应的三个阶段：1952—1985年，农业劳动低效率和单一粮食低消费量阶段；1985—2000年，农业劳动效率缓慢增长与粮食高消费量、食品多样化趋势初露阶段；2000年以来，农业劳动生产效率快速增长、食品多样化阶段。①

表5　农村居民家庭平均每人每年主要食品消费量

单位：千克

年份	粮食	蔬菜	食油	猪肉	牛羊肉	禽肉	蛋及制品	水产品	奶及奶制品
1952	197.67	—	2.10	5.92	0.92	0.43	1.02	2.67	—
1957	203.06	—	2.42	5.08	1.11	0.50	1.26	4.34	—
1962	164.63	—	1.09	2.22	0.79	0.38	0.77	2.96	—
1965	182.84	—	1.72	6.29	1.02	0.36	1.42	3.33	—
1970	187.22	—	1.61	6.02	0.82	0.32	1.32	2.94	—
1975	190.52	—	1.73	7.63	0.72	0.35	1.63	3.26	—
1980	213.81	—	2.30	11.16	0.83	0.80	2.27	3.41	—
1985	257.45	131.13	4.04	10.32	0.65	1.03	2.05	1.64	—
1990	262.08	134.00	5.17	10.54	0.80	1.25	2.41	2.13	1.10
1995	258.92	104.62	5.80	10.58	0.71	1.83	3.22	3.36	0.60
2000	250.23	106.74	7.06	13.28	1.13	2.81	4.77	3.92	1.06
2005	208.85	102.28	6.01	15.62	1.47	3.67	4.71	4.94	2.86
2010	181.44	93.28	6.31	14.40	1.43	4.17	5.12	5.15	3.55

注：某些年份人均主要食品消费量之间互有抵牾，笔者比较权衡后，把认为较为合理的数据填入此表。
资料来源：《中国统计年鉴》1986年、2001年、2006年、2011年。

20世纪50年代以来，在农业劳动生产效率总体呈现上升、广大居民的粮食消费量呈现先上升后下降趋势的情况下，中国的粮食生产、消费与农业、非农产业的分工呈现怎样的关系。把表4中的农业劳动生产效率、表5中人均年粮食消费量、抽取出来，组成表6。在表6中，“农业劳动生产效率”一栏中的相应数据除以

① 黄宗智先生认为，“中国食物消费正从传统的8∶1∶1（八成粮食、一成肉—禽—鱼、一成菜—果）快速转化，当前的比例可能约5∶2∶3，即五成粮食、二成肉食、三成菜果，而中下层人民的收入如果能够进一步提高，转化的终点可能将是4∶3∶3。”（黄宗智，2010）

"人均年粮食消费量"一栏中的相应数据，可以得出1952—2010年相应年份的"一个农业劳动力每年生产粮食可供应的人口数量"，即 *Agr* 表达式中的 *S* 值。同样，在表3中，"乡村人口数"一栏中的数值除以相应年份的"乡村农业从业人员数"一栏中的相应数值，可得出1950—2010年相应年份"农业人口数量是农业劳动力数量的倍数"，即 *Agr* 表达式中的 *N* 值，把这组数据抽取出来，并置入表6。由表6提供的1952—2010年不同年份的 *N*、*S* 数据，根据笔者上文进一步推导的 *Agr* 与 *Nagr* 表达式，可以计量出与这些年份分别相对应的农业人口（*Agr*）和非农人口（*Nagr*）的模型数值。

表6　粮食的生产、消费与农业、非农产业分工关系

年份	农业劳动生产效率（千克）	人均年粮食消费量（千克）	农业人口数量是农业劳动力数量的倍数（*N*）	一个农业劳动力每年生产粮食可供应的人口数量（*S*）	*Agr*	*Nagr*
1952	702	197.67	2.19	3.55	0.62	0.38
1957	780	203.06	2.19	3.84	0.57	0.43
1962	597	164.63	2.19	3.63	0.60	0.40
1965	719	182.84	2.19	3.93	0.56	0.44
1970	790	187.22	2.31	4.22	0.55	0.45
1975	865	190.52	2.36	4.54	0.52	0.48
1980	1 021	213.81	2.78	4.78	0.58	0.42
1985	1 155	257.45	2.71	4.49	0.60	0.40
1990	1 108	262.08	2.30	4.23	0.54	0.46
1995	1 319	258.92	2.58	5.09	0.51	0.49
2000	1 206	250.23	2.58	4.82	0.54	0.46
2005	1 370	208.85	2.84	6.56	0.43	0.57
2010	1 873	181.44	3.46	10.32	0.34	0.66

由于误差不可避免，在根据表6数据量化出的1952—2010年相应年份中国的 *Agr*、*Nagr* 数值与农业、非农产业人口实际比重的数据之间，肯定存在着误差。不过，笔者根据函数表达式量化出的 *Agr* 和 *Nagr* 数据，基本上反映了1952—2010年我国经济结构转变的大致趋向。根据表6中笔者量化出的 *Agr* 和 *Nagr* 数据，1952—2010年，我国 *Agr* 的数值由62%下降到34%，*Nagr* 的比重由38%上升到66%。这组数字说明，1952—2010年，我国由一个以农业人口占主导的社会转变为以非农业人口占主导的社会，*Agr* 和 *Nagr* 数据的变动与中国经济结构转变趋势的事实是一致的。

一般而言，在粮食进口比例不是很大的前提下，农业劳动生产效率大幅度提高是一个国家农业和非农产业实现顺利分工的基础条件。在1952—2010年，中国的情况是否如此？根据表6提供的数据，1952—2010年，中国的农业劳动效率得到了较大提高，由702千克提高到1 873千克。值得注意的是，一个农业劳动力每年生产的粮食可供应的人口数量（即S的数值）是体现农业劳动生产效率的重要环节，表6的数据明显地体现了这一点。比如，1952—2010年，S的数值得以较大的提高。1952年，S为3.55；1985年，S为4.49；1995年，S为5.09；2010年，S为10.32。以上分析表明，1952—2010年，中国的农业劳动生产效率得以较大提高，一个农业劳动力每年生产的粮食可供应的人口数量呈现逐步增长趋势。同时，在1952—2010年，中国的粮食进口状况呈现怎样的变化趋势呢？如表7，在20世纪90年代，中国粮食进口比重（即进口粮食占粮食总产量的比重）不大，在5%以内；2000年以后，粮食进口比重开始攀升，2005年达到8%，2010年达到12.8%。

表7　谷物与谷粉的进出口量值

单位：万吨，%

年份	粮食进口数量	粮食总产量	进口粮食占粮食总产比重
1995	2 083	46 873.42	4.4
2000	1 391	43 453.63	3.2
2005	3 647	45 801.4	8.0
2010	6 695	52 312.03	12.8

注："粮食总产量"一栏的数据，来自表4；"进口粮食占粮食总产比重"一栏系笔者的计量。

资料来源：《中国粮食年鉴》2013年分卷。

如何看待粮食进口比重与产业分工的关系？这里以工业化时期英国的相关研究为例，予以说明。在《欧洲的农业效率与经济结构》一文中，罗伯特·埃伦引入了参数r，表示国内粮食生产与消费的比值，$r=1$表示粮食的生产和消费相等，不需要进口或出口。根据其研究，粮食的国际贸易在英格兰近代史上的作用并不重要；17世纪中期之前，英格兰的r值为1；此后，由于开始出口谷物，18世纪中叶，r值上升，以后又下降，到1800年，下降到0.9；19世纪中期之后，又开始上升。（Allen，2000）根据马克·奥弗顿的研究，1701年，英格兰出口谷物的比重为2%；到1781年，不再出口谷物；到1801年，5%的谷物需要进口，1851年达到了16%。（Overton，1996）罗伯特和马克的研究表明，工业化后期，尽管英格兰进口谷物，但幅度不大，因而，农业劳动生产效率的大幅度提高对于非农人口的增加仍旧起着关键作用。比照英国的相关数据，可以看出，1950—2010年，在中国的粮食进口比例不大（其实绝对数字已经很大）的前提下，由于单个劳动力每年生产的粮食养活的人数不断提高，使农业人口由62%下降到34%，非农产业人口由38%上升到66%。

在1952—2010年的每一个阶段，农业劳动生产效率的增长呈现怎样的特点？与之伴随的食物消费呈现怎样的特点？通过表4中关于农业劳动生产效率动态变化的数据，可以发现：1952—2010 年，中国农业劳动生产效率的变化经历了三个阶段。第一个阶段为 1985 年以前，在这一时期，农业劳动生产效率较低，处于停滞中的增长状态，国人的食物以低标准的粮食消费为主。1975 年之前，农业劳动生产效率虽然呈现逐步提高的趋势，但基本上处于停滞状态，始终没有突破 800 千克；1975 年，农业劳动生产效率突破了 800 千克；1980 年，农业劳动生产效率突破了 1 000 千克大关。影响农业劳动生产效率的因素较多，这里仅从制度和技术层面，简略分析这一阶段农业劳动生产效率在停滞中增长的原因。在制度层面，1975 年前，农民被束缚在集体的土地上，没有被释放出来从事非农产业的可能性；1975 年后，由于国家开始在农村开展多种经营的农业政策，一些地区开始兴办企业，少量的劳动力从农业生产中释放出来，进入非农产业领域。在技术层面，农业科技在这一时期的投入不高。仅以大中型拖拉机为例，1965 年为 7 万台，1970 年为 12 万台，1975 年为 34 万台。

1985—2000 年是中国农业劳动生产效率变动的第二个阶段。在这一阶段，农业劳动生产效率基本保持在 1 300 千克以下的水平，呈现缓慢增长态势。在国人的食物消费构成中，粮食消费量趋高，并出现了肉、蛋、奶消费的趋势。从制度层面讲，在农村改革开放政策下，农民开始从土地解放出来，诞生了第一代农民工，他们当中的一部分常年在外打工；他们当中的大部分农忙时回乡务农、农闲时打工。在技术层面，和第一阶段晚期相比，这一时期农业科技水平出现了一定的变化。比如，仅就大中型拖拉机而言，1980 年为 74 万台，2000 年为 97 万台。

2000 年以来是中国农业劳动生产效率变动的第三个阶段。在这一阶段，农业劳动生产效率呈现快速增长的态势，并取得了突破性进展。在国人的食物消费构成中，人均粮食消费量快速降低，肉、蛋、奶消费量趋高。农业劳动生产效率于 2005 年突破了 1 300 千克大关，接着于 2010 年达到了 1 873 千克（表 4）。在制度层面，20 世纪 80 年代初开始实行的家庭承包经营制度放松了对农村人口的控制，第二代农民工逐渐替代了第一代农民工，成为流动人口的主体，他们常年在外从事非农产业，完全脱离了农业，真正从事农业的人口数量大为减少。在技术层面，这一时期，农业科技水平提高较快，化肥、农药、除草剂广泛使用，许多地方实现了机械化，更多的劳动力解放出来。比如，仅就大中型拖拉机来说，2000 年为 97 万台，2010 年增加到 392 万台，10 年间增加了 3 倍多。

五、过去教训与当前困境：对谷物生产与消费的解读

农业劳动生产低效率和粮食消费之间的沉重教训之一，就是 20 世纪 80 年代中期之前一直烦扰中国民众的温饱问题。1957—1980 年，农业劳动生产效率长期徘

徊在1 000千克以下。这一时期，农村处于粮食统购统销的计划经济体制下，生产队是基本的生产单位，生产的粮食交够国家的、留够集体的，剩余的才是生产队可以分配给群众的口粮。帕金斯关于中国传统农业时期人们的食粮消费研究表明，"过去中国按人计算的粮食产量规定下限和上限似乎也是合理的。下限似乎应该在二百千克左右，上限可能是三百五十千克。"（帕金斯，1984）。按照帕金斯的研究，在过去，中国人均每年消费粮食数量的中间值为275千克。根据表6的数据，1952年、1957年、1962年、1965年、1970年、1975年、1980年，中国普通民众的粮食消费量分别为197.67千克、203.06千克、164.63千克、182.84千克、187.22千克、190.52千克、213.81千克。根据表5和表6的数据，这一时期，普通中国人的饮食以粮食消费为主，副食消费相对较少。以上数据表明，1957—1980年，普通中国人的食粮消费标准尚没有达到传统时代的水准。因而，在1980年之前，普通中国人通常处于饥饿状态。比如，1957年，费孝通先生重访江村。他写道：

> 说什么好呢？问大家生活吧："日子过得可好？"许多老婆婆抢着回答："好是好了，就是粮食——"说到这里就有人插口了，"刚见面就讲这个，改天再谈吧。"……许多孩子向着我们挤，我突然觉得奇怪，在这时候，这些孩子怎么会都在河边看热闹？今天怎么不上学？他们都冲我笑，有的拉了鬼脸说："我们不上学，割羊草。"旁边一个老年人补充了一句话："哪里有钱念书，吃饭要紧。"（费孝通，2004）

江村位于号称"鱼米之乡"的江南地区，在1957年，人们尚感觉饥饿，在其他地区，情况又如何呢？高王凌就人民公社时期的口粮问题在许多地区进行了调查。"在山西，（在农业社早期阶段）口粮就是三百六，一天一斤，……不少人认为那时人均一年得700斤才够吃"。"在广东，有的农民说过去大小平均每月35斤稻谷（这是按月计算，并不一定是按月分粮），可碾成二十四五斤米。""……老何说，过去吃两顿饭，中午喝'糖水'，现在吃三顿，还有四顿的（宵夜），因此那时粮食还是不够吃。""在湖南，1978年之前，吃粮四百八，是当地普遍的说法。四百八是稻谷，碾成米，只得七成，合336斤，一天9两2钱，还不到一斤。显然不够吃的。""在内蒙古，偷走（指偷生产队的粮食）的比例还不小，但那时还是吃不饱。所以每年春天都出去借粮。"（高王凌，2005）

知青下乡则是1950—1980年农业劳动生产低效率所导致的又一个惨痛教训。广义地说，知青下乡发生的年代为20世纪50年代到70年代末，上山下乡知识青年总数估计在1 200万～1 800万人。狭义地说，知青下乡发生在1968—1977年。1968年，《人民日报》发表了题为《我们也有两只手，不在城里吃闲饭》的文章，引用了毛泽东关于“知识青年到农村去，接受贫下中农再教育”的指示，许多年轻人因此去下乡。一般认为，知青下乡的原因是，新中国成立后，为了解决城市中的就业问题，从50年代中期就开始组织将城市中的年轻人移居到农村，尤其是边远的农村地区建立农场。笔者则从农业劳动生产效率与粮食消费的视角，审视这一问题。20世纪50年代中后期，人民公社在全国范围内建立了起来。生产队是人民公社时期农村最基本的生产单位。生产队要向国家缴纳公粮，向生产大队缴纳粮食折算为公积金、公益金，剩余的粮食才是生产队群众的口粮。在一般的年景，如上所述，生产队群众依靠这些口粮很难填饱肚皮。根据表3与表6的数据，1952—1980年，一个农业劳动力每年生产的粮食可供应的人口数量在4.8口以下，一个家庭两个劳动力5口人，1个劳动力在勉强养活本家庭的2.5口人之外，最多只能额外养活2.3口人。然而，新中国成立后，1949—1958年、1962—1975年，中国经历了两次人口生育高峰。1957年、1973年，中国大陆的人口数量分别为64 523万人、88 761万人（马瀛通，1989），增加了24 238万人。同时，表3表明，1957—1975年，农业劳动力从25 000万人增加到32 896万人，增加了7 896万人。增加的这些劳动力，除了自己的家人，最多只能额外养活7 896×2.3=18 161万人。因而，在1957—1973年，按照当时的农业劳动生产效率水准和粮食消费标准，全国增加的24 238万口人中，尚有24 238－18 161=6 077万人不能养活。同一时期的中国，国际贸易水平较低，谈不上粮食进口。在这种背景下，号召知识青年（其实绝大多数是中小学生）到农村插队（或进入建设兵团），是在农业劳动生产低效率的情况下解决城市粮食不足的无奈之举。

如前所述，20世纪80年代中后期以来，中国的农业劳动生产效率经历了从停滞中增长到缓慢增长再到快速增长的历程，国民人均年粮食消费数量大大减少，肉、蛋、奶消费数量迅速提升。食物消费结构的变化，又导致了粮食生产和消费的哪些问题呢？这一时期，由于肉、蛋、奶消费量的飙升，饲料用粮开始呈现出困境。2010年夏季，笔者和南京师范大学中国经济史研究所研究生张希涛在山东省莱芜市、河南省叶县、天津市宁河县三地，调查了饲养猪、鸡、鱼的用料问题。根据这次调查，1991—1995年，三个地区养殖业的经营方式经历了由传统的家庭散养到家庭规模经营模式的转变；在此之前，农家利用剩饭、秸秆糠散养牲畜和家禽；在此之后，农家以粮食为饲料，开展规模经营。在表8中，可以看到，1990—1995年，养殖业产量开始大幅度提高，基本原因就在于此。根据这次调查得出的数据：在每100千克猪饲料中，含有玉米65千克、豆饼25千克、麦麸5千克、预混饲料5千克，玉米的比重为65%；在每100千克鸡饲料中，包含玉米62千克、豆粕25千克、麦麸5千克、料精5千克、石粉或细沙3千克，玉米的比重为62%。这组数据说明，1991年以来，玉米已经成为饲养业的主要原料。

表 8　1952—2010 年全国畜牧业、渔业的产量

单位：万吨

年份	猪肉	牛肉	羊肉	禽肉	牛奶	羊奶	禽蛋	水产品
1952	—	338.5	—	—	—	—	—	166.6
1957	—	398.5	—	—	—	—	—	311.6
1962	—	194	—	—	—	—	—	228.3
1965	—	551	—	—	—	—	—	298.4
1970	—	596.5	—	—	—	—	—	318.5
1975	—	797	—	—	—	—	—	441.2
1980	1 134	27	44.5	—	22.8	4.5	—	449.7
1985	1 654.7	46.7	59.3	160.2	249.9	39.5	534.7	705.2
1990	2 280.8	125.6	106.8	322.9	415.7	59.4	794.6	1 237.1
1995	3 648.4	415.4	201.5	934.7	576.4	96.4	1 676.7	2 517.2
2000	4 031.4	532.8	274.0	1 207.5	827.4	91.7	2 243.3	4 279.0
2005	5 010.6	711.5	435.5	1 464.3	2 753.4	111.4	2 879.5	5 101.7
2010	5 071.2	653.1	398.9	1 656.1	3 575.6	172.4	2 762.7	5 373.0

资料来源：《中国农业年鉴》1980 年、1981 年、1986 年、1991 年、1996 年、2001 年、2006 年、2011 年。

饲料成分的变化，基于 1983 年家庭承包经营制度在全国的推广。实行家庭承包经营制度之前，三地民众的生活水准处于温饱问题尚未解决阶段，食用的粮食类别较为广泛，涉及稻谷、小麦、薯类、玉米、高粱、谷子、杂粮。实行家庭承包经营制度以后，特别是 1985 年以后，由于小麦、稻谷产量的大幅度提高（表 2 中的数据也可以表明这一点），三地民众食用的粮食以小麦和稻谷为主，兼食薯类、高粱、谷子、杂粮，玉米的食用量很少。饲料成分的变化，也可以从 1952—2010 年国人食品种类的变化中反映出来，如表 5，1995 年以前，在国人的食物中，谷物逐渐减少，肉、蛋、奶逐步增加。山东、河南、天津三地民众食用谷物的状况大体可以反映出全国的趋势。这里，以 1991 年为大致的界限，1991 年以后，玉米是饲料最主要的来源。

按照前述，1990 年以来，玉米成了最主要的饲料用粮，人们食用甚少。作为饲料用粮，玉米的生产与消费状况呈现怎样的状况呢？根据笔者和南京师范大学研究生张希涛于 2010 年夏季开展的河南、天津、山东调查，每头猪的饲养周期为5～6 个月，大致使用饲料 250 千克，其中包括 40 千克豆粕，10 千克麸子，200 千克玉米。按照这次调查，鸡的饲养周期为 1 年半，时间跨度为两个年头，每只鸡平均每年食用饲料 35～39 千克，中间值为 37 千克；如前文数据，在每 100 千克鸡饲料中，玉米的比重为 62%；按照这个比重，每只鸡每年食用的玉米为 37×0.62=23 千克。表 9 罗列出了 1995 年、2000 年、2005 年、2010 年猪和鸡的存栏和出栏数量，由于猪的饲养周期为 5～6 个月，为了避免重复，这里只计量这些年份出栏猪

食用玉米的数量，作为这些年份食用玉米的猪的数量；鉴于鸡的饲养周期为一年半，这里按照出栏和存栏的总量，计量对家禽对玉米的消费。表 9 提供的数据说明，1995 年以来，作为国内饲料业支柱的玉米，一直存在着缺口，2010 年之前，国内玉米的缺口在30 000 万吨以下，2010 年，国内玉米的缺口达到 33 246.6 万吨；弥补缺口的途径除了寻求替代品，进口玉米成了无奈选择。

把表 6 内“人均年粮食消费量”和表 2 内“原粮总产”中的数据抽取出来，填入表 10。如表 10，根据中国“人口总数”和“人均粮食消费量”，可以得出 1952—2010 年相应年份的“国民食用粮食总量”。比较相应年份的“国民食用粮食总量”和“粮食总产”数据，可以发现，1952—2010 年，按照人均年粮食消费量标准，中国的粮食总产量不仅能够自给，还有大量结余。然而，按照表 7 的数据，1995 年以来，“进口粮食占粮食总产比重”节节攀升，最主要的原因在于，人们的粮食食用量尽管减少了，但对肉、蛋、奶的消费却增加了，猪和家禽的饲养数量剧增，国内生产的粮食作为饲料，已经远远不能满足养殖业的需要。

表 9 猪、家禽产量以及消耗的原粮（1990—2010 年）

年　　份		1995	2000	2005	2010
猪	年末存栏（万头）	44 169.1	44 681.5	50 334.8	46 460.0
	出栏量（万头）	48 049.1	52 673.3	66 098.6	66 686.4
	（出栏）猪年度消费玉米（万吨）	9 610	10 535	13 220	13 337.3
家禽	年末存栏（万只）	410 858.0	464 113.0	53.3	535 251.0
	出栏量（万只）	630 213.1	809 857.1	986 491.8	1 101 000.0
	家禽数量合计（万只）	1 041 071.1	1 273 970.1	986 545.1	1 636 251
	家禽年消费玉米（万吨）	23 945	29 301	22 691	37 633.8
（出栏）猪、家禽年消费玉米（万吨）		33 555	39 836	35 911	50 971.1
国内玉米年度产量（万吨）		11 198.9	10 600.2	13 936.5	17 724.5
玉米作为饲料的国内缺口（万吨）		22 356	29 236	21 975	33 246.6

资料来源：《中国农业年鉴》1996 年、2001 年、2006 年、2011 年。

表 10 国民食用粮食总量与原食总产的比较

年份	人口总数（万人）	人均年粮食消费量（千克）	国民食用粮食总量（万吨）	原粮总产（万吨）
1952	57 482	197.67	11 362.5	16 391.5
1957	64 653	203.06	13 128.4	19 504.5
1962	67 295	164.63	11 078.8	16 000.0
1965	72 538	182.84	13 262.8	19 452.5
1970	82 922	187.22	15 524.7	23 995.5

（续）

年份	人口总数（万人）	人均年粮食消费量（千克）	国民食用粮食总量（万吨）	原粮总产（万吨）
1975	92 420	190.52	17 607.9	28 451.5
1980	98 705	213.81	21 104.1	29 733.63
1985	105 851	257.45	27 251.3	35 958.1
1990	114 333	262.08	29 964.4	43 118.03
1995	121 121	258.92	31 360.6	46 873.42
2000	126 743	250.23	31 714.9	43 453.63
2005	130 756	208.85	27 308.4	45 801.4
2010	134 091	181.44	24 329.5	52 312.03

资料来源：《中国统计年鉴》2011年；《中国人口年鉴》1985年。

结　　论

如果粮食进口比重继续增长，在日韩出现的“效率假象”①，将会在中国上演。针对饲料用粮急剧增长并依赖进口的问题，我国应提倡大力提高农业科技水平，推广新式的“秸秆养殖”模式②，进一步扩展饲料的来源。同时，确保18亿亩土地红线不被侵蚀，也是中国农业面临的迫切任务。

（作者单位：南京师范大学社会发展学院）

① 注：在日本和韩国，一方面，农业劳动生产效率的数据表面上很高了；另一方面，这两个国家的粮食严重依赖进口。这就产生了“效率假象”。产业分工（或分工加强）并不是由这种“效率假象”促就的。

② 根据黄宗智先生的研究，以玉米喂猪，1亩地只够养1头，但利用生物剂发酵秸秆为饲料，1亩地可以养5头猪。（黄宗智，2010）

关于阜阳农村改革试验区的回忆

吴昭仁

一、试验区的缘起

谈起我国的农村改革，人们很自然地就想起1982—1986年连续颁布的5个中央1号文件以及1987年的5号文件。1986年下半年我在中央党校学习，曾有幸参加了时任中央书记处农村政策研究室理论组组长张云谦主持的1987年5号文件的征求意见座谈会。对文件中的两个提法，我当时印象特别深刻：一是这份文件第一次提出，雇工人数超过一定限度的私人企业"也应当采取允许存在，加强管理"，这为日后的中国民营经济发展，实行社会主义市场经济释放了第一个信号；二是提出在农村"有计划地建立改革试验区"，并且允许突破某些现行政策和体制。

我当时是安徽省农村经济委员会副主任，这个单位以前是中共安徽省委农村政策研究室，与中央农研室是一个系统。我与他们较熟，逐步知道农村改革试验区的设想是周其仁最先提出来的。周其仁和陈锡文、杜鹰、孙孔文等人，都是1977年恢复高考后第一批进入中国人民大学经济系的同学，并且都是上山下乡近十年的知识青年。在十一届三中全会之前，他们就与北京大学、清华大学等学校同龄人一起，对安徽、四川、内蒙古、贵州等地农村萌动的改革特感兴趣。在北京大学的陈一咨的率领下，多次进行农村调查，并受到了杜润生同志的关注与指点。他们成立了一个小组，名为"中国农村发展问题研究组"，多次参与中央1号文件和其他涉农文件的起草。党内机构中央农研室同时挂第二块牌子"国务院农村发展研究中心"后，"中国农村发展问题研究组"部分成员归入该中心的"发展研究所"。陈锡文任副所长，杜鹰任产业室主任，周其仁为科研骨干。

进入1985年时，由于包产到户改革已取得全国性成功，粮食已经满足国内低水平的自给，许多产区已出现卖粮难。乡镇企业异军突起，民工潮（去沿海打工）开始出现，流通领域问题越来越多，农村改革要向纵深发展。在这个背景下，中央决定建立改革试验区就成为必然。

二、阜阳是中央5号文件颁布后首批开启的试验区之一

阜阳是全国最大的一个地区，当时面积1.8万平方公里，人口1 100万，下辖九县和两个县级市（山东临沂和四川绵阳列为第二、第三）。阜阳境内没有一座中心城市，只有阜阳、亳州两个刚由县城关镇升格的各有15万人口的小市。距离最近的武汉、郑州、蚌埠、淮南、徐州等大中城市均在200公里以外。新中国成立以来至1985年，国家对这一地区的人均基建投资仅有108元，是全国平均水平的1/10。1985年全国工业普查，全区没有一家大型企业，勉强达上中型标准的也只有6家。其境内还有一条没有治好的淮河，有三个行蓄洪区，自然条件相当恶劣。令人感动的是，这样穷困的地区在包产到户使人民得以温饱以后，群众利用手中很少的劳动剩余，从那些不起眼的、被人看不起的小商品起步，穷地方实行穷办法，创造了草、灌、乔三结合的“四专两厂”（专业户、专业村、专业片、专业市场和户办、联户办工厂）的发展乡镇企业路子，特别是放手发展民营企业，从而在传统农区适时发动了经济结构变革。1984年后，全区发展起30多万个专业户和联合体，形成了707个专业村，249个专业市场。到1986年底，有乡村集体企业3 000多个，户办联户办企业1万多个，各种不成型企业17万个。年产值10万元以上的两户企业2 000多个，50万元产值企业200多个，超过100万的也有51家。引起了全国范围的关注，前来考察、参观、进行商贸活动的人络绎不绝，受到了广泛赞誉。这是主因。

我有个看法，有些事的确与机缘有关。陈一咨、陈锡文、杜鹰、周其仁、王小强、张木生、冉明权中很多人，当年来过肥西、凤阳调研，与周曰礼、王郁昭、陆子修熟识。杜润生当年随刘邓大军进入大别山，兼任过豫皖苏四地委书记（即今阜阳、临泉、固始一线），王光宇当时是豫皖苏三地委副书记（即今亳州、永城一带）。淮海战役胜利后杜润生随邓子恢进了武汉，任中共中央中南局秘书长，王光宇当了阜阳地委书记，他俩战争年代就互相认识。六安、滁县地区农村改革走在前，阜阳地区是随后的，但到了80年代中期，阜阳乡镇企业的“四专两厂”，在全国很有名气，与温州（私企为主）、苏南（集体企业为主）并列为“伟大光明灿烂希望之所在”的乡镇企业三大模式。而六安、滁县那几年为卖粮难所困，多种经营也没多少特点，就相形见绌了，阜阳是省内新亮点。杜润生对阜阳这个曾经战斗过的地方印象深，正如他所说：阜阳是中国传统农区的典型缩影，阜阳的乡企发展模式，对我国中西部地区、欠发达地区、包括东部发达地区的后进地带，较之苏南、温州模式可能都更有适应性和易学性。于是，阜阳成为中国乡镇企业制度建设试验区，真的非他莫属了。周其仁认为，包产到户当时解决了农业

的经营体制问题，下一步发展农村更应关注的是剩余劳力出路，是乡企，是劳务输出，是多种经营。所以，在5号文件后，第一批七个（阜阳、湄潭、平度、无锡、玉林等）试验区中，阜阳的乡镇企业制度建设试验区，在日程上排在最靠前的位置。5号文件于1987年1月中旬发出，春节后周其仁即率队去阜阳进行为时半个月的调研考察，其间恰遇安徽省长王郁昭在阜阳检查工作，周其仁立即向王省长汇报了自己的想法，拟在此进行乡镇企业制度建设试验。一拍即合，王省长同意后，周其仁回京向杜润生主任作了汇报。很快3月上旬，杜润生、王郁昭分别代表中央农研室和安徽省委、省政府在共同创办乡镇企业制度建设试验区的合作协议上签字。阜阳试验区工作班子3月14日前就到位（北京第一批人员3月14日到阜阳，我和省里7人是13日到达阜阳的），3月15日召开成立大会。这个速度是惊人的。

三、阜阳试验区由中央农研室和安徽省委共同领导

中央农村政策研究室成立了试验区办公室，首任主任为王岐山（发展研究所长兼），一年后由卢迈接任，1989年杜鹰接任，转入农业部后，主任先后为柯炳生、宋洪远。阜阳试验区由中央书记处农村政策研究室和中共安徽省委共同领导，杜润生和王郁昭（省委副书记、省长）主抓，王郁昭调京后孟富林（省委副书记）接任。试验区成立领导小组，组长是陈复东（阜阳地委书记），副组长是陈锡文（中央农研室农村发展研究所副所长）和吴昭仁（安徽省农村经济委员会副主任）、汪文斌（阜阳地委副书记），成员有：杜鹰、周其仁、孙孔文、张远钦（安徽省农经委调研处副处长）和阜阳地区几位部局领导。第一批成员是陈锡文、杜鹰、周其仁、冉明权、邱继成、赵阳（另有三位我记不起名字了）。安徽省也有7人：吴昭仁、张远钦、王玉岭（省乡镇企业局调研处副处长）、张荣华（省农经委主任科员）、张庆军（省计委综合处）、胡卫星（省社科院）、王浩（省农村抽样调查队）。阜阳当地参与试验区工作的还有刘奇、李光宇、丁昊、贾炳文等。以上人员开办之初在阜阳工作半年多，后各回原单位。陈锡文、杜鹰、吴昭仁约定每3个月在阜阳碰头一次，日常工作由阜阳试验区办公室承担（已确定四个正式编制、正县级单位），孙孔文同志负责，另有一位专职副主任侯志轩，省里的张远钦长驻阜阳协助。北京此后常来的人还有温铁军、李铁、马力（女）、宋洪远、朱守银等。阜阳可能是全国唯一一个由中央农研室直接领导、直接参与的试验区开启时，发展所还聘请了几位从京沪来的法学、经济学、统计学方面的青年学者短期协助，并请安徽省农调队帮助从事专项调查和一些数据的提供。

四、阜阳试验区的试验项目

阜阳试验区，特别是陈锡文、杜鹰、周其仁、孙孔文四位同志，做了大量工作，付出了大量心血。先后出台了20个试验项目，极有成效。我保存了当时的全部试验区项目书，周其仁同志向杜润生和安徽省委的口头汇报手稿，杜鹰和周其仁的一些设计和设想以及中国农村发展问题研究组当年对国民经济新成长阶段的看法的课题研究报告。2017年冬，我将资料赠予安徽大学中国“三农”研究中心，现把我印象较深的讲几点。

发展经济很重要的是投资环境。试验区首先就抓清理整顿市场，当时农村市场是“七八顶大盖帽压着一顶破草帽”，公安、工商、税务、市容、质检、卫生、医药等，反正吃公家饭的人，戴着一个大盖帽就可以管，就可以收钱，就可以定工商企业的生死。接着抓整顿市场路卡，我们工作人员自己开车120公里，碰到15家检查站，他们自己都不懂交通法规，红绿旗一把抓，让你不知是放行还是停车，反正都能找到茬子罚款、扣留、没收……而且罚款还有议价的，也搞双轨制，要发票的罚得多，不要发票的罚得少，不要发票的当场下腰包。这怎么能搞活流通？规范政府行为，审批是寻租的主渠道，晚上先上府邸送礼、白天再进官邸办批文。为了革除弊病，我们建立合署办公制度，发布审批程序公告，张贴收税收费标准，发行投资指南，让一切都在明处。另外还有兴办工业小区，纠正村村办厂、处处冒烟的弥漫格局。

我1984年在桐城县调查，那时他们有9 000个联合体，而1985年再去时，只余下7 000个，且其中6 000户是新组合的。发现联合体合得快、散得也快。我们的传统农村是以血缘关系和邻里关系组成的社区，是熟识人社会，办事时，谁都不愿把丑话说在前面，缺乏契约意识，所以常常是患难容易富贵难。往往在事业上升阶段内讧而散。所以企业制度建设上，我对签约章程特别感兴趣。亳州古井镇的合伙企业“老贡酒厂”的章程就特别有意思，弟兄二人各出9万元开办，一个厂长、一个为副厂长，一个派人保管酒，一个派人管原料红高粱，一个是会计、一个是出纳，在企业固定资产未达100万前不分红，只拿工资。今后即便合不拢，也不使酒厂关门，而由政府出面，两人抓阄决定去留（当然要协商归还他应得的部分）。其他企业章程，不论是公司制、共享制、分享制、承包制、私人制、集团制、挂靠制、股份合作制等，也都是以促进发展为主体，共计制订了十个企业示范章程样本。这些对世世代代务农的人转营非农产业，确实是急需的知识，直到今天，我觉得仍有意义。老贡酒厂兄弟二人的父亲，就是今日古井贡酒的原业主，原名汉曹酒厂，相传他家有口古井，当年曹操家人用此井水制酒进贡汉朝皇室。新中国成立后社会主义改造公私合营，最后转化为国营，这就是古井贡酒的由来。当地人有制酒的传统工艺，据说这座古井使得当地的地下水系的水质都适合酿酒，于是其周围小酒厂越办越多，形成十里酒乡，形成了古井镇的建制，是个响当当的特色小镇了。这次定为“古井酒业集团”试验项目。想必贵州茅台镇也是如此。我曾访问过的法国香槟酒产地也是如此，其实就是普通的葡萄酒，产于法国南部一个称为香槟的地方。当地人用自己传统工艺制造的葡萄酒，口感为消费者喜爱，有了名气，于是成了品牌，称之“法国香槟”，行销世界。名气、品牌，包括名人明星，都是巨大商业资源。

神医华佗也是亳州人，中药材市场这个试验项目做得较好，市场管理规范，药材质量、等级由专人鉴定盖章担责，场内逐日公布全国四大药都（安徽亳州、河北安国、江西樟树、河南禹州）及北京同仁堂、杭州胡庆余堂价格，让进场商人相信这里交易公道，赚取合理合法利润。当地是百万人口大县，1/3 农户种植中药材，全国各地每天来此买卖中药材 3 万人以上，多时超过 4 万人。当时就有几家媒体报道，在亳州药都没有你买不到的中药材，也没有你卖不掉的中药材。坊间甚至传言：有些误读“亳县”、“亳州”的国人，由于时常听说这个中药材市场的名字，才知道安徽省这个地名的正确读法是“亳州市”。据百度网显示：如今亳州已成为全球最大中药材集散中心和价格形成中心。

当时在太和县城旁和蒙城县双涧镇各办一个工业小区，结果前者比后者发展又快又好，对我启发很大。农民盼进城，起码是进县城。1995 年时任省领导约我谈农村城镇化之路时，我提要从县城突破，使县城集聚全县 10%～20%人口，再造几个 3 万人口左右的中心镇；我不赞成“建设星罗棋布的小集镇”的提法，更不能在县以下地域搞什么工业小区、开发区，因为没有吸引力，我以阜阳试验为证。当然，历史文化名镇和特色小镇除外。

五、从专门乡镇企业制度建设转为农村综合改革试验

进入 20 世纪 90 年代，阜阳乡镇企业制度建设试验已基本完成，各个企业生产经营活动日趋规范。此时中央农研室已撤销，经农业部和省委批准，阜阳从单一改革试验，改为农村综合改革试验区，并报国务院备案。重新成立领导小组，组长为孟富林，副组长为吴昭仁和历届阜阳地（市）委书记及专员、市长。在这种情况下，阜阳地区依旧改革不停步，适应群众意愿，运用阜阳是国家级农村改革试验区这一重要组织资源，开展了两项极有影响的改革试验。

1. 完善土地家庭承包，促进自愿、有偿流转，使农地从两权分离走向三权分离

1982 年中央 1 号文件肯定了包产到户改革，并确定 15 年不变。安徽省 1978 年

在全国最早搞起来的，即将到期。于是，1993 年 3 月，省政府在合肥召开了市场农业研讨会，派我去京和安徽驻京办一起，邀请全国知名的农村问题专家杜润生、朱厚泽、王郁昭、吴象等同志参会并作学术报告。会后以研讨会名义写出纪要，建议在第二轮承包中，为了避免因这些年的家庭人口变化造成承包地不稳定，明确实行增人不增地、减人不减地的政策。这个纪要向中共中央政策研究室、国务院研究室都报送了。其后不久中共中央发出了 1993 年 11 号文件，规定第二轮承包再延长 30 年不变，"提倡增人不增地，减人不减地"。省里确定阜阳地区先行先试，地委书记秦德文亲自抓，分管副专员王春奎带队驻点亳州市试点，很快在全区铺开。全区统一增人不增地、减人不减地，并提出明晰四权：巩固所有权（归村民小组所有），明确发包权（因村民组没有公章，由村委会发承包证书）、落实承包权（承包户为本村民小组的农户）、放活经营使用权（在双方自愿的情况下，耕地可以有偿转让，转包期可长可短，但最长不超过 30 年）。当时每个乡镇都建有档案，各种资料妥善保管。这一改革就使得我国农地集体所有、家庭经营的统分结合双层经营体制，稳定而完善了。我们国家实行的是社会主义市场经济体制，而市场经济不仅要有产品市场，同样要有要素市场。土地是一种稀缺而不可再生的资源，但我们坚持土地公有制，不能买卖，而如果土地这个很重要又是主要的生产要素不能进入市场，那么这个市场经济就不完整。现在阜阳的改革试验，使农地的经营使用权可以有偿转让，又不改变土地公有制的性质，就完美地解决了这个问题（当年包产到户政策规定，农民承包地不准买卖、不准出租、不准改作宅基地，现在可以有偿转让，也就是可以租赁，这是改革上的重大突破）。临泉是安徽省人口最多、耕地也较多的一个大县，当时 170 万人口，240 万亩耕地。包产到户极大地调动了农民生产积极性，劳动生产率大大提高，因而劳动力剩余很多。当时情况是大批劳力外出打工，农忙时又影响农业生产，有些地方出现抛荒现象，而有些外出打工者两头不安心，农忙时回家务农，农闲时才进城找活，很不方便，既影响生产，又增加开支，减少了收入。所以临泉县在这次土地二轮承包中，重点抓了土地有偿转让，使得一些耕田能手、农业经营能手留在农村扩大经营，而打工者在外又安心从事非农产业，不再当"候鸟"。我举个例子：单桥乡农民韦建华，1994 年从本村农户租地 100 亩，亩年租金 400 元，种植一季西瓜和一季蔬菜，出租耕地农民安心外出打工，在家妇女和不上学的孩子，还有不外出打工的，可以受雇于韦建华进行田间管理，另得工资，平均起来一亩地的租金加上工钱在 1 600 元以上，约比自家经营收入增加一倍。而韦建华的年收入达 25 万元，因为他既是耕田能手又擅长经营销售。这样的事例在临泉数以千计，当年还有不少乡镇单位，也采取这种办法让富余人员分流经营农业。全县当年流转 3 万多亩，到 1998 年底我离开农口时调查，通过这种方式已转让土地 20 万亩，占全县耕地总面积的12%。1994年底，省政府在临泉县召开现场会推广他们的改革发展经验。由于我在机关分工农村政策研究和农地承包及农民负担监督管理工作，又是试验区领导成员，参与了这项工作，所以省领导指示我作专题发言。我说阜阳和临泉这次改革经验有很重要的理论意义和实践意义，根据我现时的认识，起码有四点值得认真研讨。第一，在传统农区，二三产业不发达，农民非农就业门路既少又不稳定，“爱土如金”心理牢固的情况下，能够促进土地流转，向经营能手积聚，是实现适度规模经营的有效途径。其原因是不侵犯农民财产权，有转让租金（在此之前农民不能有偿转让，否则就是地租剥削）；且承包期稳定，合同期可长可短，愿意自己经营时可以收回。第二，在农业劳动者整体素质还不高，农业科技推广很不普及的情况下，农村提高科学种田水平，是提高单位产出率的有效途径。敢于租赁经营的大户都是耕田能手，这些人能干又会干，据省农调队资料，普通农户当时亩均年产值千元左右，而这些人高的达到5 000元以上。现代世界的经济竞争实际上是科技的竞争，我们国家人多地少，尤其要重视单位土地产出率，重视能人经营。第三，它有利于能人效应的发挥，从而做到大富带小富，先富带后富，最终实现共同富裕。我自己做农村工作廿多年了，有个深刻印象，认为农村中能够自行面对市场，创造较高效益的，只占农村劳动者的1/10，绝大多数人是看到别人搞什么挣钱就跟着照葫芦画瓢，有的还画不圆；自己闯荡根本没那个能耐，所以农产品市场常常是过剩与短缺交替出现。现在把土地转让出去拿租金，受雇打工等于进了现场培训班，既学生产技术又学经营经验。我来调查时曾问过几个雇工，他们说学到了不少东西，打算自己也包地经营，甚至有的人还准备出县出省去当转包经营大户。第四，这种办法体现了土地的社会保障功能和资源配置效益原则的最佳结合。由于我们的国情关系，土地只能以福利原则按人分包，显然与市场经济的资源配置效益原则相悖，多少年来我们都在找寻二者结合的办法，包括平度试验区的两田制（口粮田人均有份，另一部分责任田即效益田只给能者经营，以保证国计民生需要）试验，最后也以失败告终，因为农民不接受。现在阜阳终于找到了办法。我建议要把这个成功经验在全省推广。会后人民日报在1994年12月26日第二版头条，用了两千字报道了临泉做法《值得探讨的土地租赁经营》，安徽日报也以《从两权分离走向三权分离》为题报道了这次会议精神。翌年初除西藏、台湾外，各省市区都来人参观考察（结合太和税改一起）。

2. 试验农村税费收取方法改革，为农税改革开了第一枪

90年代初期，农民负担问题非常突出，农民每年人均税外负担（即三项提留公积金、公益金、行政管理费，五项乡统筹乡村道路建设、乡村教育附加、民兵训练、计划生育补助、军工烈属优抚）不得超过本村上年农民人均纯收入的5%，而合肥以北，特别是阜阳地区实际收取在10%以上，有的甚至更高。常常发生恶性案件和群体性事件，合肥市长江路常常被农民上访的拖拉机堵塞，省委省政府机关也被封门，中央几次点名通报批评。1992年底涡阳县新兴镇第一个吃螃蟹，宣布年人均只准收30元，但由于县人大坚决制止而夭折。随后邻居太和县先走一步。事情起因是：太和县长马明业，1993年夏末上任刚一月，住在县招待所，一天凌晨被一个戴着手铐的军属老农惊醒，一问才知他因交不起各种杂费，被乡政府铐在一间房内，他利用看守人员熟睡之机，翻窗外逃，沿着铁路夜行六十里来县里，找县长鸣冤诉苦。处理完此事后，没多久又收到我转去的一封信：我的老领导、省委老书记王光宇战争年代的警卫员，离休后老夫妻两人都已70多岁，回家乡太和县农村养老，当地却要他两人各交80元“不得超生保证金”。他写信给老首长：“你看我两人还能生孩子吗?”王光宇把信交给我处理。我和马县长认识较早，1987年我兼任阜阳试验区领导小组副组长，在阜阳工作半年多，他当时是界首县常务副县长，主管该县改革试验区工作，我俩接触较多。1989年他又随我一道出访泰国半个月。由于当层关系，我就把这封信交给他处理了。这两件事对他触动很大，心想这样下去怎么得了？肯定会出大事，我们怎么对得起党、对得起人民？于是和县委书记王心云等领导成员商议后，由县政府办公室牵头，农经委、财政局、粮食局等单位参加，深入基层调研，仔细测算，于当年10月提出将该县农民全年应交的各项税费捆在一起，定量征实，统交分管。即每个农户按每承包一亩地交50千克粮（30千克小麦、20千克玉米），除此之外，任何人、任何单位都不得再增加老百姓任何负担，否则交法院处理。粮站结算后，属于税的一块给乡财政所，属于费的一块给乡经管站，若有多余，作为第三块资金，以丰补歉，一定三年不变，水涨船不高。定购任务也包括在这50千克粮之内。农民的劳动积累工和义务工，一律在农闲时出工，不得强行“以资代劳”向群众收钱。方案经阜阳市批准后，报到省政府。根据省领导批示，主管部门省农经委由我主持，召开省政府办公厅、省委政研室、省财政厅、省粮食局、省体改委等部门相关负责人和专家参加的论证会。大家赞同，但财政厅农税处提出，税权在中央，省里无权搞税费改革。我考虑，为了减少阻力和干扰，可以不叫税费改革，学习广东的办法，“先生儿子，后起名字”，干起来再说。最后由省领导签发，省政府办公厅正式批文，于1994年开始实施。当即发生奇效，农民收获后10天完成交售任务，全年无一户上访。省农民负担监管办公室和省纪委执法监察室联合调查6次，农业部合作经济指导司长徐国洪率领六个省的农民负担监管人员来太和检查，阜阳市农经委、试验区办公室查访，都一致反映农民满意。我在年终时与三位同志一道，未告诉任何人，直接进村，随机走访了4个乡镇21户农民家庭，谈及这次改革都是喜笑颜开，一致认为比前些年负担大大减轻。我在给省政府汇报中写道：在我二十多年农村工作记忆中，农民对某项工作表示如此满意的，除了当年的包产到户外，就是这一次了。我总结了六个满意：财政满意，农业税收按时足额入库；粮站满意，主渠道掌握了充足粮源；银行满意，统一结算，减少了现金流量，又不打白条；基层干部满意，不必上门催粮收款，密切了干群关系；党政领导满意，社会治安显著好转；最主要是群众满意，农民负担较前些年减轻近一半。

1994 年 12 月中旬，中央政治局委员、国务院副总理、中央农村工作领导小组组长姜春云率领国家机关六位部领导从河南省来阜阳地区视察，省委卢荣景书记要我和太和县委书记王心云向中央领导汇报太和税改情况。1995 年初，中央召开全国农村工作会议，参加会议的安徽省副书记方兆祥被指定作大会发言，介绍了太和试验的做法和效果，大受欢迎，特别是中部农业大省，纷纷表示学习太和经验，进行这样的改革。

省内的涡阳县第二年也照样全县实行了。1996 年我以省业务主管部门和阜阳试验区负责人的双重身份，与阜阳市农业副市长王春奎同志及市农经委、市税改办公室（当时专门成立的机构）、市试验区办公室一起，共同研究在阜阳全区推广太和的做法，因为当时粮价波动较大，由征实改为征货币，北部亳州、涡阳、蒙城、界首、太和经济稍好些，农民人均年交 140 元；南部阜南、临泉、颍上、利辛、颍州、颍泉人均 130 元。1997—1999 年一定三年不变。这个数额虽然比中央规定的5%限额略高，但比当时实际收取的 200 元以上要低得多，所以农民满意。收取办法是粮站在农民卖粮时统一代扣。农业部试验区办公室非常重视安徽的改革试验，杜鹰主任邀集多个中央机关、多个省份、多所农业院校的 50 多名学者、专家，于 1995 年 4 月来到太和现场调研、座谈，给予肯定，提出许多指导意见，并把太和试验定为全国性的试验课题。

阜阳自 1997 年实行税费收取方法改革以后，从此再未发生过恶性案件和群体性事件了。2001 年 2 月 16 日，受朱镕基总理委托，温家宝副总理率中央和国家机关 15 位部长来合肥，召开 15 个省的省长参加的扩大农业税改试点会议。

中央领导非常关心“三农”问题，随着经济发展，国力增强，国家当时决定再用五年时间（实际上只用三年）完全免征农业税。当温家宝总理在全国人代会上宣布这一决定时，全场掌声雷动。我在电视直播上看到许多人热泪盈眶。是啊，哪朝哪代不征“皇粮国税”？我心中顿起一股“生逢盛世”之感，尽管我已退休，但我终于看到了这一天。

温家宝总理是 2004 年 3 月 5 日在全国两会上做的政府工作报告，次日晨，我应央视之约，做客“东方时空”。主持人问：“税改后，农民每人一年税费摊多少钱？”我说 70 元多一点。她说：免收农业税后，一年也就是少掏 70 元，对农民竟那么重要吗？我说，确实很重要。最近几年农民收入增长缓慢，有的地方还负增长，减少了税费就是增加了收入。五口之家减少350元支出，相当于可以多供养一个人生活，或者提供两个孩子小学的学杂费。

（作者单位：安徽省农业农村厅）

新中国70年乡村治理历史演进与发展变迁

王　欧

新中国成立70年以来，随着社会主义国家治理体系的变革和经济社会的发展，乡村治理与乡村社会的变迁也经历了不平凡的历程，乡村的治理组织和治理体系不断发展演变，乡镇和村级的治理单元从新中国成立之初成立农民协会、互助组、农民合作社和生产大队，向村民自治组织转变；而乡镇的组织从乡制规模调整到成立人民公社体制，从乡制恢复到撤销乡制、合并乡镇等，经历了几次大的改革。与此同时，为了与乡村组织机构变动相对应，乡村基层治理权与治理体制也先后经历了从"乡村集权""乡村自治""乡村共治"到"乡村善治"，从行政一元化社会管理体制到主体多元化治理体制的转型过程。

一、新中国成立初的乡村形势与治理模式（1949—1957年）

（一）新区土地改革运动的开展及农民协会的建立

1949年新中国成立之后，如何进一步加强国家政权建设、解放生产力、发展生产力，推动社会主义新中国经济繁荣、人民生活富裕，是摆在以毛泽东为核心的党中央领导集体面前的核心要务。中国是一个历史悠久的农业大国，为了发展生产、夯实农业基础，将广大农村人数众多的农民组织起来，党和政府做出土地改革的战略行动，通过在广大乡村地区发动和组织土地改革运动，不断强化国家政权对乡村社会的治理和管控。1950年6月，南方新区土地改革开始启动。6月28日，中央人民政府通过了《中华人民共和国土地改革法》（以下简称《土地改革法》），6月30日，毛泽东主席签发中央人民政府令，宣布《土地改革法》即日起正式公布实行，《土地改革法》确立了改革土地制度的合法执行机关是乡村一级及区、县、省各级的农民大会、农民代表大会及其选出的农民协会委员会。此外，农民协会还尽可能团结农村中可团结的力量，保护农民利益；组织农民生产，遵循人民政府的政策法令，推进社会主义建设的社会改革，这一时期的农民协会，很多时候行驶着农村基层政权的管理职能，同时组建民兵队伍、自卫队机构，协同政府机关维护社会稳定，预防不法分子作乱，确保乡村安定。

（二）乡建制的确立与农村基层政权组织的健全

为进一步规范农村基层政权的建立，中央人民政府在土地改革的基础上，重新调整和组建农村基层政权。1950年底，政务院颁发了《乡（行政村）人民代表会议通则》和《乡（行政村）人民政府组织通则》。《乡（行政村）人民政府组织通则》明确了乡人民政府的人员构成及选拔方式，乡人民政府分别由正乡长、副乡长、文书和委员若干人组成，往往由上一级政府或政府派遣的工作组物色人选，主要从当地群众中选取土地改革和其他运动中的积极分子，最后经由群众同意。1951年4月，政务院发布《关于人民民主政权建设工作的指示》，要求酌量调整、缩小区、乡行政范围，方便人民对政权进行监督。据此，以华东、中南和西南各省为主体的新解放区，为了更好推进土地改革，缩小乡行政的范围，实行“小乡制”。这一管理模式的突出特点是区、乡缩小范围后组织单元变小，可以更好地实施管理，符合新中国成立初期政治形势复杂、政权斗争严峻的实际情况。1952年，全国统一乡制，统一实行区乡制。1954年新中国第一部《宪法》颁布之后，规定“乡、民族乡、镇是农村基层行政区划，乡政权是农村基层政权，是国家政权的有机组成部分”，乡政权以下的管理单位是自然村，村内管理职能由村党支部和上级下派的工作组来行使。此后，乡建制成为农村基层政权建制的主体。

（三）农业合作化运动的开展及中央政府对乡村治理的强化

土地改革使广大农民都分得了田地，打破了实行2 000多年的封建土地制度，真正实现了“耕者有其田”。农户拥有土地之后，能够自主地从事各类生产经营活动，生产积极性很高，农村经济繁荣发展。但与此同时，伴随着土地改革运动的完成，在广大农村地区资本主义自发倾向开始抬头，农村中重新出现贫富两极分化现象。这些现象引起了以毛泽东为首的中国共产党人的广泛关注，同时他们意识到在广大农村普遍存在的细碎化、分散化的小农经济模式严重阻碍了生产力的进一步发展，而发展互助合作是扩大生产规模、提升生产力的有效途径，明确指出要通过推进农业合作化运动，消灭私有制，建立公有制。1953年12月，党中央通过了《关于发展农业生产合作社的决议》并于1954年1月8日正式下发。文件下发后，各地纷纷贯彻落实，农业生产合作社在全国范围内正式进入提速发展阶段。合作化运动助推了党和政府在广大乡村社会的组织网络的构建，并在乡村整合和经济发展中发挥了主导作用。

二、人民公社时期的“政社合一”乡村治理（1958—1978年）

（一）人民公社化运动的迅速推进及人民公社的建立

20世纪50年代中后期，为了更好地推行农产品统购统销政策、进一步汲取农业剩余为工业化发展提供资金积累，人民公社的出现成为必然趋势。1958年4月8日，党中央颁布了《关于把小型的农业合作社适当地合并为大社的意见》，该文件指出了目前国内农业农村发展面临的形势及合并小社、发展大社的必要性和新时期农业发展的现实需求；指出为了更好地适应农业生产的需要，在有条件的地方，小型的农业合作社应当适时调整，逐步地、有计划地、适当地合并为大型的合作社。各级党委、政府在上述文件精神的指导下，纷纷加大了贯彻执行力度，将小社合并为大社。1958年8月，党中央作出《关于在农村建立人民公社问题的决议》，决定把各地成立不久的高级农业生产合作社，普遍升级为大规模的、“政社合一”的人民公社。从8月到10月，全国74万个农业生产合作社合并成26 000多个人民公社，全国农村基本上实现了人民公社化。1958年12月，党的八届六中全会通过了《关于人民公社若干问题的决议》，规定了人民公社的组织管理模式及经济核算方式，明确盈亏由公社统一负责，生产队是组织劳动的基本单位。

（二）大公社的调整与“三级所有，队为基础”管理体制的确立

1961年6月，党中央发布了《农村人民公社工作条例（修正草案）》，明确了人民公社的管理体制，即生产（大）队为公社的基本核算单位，实行按劳分配为主的分配方法，遵循“三级所有、队为基础”的管理模式。1962年2月13日，党中央下发了《关于改变农村人民公社基本核算单位问题的指示》，该指示确立了公社、生产大队、生产队三级组织，明确公社集体生产资料占有方式为三级组织共同占有，生产队为基本核算单位，并负责组织生产、劳动和收益分配，将其作为长期不变的基本制度来实行。1962年9月，党的八届十中全会正式通过了《农村人民公社工作条例（修正草案）》，该文件的核心要旨对人民公社的走向发展起到了决定性的作用。至此，人民公社取代了乡镇政府，成为随后近20年乡村治理的政权主体。

在人民公社时代，逐步形成了比较完备的国家乡村基层治理政权，这对于维护乡村社会稳定、改善农村生产生活条件、充分汲取乡村资源支持国家工业发展发挥了积极作用。但是，“政社合一”、高度集权的人民公社制度在汲取乡村资源确保国家工业发展战略的同时，也严重抑制了农民群众开展农业生产经营活动的积极性和

主动性，久而久之，农业经济发展受到严重的束缚，农民生活艰难、乡村社会陷入贫困。正是这种严峻的生存危机，激发了农民对现存体制的自主创造性的抗争，最终导致了人民公社体制解体。

三、改革开放以后的乡村治理（1979—2001年）

（一）人民公社“政社分开”与乡级政权体制的确立

1978年，我国农村经济体制划时代的变革使农民获得了经营自主权，这一变革使“政社合一”、高度集权的农村基层管理体制逐渐丧失了存续的经济基础，迫切需要农村基层政权组织进行相应的调整。针对农村的现实变革形势，中共中央研究调整农村基层管理体制以适应新阶段农村经济发展的要求，1983年10月，党中央、国务院发出《关于实行政社分开建立乡政府的通知》，明确要求政社分开、建立乡政府，在建乡的过程中，也要重视对集镇的建设，并且要求在有条件的地方，可以成立镇政府。随后，全国各地在中央文件精神的指引下，陆续恢复了乡政府。该项变革改变了以往人民公社党政不分、政企不分的状况，从农村基层管理体制调整上适应了改革开放以后农村经济发展的新形势、新要求，促进了农村经济的发展。调整人民公社组织模式、成立乡政府，是我国农村基层管理体制的一项具有深远意义的变革。1985年，所有人民公社自动解体，“人民公社”终于退出了中国历史的舞台。

（二）乡村自治模式的形成与发展

1987年11月24日，全国人民代表大会常务委员会通过了《中华人民共和国村民委员会组织法（试行)》。规定了村民通过民主选举产生村民委员会来负责全村公共事务，逐步在全国农村普遍建立了村民委员会，村一级组织主要有村党支部和村民委员会，村民委员会由村主任、村副主任和若干名委员组成。村主任负责村庄全面管理工作，并兼任党支部的副书记，其余的村委委员各司其职。1987年12月，我国第一部《村民委员会组织法（试行)》正式通过，该组织法对村民委员会的性质、设置、职能、工作原则、工作机构等作了具体规定。村民委员会是村民自治组织，不是国家一级政权组织。乡镇政权与村民委员会的关系是指导与被指导的关系。1998年11月4日，九届全国人大常委会第五次会议修订通过了《中华人民共和国村民委员会组织法》。这项法律的通过和实施正式确立了村民自治的法律地位，开启了“乡村自治”的新时代。

进入21世纪，我国综合实力持续增强、经济社会各领域取得显著成效，人民生活水平大幅提升。在经济取得巨大发展的同时，社会阶层的分化逐渐加剧，许多社会矛盾渐趋激化，人们的思想认识也随之变化，出现多元化、分散化价值取向，我国进入了社会加速转型期和矛盾凸显期。在农村，各地不同程度存在着农民负担沉重、乡村债务恶化、干群关系紧张等问题。村级自治组织和集体经济组织的弱化导致农村管理和服务上出现一些薄弱环节，农村社会管理出现失序失范，农村社会管理遭遇困境，这引起了国家层面的重视。

总之，乡村自治模式比人民公社模式更加符合我国农村实际，促进了农村民主政治和社会生产力的发展，是乡村治理模式的一个巨大进步，但是，随着社会主义市场经济、信息社会的迅猛发展和农村税费改革的推进，乡村自治模式进入“后农业税时代”。

四、城乡统筹发展中的乡村治理（2002—2012 年）

进入 21 世纪以来，工业化、城镇化快速发展，而农业与农村发展仍然相对滞后，农业现代化之路依旧漫长，日益扩大的城乡差距致使工农关系失衡，成为制约我国经济社会和谐健康发展的突出问题和矛盾。2003 年是中国城乡发展史上重大转折的一年，党中央明确提出了统筹城乡发展的战略，出台了一系列强农惠农政策，农村改革和发展进一步走向深化的同时，也带动了农村社会治理的相应变化。

（一）乡财县管制度的实施与乡村治理的弱化

为了减轻农民负担、化解农村社会矛盾，2002 年起，中央政府在部分地区试点税费改革，2006 年彻底取消农业税，至此，中国开启了“工业反哺农业”“城市反哺农村”的新的发展阶段。与此同时，广大乡村社会发展又面临着新的挑战和机遇，乡村治理体制也面临着重大转型。农村税费改革减免了 1 250 亿元农民税费负担，属于原乡村两级“三提五统”和其他税费的资金达 850 亿元，导致乡村两级机构收入减少、面临财政困难。伴随着税费改革的推进，从 2005 年开始，乡镇机构改革开启，调整乡镇政府机构，改革和整合乡镇事业站所，精简富余人员。通过转变政府职能，提高管理效率，建立运行高效、公正廉洁、管理有序的基层行政体制和运行机制。2006 年实施“预算共编、账户统设、集中收付、采购统办、票据统管”的乡财县管制度，乡财县管制度的实施进一步理顺和规范了县乡财政分配关系，全面推进了县乡财政管理体制和村级财务管理制度改革的步伐，巩固了农村税费改革取得的成果，同时缓解了县乡财政存在的矛盾和困难，规范了乡镇财政支出管理，保证了乡镇、村干部人员工资正常发放，但另一方面也降低了对乡镇政府提供地方公共服务的激励。税费改革后，国家通过转移支付提供的村一级管理经费村均 1 万余元，除了支付村干部的务工补贴和必须订阅的党报党刊费，所剩无几，村级管理经费严重不足，很难保证村级组织的正常运转，乡村治理的组织基础弱化。

（二）社会主义新农村建设与乡村民主化管理的推进

为了推进乡村和谐稳定发展，2005 年 10 月 11 日，党的十六届五中全会通过《中共中央关于制定国民经济和社会发展第十一个五年规划的建议》，规划提出了建设社会主义新农村的重大战略任务和总体目标，即“生产发展、生活宽裕、乡风文明、村容整洁、管理民主”，同时也成为当前和今后一个时期“三农”工作的行动纲领和指导思想。随后，党中央出台了《中共中央国务院关于推进社会主义新农村建设的若干意见》，对增强农村基层党组织建设、强化社会主义新农村建设的政治保障与组织保障、健全村党组织领导下的村民自治机制做出了具体要求。新农村建设战略的实施，巩固了税费改革成果，增强了县乡政府对公共服务的保障能力，进一步明确了乡镇的财权和事权，促进乡镇政府职能转变，全面提高农村社会事业的财政保障水平。创新农村服务形式，完善农村社会自治功能，对乡村的治理理念、治理文化和治理机制提出了新的要求，即重建国家、基层政权与农民之间的新型关系，实现乡村社会秩序的和谐稳定。

（三）农村社会管理领域改革创新进程的加快

2004 年，党的十六届四中全会召开，把“加强社会建设和管理，推进社会管理体制创新”作为加强执政能力建设和着力构建社会主义和谐社会的重要举措，并进一步提出要“建立健全党委领导、政府负责、社会协同、公众参与的社会管理格局”。2006 年 10 月，党的十六届六中全会召开，审议并通过了《中共中央关于构建社会主义和谐社会若干重大问题的决定》，全会对当前和今后一个时期构建社会主义和谐社会作出了部署。全会提出：“要坚持协调发展、加强社会事业建设，扎实推进社会主义新农村建设，要完善社会管理、保持社会安定有序，建设服务型政府，在全面开展城市社区建设的同时，要积极推进农村社区建设，把社区建设成为和谐有序、安定祥和、文明幸福的社会生活共同体。”“农村社区建设”命题的提出开启了农村社会治理的新进程，在进一步健全完善农村基层党组织领导的基层群众自治机制的基础上，推进城乡社区发展均等化和农村社区和谐稳定、繁荣富裕。

五、党的十八大以来现代乡村社会治理体系的构建与发展

2013 年，党的十八届三中全会通过《中共中央关于全面深化改革若干重大问题的决定》，提出全面深化改革、完善和发展中国特色社会主义制度、推进国家治理体系和治理能力现代化。全会提出“加快形成科学有效的社会治理体制”的任

务，并明确提出政府要发挥主导作用、不断探索改进社会治理的方式，同时鼓励和支持多元主体参与、实现政府治理、社会调节和居民自治良性互动。至此，治理理念、治理方式和治理体系成为推进国家治理体系与治理能力现代化的核心要素。治理概念作为国家治理体系的重要组成部分第一次载入党的文件中，标志着党对治国理政规律和趋势认识的进一步深化。

(一) 乡村治理理念的重大转变

乡村治理是国家治理的基石，没有乡村的有效治理，就没有乡村的全面振兴。我国乡村治理体制是国家治理体系的重要和有机组成部分，没有乡村治理的现代化就没有国家治理体系与治理能力的现代化，因此，乡村治理关系到乡村振兴战略的实施，关系到国家现代化的进程，是一项基础性战略工程，其科学合理与否直接关系到乡村乃至整个国家治理现代化的实现。党的十八大以来，党中央、国务院连续发布了 7 个中央 1 号文件，乡村治理理念不断深化，围绕完善乡村治理机制、强化农村基层组织建设、健全基层民主制度、创新乡村治理体系等对乡村治理做出了新的部署。党的十九大提出了乡村振兴战略，将实施乡村振兴战略作为开启全面建设社会主义现代化国家新征程的重要内容，同时提出要健全自治、法治、德治相结合的乡村治理体系。2018 年中央 1 号文件强调“乡村振兴，治理有效是基础”。其中的“治理有效”可以说是新农村建设总要求中“管理民主”的升级版，内涵更为深远，是新时期国家治理体系与治理理念的具体诠释。2019 年中央 1 号文件《关于坚持农业农村优先发展做好“三农”工作的若干意见》从增强乡村治理能力、加强农村精神文明建设、持续推进平安乡村建设等方面，对完善乡村治理机制、保持农村社会和谐稳定提出了新的要求。从上述中央 1 号文件可以看出，党的十八大以来，党中央、国务院对农村基层党组织的建设、基层服务型政府建设、村民自治机制等提出了新的要求。从“社会管理”到“社会治理”，乡村治理理念发生了重大转变。

(二) 乡村治理体系的重大创新

党的十八大以来，乡村治理理念与思想的发展和变化体现了中国共产党对于乡村工作的高度重视，也推动了乡村治理体系的重大变革。2018 年中央 1 号文件提出要加强农村基层基础工作，构建乡村治理新体系，从原来单一的乡村自治到健全乡村自治、法治、德治相结合的乡村治理新体系，走乡村善治之路。乡村治理新体系的构建，使乡村治理走上了科学化、民主化、和谐化之路。这突出体现在：一是立足乡村自治建设这个根本，强化乡村自治主体责任意识，坚持自我管理、自我服务与自我监督，通过规制基层政府权限，提升乡村自治组织的治理水平，形成以党的基层组织建设为核心，村民自治和村务监督组织为依托，集体经济组织、农民合作组织和各种社会服务组织为补充的乡村治理体系。二是推进法治建设。用法治思维引领乡村治理。俗话说："基础不牢，地动山摇"，党的十八大以来，从中央到地方，不断强化依法治国、依法行政、依法治村的理念，坚持公平、公正、公开等法治精神和原则，用法治解决乡村治理乱象，通过全方位、多覆盖、多主体的法治宣传教育，引导农村基层群众不断增强法治意识，使法治根植于心、外化于行，真正成为人们的思维方式，从而约束、规范人们的工作与生活，让全面依法治国深入根植在乡村社会。三是推进德治建设。国无德不兴，人无德不立。我国是一个有着 5 000 多年历史的文明古国，拥有深厚的文化底蕴和丰富的文化资源，蕴含大量可以运用于乡村治理的道德行为规范。乡村不同于城市，"熟人社会"是费孝通先生对乡村社会的经典概括，德治也是根植于"熟人社会"基础上的行为约束，从某种意义上可以说，德治应是乡村治理优于城市治理的突出特色。通过加强农村居民的思想道德建设来提升村民的素质修养，通过约束村民的行为，完善村规民约制度，真正在农村社会实现德治，促进乡村社会和谐发展。

（三）乡村治理方式的重大变革

党的十九大报告再次重申了多元共治的乡村治理理念。在多元共治的治理结构下，乡村治理的主体拓展至包括乡镇政府、村民委员会、农村社会组织、新型农业经营主体在内的政府、农民、市场、社会四维治理主体。在立足于传统村级自治的基础上，改进社会治理方式，提升治理能力，引入多元治理主体、开展多维治理模式，在充分发挥政府主导的基础上，充分发挥多元主体的社会合力，从各地治理实践可以看出，农民讲习所、农民文化驿站、农村的老年大学等治理平台与治理主体在乡村治理的实践中充分调动了农村居民的参与度，推进了乡村和谐共建、居民自治良性互动。具体而言，一是强化了基层党组织作用。坚持基层党组织在乡村基层各类组织和各项工作中的领导核心地位，发挥其引领、统筹、协调的功能，协调多元利益关系、化解重大矛盾纠纷、引领乡村居民自治、统筹调配各类资源。二是充分发挥了村民委员会的作用，坚持综合治理，强化道德约束，规范乡村社会行为，坚持依法治理，加强法治保障，运用法治思维和法治方式化解社会矛盾。三是大力培育和发展了农村社区的社会组织。以社会组织为引领的农村社会治理模式为不断完善农村基层治理取得了成功的经验。

六、结语

总体而言，新中国成立 70 年来，通过对我国乡村治理历程的回顾可以发现，每一发展阶段的乡村治理模式都适应了当时的社会政治经济状况，在特定的历史阶段都发挥了积极作用，推动农村社会不断地向前发展。但是随着社会的发展、时代的变迁，乡村社会的治理模式也在这一次次时代更迭中发生嬗变。无论是“乡政集权”“人民公社”，还是“乡村自治”“乡村共治”到“乡村善治”，它们的基本使命都是一样的，就是要确保国家对乡村社会实施有效治理，从而推动乡村社会的和谐发展。随着社会政治、经济、文化等条件的变化，中央政府对乡村的管控与治理也面临着一次次的挑战，需要不断创新农村治理模式，提升治理能力、完善治理手段，才能实现乡村社会的有序发展，进而推进国家治理能力与治理体系现代化建设。

参考文献

陈锡文，赵阳，陈建波，罗丹．中国农村制度变迁 60 年［M］．北京：人民出版社，2009．

党国英．我国乡镇机构改革的回顾与展望［J］．党政干部论坛，2009（3）．

龚松柏，罗贝．新时代乡村治理中德治存在的问题及其完善路径探析［J］．重庆工商大学学报（社会科学版），2019（4）．

侯晓光．村民自治研究［D］．北京：中国政法大学，2014．

李长健，李曦．乡村多元治理的规制困境与机制化弥合［J］．西北农林科技大学学报（社会科学版），2019（1）．

李正华．新中国乡村治理的经验与启示［J］．当代中国史研究，2011（1）．

廖冲绪，肖雪莲，胡燕．我国乡村治理结构的演变及启示［J］．中共四川省委省级机关党校学报，2012（4）．

刘守英，熊雪峰．中国乡村治理制度与秩序演变——一个国家治理视角的回顾与评论［J］．农业经济问题，2018（9）．

吕云涛．新中国乡村治理模式变迁 60 年的回顾与展望［J］．延边党校学报，2010（2）．

沈筱芳．党的十八大以来社会治理理念的创新［J］．中国党政干部论坛，2017（5）．

孙少菲，陈小腊．从农村社会发展看 60 多年来村级治理状况［J］．西南农业大学学报（社会科学版），2011（2）．

孙晓勇，王晓睿．中国土地制度的变迁：传统与现代化［J］．法律适用，2019（7）．

万其刚，李晓霞．新中国乡级政权建设的演进［J］．中国人大，2011（10）．

辛逸．关于人民公社的分期［J］．山东师范大学学报（社会科学版），2000（1）．

杨华，王会．重塑农村基层组织的治理责任——理解税费改革后乡村治理困境的一个框架［J］．南京农业大学学报（社会科学版），2011（2）．

于建嵘．20 世纪中国农会制度的变迁与启迪［J］．福建师范大学学报（哲学社会科学版），2003（9）．

朱余斌．建国以来乡村治理体制的演变与发展研究［D］．上海：上海社会科学院，2017．

（作者单位：农业农村部农村经济研究中心当代农史研究室）

新中国成立70年来农业农村法治建设历程回顾与展望

杨东霞　刘齐齐　刘　怡

70年砥砺奋进，70年春华秋实。中华人民共和国成立以来的70年，是不断创造伟大奇迹、彻底改变中华民族前途命运的70年。习近平总书记深刻指出："历史和现实都告诉我们，一场社会革命要取得最终胜利，往往需要一个漫长的历史过程。只有回看走过的路、比较别人的路、远眺前行的路，弄清楚我们从哪儿来、往哪儿去，很多问题才能看得深、把得准。"农业农村法治建设是社会主义法制建设的重要组成部分，是推进乡村治理体系和治理能力现代化的必然要求。总结新中国成立70年来农业农村法治建设的成就经验，深入推进农业农村法治建设，提高依法行政能力和水平，对于更好地推动实施乡村振兴战略具有重大意义。

一、新中国成立70年来农业农村法治建设历程

新中国成立至今，我国农业农村法治建设历程可分为四个阶段。

（一）探索起步阶段（1949—1977年）

新中国成立不久，在废除旧法统的同时，开始了新中国的法治建设。中央政府于1950年6月30日，公布实施《土地改革法》及《城市郊区土地改革条例》等，废除了地主阶级封建剥削的土地所有权，实现了"耕者有其田"。从1956年开始，全国人大及其常委会相继颁布《农业生产合作社示范章程》、《农村人民公社工作条例》（修正草案）等，确立了"三级所有，队为基础"的农村经济体制。中央政府分别于1950年9月5日和1958年6月3日颁布《新解放区农业税暂行条例》、《农业税条例》。同时，国务院出台相应的规定，建立了城乡统一适用的粮食统购统销体制。此外，还颁布其他涉及农业农村的法律法规。

这一阶段农业农村法治建设的主要特点：一是适应新中国成立初期社会主义建设和改造的需要，着眼于农业生产经济体制及国家对农业生产经营的管理与干预。二是法律的实施主要依靠党和政府的组织与动员。"文化大革命"时期，法治建设

遭到严重破坏，处于停滞阶段。

（二）恢复重建阶段（1978—1992年）

党的十一届三中全会做出了以经济建设为中心的战略决策，农村开始废除人民公社体制，实行政社分开，建立乡镇人民政府，发展乡镇企业，初步形成和基本确立了家庭承包经营制度。为了适应改革开放的需要，全国人大常委会相继颁布了《草原法》、《土地管理法》、《乡镇企业法》、《水污染防治法》、《村民委员会组织法》（试行）等基本的法律，初步形成了农业农村法律框架体系。国务院先后发布了《水产资源繁殖保护条例》、《兽药管理条例》、《种子管理条例》等行政法规。同时，农业执法工作开始起步，但主要局限在渔业、兽药管理等少数领域，而且大多是依托技术推广机构执法，基本上没有专门的执法机构。

这一阶段农业农村法治建设的特点是：农业立法的层级明显提高，立法内容拓展，农业和农村经济的一些领域初步进入了依法治理的轨道。然而，整体上看，这一阶段的法律规定比较原则，内容比较简略，立法技术比较粗糙；农业部门执法主体数量较少，执法水平较低，执法主体地位也未真正确立，国家对农业和农村经济的管理仍是以政策为主。

（三）快速发展阶段（1993—2012年）

党的十四大确立了建立社会主义市场经济体制的目标，要求高度重视法制建设，抓紧制定与完善保障改革开放、加强宏观经济管理、规范微观经济行为的法律法规。全国人大常委会于1993年颁布了《农业法》，标志着新中国农业农村法治建设正式进入“基本法”时代。随后，《种子法》、《农村土地承包法》、《农民专业合作社法》、《农产品质量安全法》、《城乡规划法》等相继颁布实施，基本形成了以农业法为核心，以农业投入与支持保护、农业科技创新与应用、农业资源与生态环境保护、农产品流通与加工、粮食与农产品质量安全、农民各项权益保护和农村经济发展、村民自治制度等为规制重点的农业农村法律体系。同时，对一批重要的法律法规进行了修改，废止了农业税条例。农业执法也全面推进，但普遍存在“一法一机构”、执法力量分散、执法与技术推广甚至与经营不分等现象，严重影响了执法效果，原农业部从1999年开始开展以相对集中行政处罚权为内容的农业综合行政执法改革，探索推进农业执法体制改革。

这一阶段农业农村法治建设的特点：一是农业农村立法数量明显增加，立法范围不断拓宽，立法质量趋于精细化，法律的可操作性逐步增强，不断增强对农民和其他管理相对人权益的保护；二是农业执法体系由下至上逐步健全，职能范围逐步拓展，执法能力逐步提升。我国农业农村治理从原来主要依靠政策转向了政策和法律并重，农业农村改革逐步走向了法治化的轨道。

（四）全面深化改革阶段（2013 年至今）

党的十八大以来，以习近平同志为核心的党中央在坚持和发展中国特色社会主义理论体系的基础上，深刻阐释了推进全面依法治国的一系列新思想新理念新任务，为新时代农业农村法治建设指明了方向。这一阶段，在农业农村立法方面，主要是围绕着全面深化改革不断修法，同时出台了《畜禽规模养殖污染防治条例》、《农田水利条例》等法规。党的十九届三中全会明确要求整合组建农业、市场监管、生态环境、文化旅游、交通运输五支综合执法队伍。中办、国办又专门印发《关于深化农业综合行政执法改革的指导意见》，对农业综合行政执法改革进行总体部署，农业综合执法改革全面推进。

这一阶段农业农村法治建设的特点：一是不断创新立法方式，提高立法质量，更加注重立法与改革决策的有效衔接，确保重大改革依法有序推进。二是政府管理方式不断改进创新。农业综合执法力度不断加强，除了相对集中地行使法律、法规、规章规定的由县级以上农业行政主管部门为执法主体的行政处罚权，愈发注重履行相关法律赋予其在经济调节、市场监管、社会管理和公共服务方面的职能，持续深化“放管服”改革，推动政府职能转变。

二、新中国成立 70 年来农业农村法治建设经验

新中国成立 70 年来，我国农业农村法治建设为推动农业农村社会经济健康快速发展发挥了重要的保障作用，主要有以下几点经验。

（一）适时将党的重大决策法律化

新中国成立初期，农业农村法治建设的重点是将党的土地改革政策上升为法律，维护农民土地所有权，恢复和发展农林牧渔生产。改革开放后，1982—1986 年，中央连续发出五个指导农村工作的中央 1 号文件，确立了农村基本经营制度，推动了农村土地所有权和使用权的分离，随后的《农业法》、《宪法修正案》、《农村土地承包法》等将党中央的重大决策上升为法律，明确了以家庭联产承包为基础的、统分结合的双层经营体制。党的十九大报告作出实施乡村振兴战略重大决策部署，乡村振兴促进法的制定也已提上日程，旨在通过立法将党中央行之有效的政策法定化，保障乡村振兴战略有效实施。

（二）不断强化法律手段推进农业农村社会发展

新中国成立初期，为配合国家计划经济体制，农业立法比较重视确立政府的管

理职权和管理手段，建立了土地集体所有、农业合作化生产、农产品统购统销等基础制度。1978年，凤阳县小岗村的18位农民率先分田到户、实行“大包干”，拉开了农村改革的序幕。随后，通过制定《农业法》、《农村土地承包法》、《物权法》、《农民专业合作社法》、《种子法》等法律，不断创建和完善农村基本经营制度和体制机制、培育农业农村市场经济主体、完善调控促进农村经济发展等制度，将坚持社会主义与发展市场经济有机结合起来，放开市场、盘活农村资源要素，极大地解放和发展了农村生产力。同时，通过全面推进依法行政，政府不断创新行政管理方式，大力取消和下放行政审批项目，改革农业执法体制，实行农业综合执法，简政放权，转变政府职能，加强事中、事后监管，减少对市场的过度干预。

（三）不断强化农民权益保障

新中国成立70年以来，农业农村法治建设始终将实现好、维护好、发展好人民群众的根本利益作为落脚点和出发点。1950年颁布的《土地改革法》确认了农民土地所有权和使用权，保障农民的经济利益。改革开放以来，我国农业农村法治建设不断强化对农民权益的保护。1982年《宪法》和1998年《村民委员会组织法》以法律的形式对村民自治地位予以认可，推进农村民主建设不断深入，保障了农民的民主权利。1991年颁布的《农民负担费用和劳务管理条例》首次以行政法规形式明确了农民应承担的费用和劳务项目，以减轻农民负担。2002年修改后的农业法增设农民权益保护一章，以法律的形式减轻农民负担。党的十八大以来，党中央不断深化农村土地制度改革，确立了农村土地实行“三权分置”，丰富了农村土地承包经营权内涵，赋予农民更充分的财产权。

（四）创新发展理念，推进农业绿色发展

新中国成立后很长一段时间，为了解决温饱问题，“以粮为纲”的片面政策在迅速解决粮食紧缺问题的同时，也带来了土地资源退化、水资源短缺、生物多样性锐减等生态环境问题。改革开放以后，国家不得不转变以增收为唯一导向的农业生产模式，探索新的农业发展道路。我国农业立法思路也从单纯发展生产转向生产与资源保护并重，同时注重提高存量资源的利用效率。通过农业立法促进农业发展与生态环境的协调，将可持续发展的理念法律化、制度化。2003年修改的农业法则将国家坚持农业可持续发展作为基本方针，并对保护农业生态环境进行了强调。除了综合性立法，我国还有针对农业自然资源保护与生态养育、农业面源污染防治、农村生活污水与生活垃圾治理及农产品质量安全四大方面的单行立法。2017年，中央出台了第一个关于农业绿色发展的专门文件——《关于创新体制机制推进农业绿色发展的意见》，明确提出农业绿色发展的概念，构建了新时代推进农业绿色发展的制度框架。

（五）立足基本国情，合理借鉴国外经验

新中国成立70年来，农业农村法治建设始终坚持立足国情，从我国实际出发，充分尊重基层创造和农民首创精神，在立足基本国情、注重总结本土农业农村法治资源和实践经验的基础上，借鉴其他国家，特别是发达国家的先进管理经验和成熟做法，不断完善我国农业农村法律制度。如新修订的《种子法》借鉴了欧盟、美国、日本等国家和地区的非主要农作物登记制度；2017年修订的《农民专业合作社法》，借鉴了发达国家有关合作社联盟等方面的先进经验，建立了合作社联合社运行制度。

三、新时代农业农村法治建设的展望

乡村振兴战略对我国农业农村法治建设提出了新要求，今后，要在党中央的坚强领导和习近平新时代中国特色社会主义思想指引下，以乡村振兴为总抓手，不断加强农业农村法治建设，充分发挥法治的保障和推动作用。

（一）建立健全城乡一体化发展的法律体系

当前我国城乡发展不协调、乡村发展不充分，农村经济、政治、社会、文化和生态文明建设不平衡的问题依然突出。而我国现有法律体系也更偏重于以城市为主体，乡村处于被忽视的地位。要解决城乡发展不平衡不充分的问题，实施乡村全面振兴，就要坚持优先发展农业农村的原则，按照产业兴旺、生态宜居、乡风文明、治理有效、生活富裕的总要求，建立健全城乡融合发展的法律体系，要加快制定乡村振兴促进法，修订土地管理法等，加快促进城乡要素自由流动、平等交换和公共资源均衡配置，从土地、财政、教育、医疗、社保、劳动就业、税收、金融等方面出发，摸索出一条推动城乡在建设规划、产业布局、公共服务、生态保护、社会管理等方面统筹融合发展的法治之路，为乡村发展提供全方位、系统化、稳定化的制度性供给保障。

（二）转变政府职能，创新管理方式

乡村的全面振兴，离不开各级党委政府作为责任主体，充分发挥主导作用，但是推进乡村振兴这个系统的大工程，更要注重发挥市场对资源配置的决定性作用。厘清政府和市场的关系，确定政府和市场之间的边界，积极推进政府公共事务的社会化和市场化，将能通过社会和市场解决的公共服务以适当的形式交给非政府组织和市场，政府要为乡村振兴提供制度和政策保障、城乡发展的空间规划，并为市场创造良好的环境等；市场则要以生产资源作为配置基础，提高产品竞争力。要明确

政府在财政投入、金融扶持、公共服务、社会保障、生态环保等方面承担的主要职责，特别是乡村规划、基础设施、生态环境、农业信贷保险等方面的职责。这些领域是乡村发展的薄弱环节，而且资金投入大、周期长、回报效益低，不能完全交由市场。同时，采取激励措施引导多元主体协同参与乡村治理，减少对市场的诸多限制，发挥市场经济的作用。从内部对行政权力做进一步科学、合理的配置和分解，深化行政审批“放管服”，加强事中、事后监管，深入推进农业综合行政执法改革，加强队伍建设，全面提升执法能力，充分发挥法治定纷止争的作用，及时处置利益冲突、矛盾纠纷，促进农业农村社会经济发展。

（三）推进乡村产权制度的制度创新

如果说分配制度改革拉开了中国农业农村改革的序幕，使农业农村经济社会的发展释放出巨大活力，那么今后一段时间通过产权制度的改革来确保农民权益的分配将是制度创新的重点。推进农村产权制度改革，是实施乡村振兴战略的重要任务，关系到农民的财产性收入，关系到农村集体经济发展活力，关系到乡村振兴战略的实施。要结合改革试点经验，探索宅基地所有权、资格权、使用权“三权分置”；完善农村集体经营性建设用地使用权流转制度，加速土地资本在城乡间双向流动，平等交换。通过改革实现农村产权要素资本化，促进现代农业发展，促进农民增收，不断激发乡村振兴发展的内生动力。

（四）夯实乡村治理的法治基础

2018 年中央 1 号文件明确提出，“乡村振兴，治理有效是基础”，“坚持法治为本，树立法治理念”。法治建设的根基在基层、薄弱区域在乡村。推进乡村法治建设，一是要深植法治理念，增强基层干部法治观念，把政府各项涉农工作纳入法治化轨道，通过运用法治思维和法治方式来推动发展、化解矛盾、维护稳定，改变传统的“人治”模式，加强法治宣传力度，提高农民群众法治意识，强化农民群众法治观念；二是要全面加强涉农执法，深入推进农业综合执法改革，把农业执法建设作为推进乡村法治建设的重点和基础，整合执法队伍，强化执法队伍建设，规范执法行为，全面提升农业综合执法水平；三是要优化公共法律服务体系，加快建设公共法律服务平台，创新法律服务方式，加强对农民的法律援助、司法救助和公益法律服务，让基层群众享受到更便捷、更优质的法律服务。

（作者杨东霞系农业农村部管理干部学院农业法律研究中心主任，法学博士，研究员；刘齐齐系农业农村部管理干部学院农业法律研究中心研究策划员；刘怡系农业农村部管理干部学院农业法律研究中心研究策划员、法学博士）

新中国农药 70 年风云

崔　亚

2019 年，新中国成立 70 年了。举国共庆之际，我们回眸风云激荡的 70 年农药行业的发展，领略中国农药发展的艰辛与辉煌。

一

旧中国的化工业几乎一片空白，农药更是没有基础，只有东北沈阳略有发展。经过 70 年的发展和两三代农药人的艰苦拼搏，能每年从虫口、病害等中夺粮 30%～35%的农药，成为不可或缺的农业生产资料。而且国内农药品种从杀虫剂占 70%到杀虫剂、杀菌剂和除草剂分别占 31.2%、8.8%和 60.0%，高残留农药产量占农药总产量的比例从 70%以上降至 3%以下。中国一跃成为全球农药生产大国、出口大国，正向农药制造强国迈进。

中国农药工业从无到有、从小到大，历经了初创、调整、发展三个阶段。改革开放初期，我国农药工业较为薄弱，年产量约为 53 万吨，品种较少且以高毒农药为主，很多农药品种要依赖进口。如今，我国已成为世界最大的农药生产国，能生产 500 多种原药，几十种剂型，1 000 多种制剂，且环境友好型农药成为主流。

2009—2013 年，全国农技推广中心通过对主要农作物有害生物种类与发生危害特点的调查，确认我国有害生物种类数量 3 238 种，其中病害 599 种，害虫 1 929 种，杂草 644 种，害鼠 66 种。在农业农村部登记的农药数量是 650 种左右。

据农药工业协会数据，2015 年我国农药生产总量（折百量）132.8 万吨（2014 年产 149.5 万吨，2013 年产 146 万吨，2012 年产 150.5 万吨），比 2014 年减少 11.17%，其中杀虫剂 30.3 万吨，比 2014 年减少 13.92%；杀菌剂 16.9 万吨，比 2014 年减少 0.59%；除草剂 82.7 万吨，比 2014 年减少 11.12%；其他农药 2.9 万吨，比 2014 年减少 46.30%，创农药生产量连续 4 年新低。

我国现有农药生产定点企业 2 200 多家，其中规模以上企业 800 多家。2017 年累计生产农药 294.1 万吨，农药行业主营业务收入达到 3 080 亿元，利润总额 260 亿元，农药事业发展在解决中国人吃饭的大问题上功不可没。2018 年我国农药产量 208.3 万吨，同比下降 9.5%；农药行业主营业务收入为 2 324 亿元，同比增加 12.9%；利润 227 亿元，同比增加 37.9%；农药原药出口交货值 470.92 亿元，同比增加 18.7%。

中国生产的农药总量需要细分情形。相关数据在农业农村部完全执行二维码赋码溯源规定数年后才能真正见底，农药里面还有 20%以上的林业、卫生、公共防疫、草原、建筑、园林、杀鼠等用药。计算口径上不排除原药与制剂的重复计算，如一个企业生产原药 100 吨，同时生产制剂 500 吨，那么企业生产农药 600 吨，而农业上使用的只是制剂。库存、过期的农药一般在 10%以上。此外，若按农药利用率 38.8%计，也就是至少 61.2%的农药是留在土壤、大气、水里面的。

农药剂型正在向水基化、无尘化、控释、缓释等高效、安全的方向发展，省工、省力的产品备受青睐。生物农药、植物生长调节剂、水果保鲜剂和用于非农业领域的农药新产品、新制剂发展迅速。

二

改革开放后，中国农药产业取得了突飞猛进的发展，科技创新、技术进步及农药创制体系不断完善。改革开放初期，国内常用的农药品种中具有自主知识产权的创制品种几乎为零，高毒、高残留农药的比例在 70%左右，农药工业面临着知识产权保护和环境保护的双重压力。

1993 年，《中华人民共和国专利法》和《农业化学物质产品行政保护条例》颁布，在法律法规上结束了农药仿制历史。同时，国家将新农药创制列为科技攻关计划重大项目。杀菌剂氟吗啉就是该计划的产物，成为我国第一个具有自主知识产权的农药新品种。我国现有自主研发的氟吗啉、毒氟磷、环氧虫啶、氯氟醚菊酯、氰烯菌酯、噻唑锌等 48 个具有独立知识产权的高效新品种；研发推广了吡啶、氯代三氟甲基吡啶、乙基氯化物等关键中间体及不对称性合成、催化加氢、定向硝化氯化、生物拆分等绿色新工艺；农药安全性评价 GLP 体系建设已与国际接轨。

“九五”期间，国家重点支持成立农药国家工程研究中心（依托沈阳化工研究院及南开大学）和国家南方农药创制中心（依托上海农药研究所、江苏农药研究所等），进行新农药的开发和工程化研究工作，使中国农药创制步入正轨。

2017 年开始全国开始环保大督查，给生产性企业带来了巨大的冲击。除了原材料上涨带来企业成本的上涨，人力成本也逐年在增加，制约着中小农资企业的发展。根据《国税地税征管体制改革方案》要求，从 2019 年 1 月 1 日起，社会保险费由税务部门统一征收。这意味着企业必须要为每一个员工全额缴纳社保。

中国农药的绿色可持续发展水平明显提高，行业技术水平不断提升。过去

"跑、冒、滴、漏"严重的家庭手工作坊式的生产装备已被淘汰，很多企业已实现设备大型化、工艺连续化、操作自动化、车间清洁化、工厂绿色化。农药生产逐渐向园区化、规模化、集约化发展，"三废"集中处理，达标排放。

新设农药企业必须进入省级以上化工园区，农药企业迁址和新增原药生产范围的，必须进入地（市）级以上化工园区或工业园区。同时要求农药生产企业必须淘汰高污染、高风险的落后产能，不得生产国家淘汰产品，不得采用国家淘汰的工艺、装置、原材料从事农药生产，不得新增国家限制生产的产品。

2017年环保核查掀起了大批企业关停倒闭潮，达不到进园标准的中小企业被迫关停，或者因为无法承担各种门槛经费而关停的也不在少数。除了环保核查，环保税也冲击着农资企业。国家税务总局发文，我国从2018年1月1日起开征环保税。对于一些龙头企业来说，他们所需要缴纳的环保税以百万计。

三

目前，我国新农药创制体系不断完善，创新能力和竞争力不断提高，成为世界上少数具有新农药创制能力的国家之一。我国农药工业已形成了包括原药生产、制剂加工、科研开发和原料中间体配套在内的完整农药工业体系，成为我国化学工业的重要组成部分。

产业集中度逐渐提高。1998年国务院39号文件出台后，中国农药市场完全放开，在国家政策法规和市场机制的双重作用下，农药企业兼并重组、股份制改造的步伐加快，再加上行业外资本的进入，农药企业逐步向集团化、规模化经营转变，产业结构发生较大变化，产业集中度逐渐提高，涌现了一批经济实力较强的大型企业集团。如中国化工集团先后兼并了以色列马克西姆、瑞士先正达公司，成为全球三大农化巨头之一，加快了进军全球市场的步伐。

农药国际市场话语权不断增强。1994年我国农药出口量4.77万吨，首次实现出口大于进口，此后多年保持强劲增长势头。2017年我国出口农药163.2万吨，出口金额47.65亿美元，出口量是1994年的34.2倍。目前，我国已经成为世界农药主要出口国，全球市场有近70%的农药原药在中国生产，国际商贸话语权不断增强，农药出口基本覆盖全球市场，出口总量占我国农药总产量的50%左右。近年来，我国农药原药出口占比递减，而制剂出口比重不断攀升，结构不断优化升级。

农药的生产管理近20多年持续变革，先在化工部，后纳入工信部。2017年进入农业部，即现在的农业农村部管辖，从农药登记、生产、经营、施用全过程归农业管理。

农药生产经营先后受 1997 年、2006 年施行、国务院颁布的《农药管理条例》制约。《农药标签和说明书管理办法》则对农药的标签进行了规范，一扫名目繁多的农药名称乱局。

新《农药管理条例》实施后，农药从登记到生产，再到销售各环节的管理都由农业农村部管理，实现了“九龙治水”到“一龙管水”的重大变革。现在，合法的农药生产实现新农药生产许可，由省级农业部门颁发，农药经营许可区别情况可在县级及以上相关部门获得。困扰农药行业数十年的农药生产者与登记企业不符合、统计失准失信问题有望很快解决。进入园区的规定正将企业洗牌。农药生产企业由以前的三四千家，已压缩至 2 000 多家，未来在农药减量施用大政下，环境保护进园进区、安全确保的高投入门槛下，生产企业必将进一步压缩，大幅提升中国农药的生产集中度。农药企业环境修复的任务也接踵而至，如此推动农药生产原材料的上涨，农药制造成本向施作环节转移，农药使用涨价成为必然。

《农药登记管理办法》《农药生产许可管理办法》《农药经营许可管理办法》《农药登记试验管理办法》《农药标签和说明书管理办法》，这五个《农药管理条例》配套规章，已经农业部 2017 年第 6 次常务会议审议通过，并以农业部令 2017 年第 3、4、5、6、7 号公布，自 2017 年 8 月 1 日起施行。

2018 年 1 月 1 日起，农药生产企业生产的农药产品、向中国出口的农药产品，其标签上应当标注符合规定的 32 位的二维码。农药一瓶一袋二维码赋码溯源生产更将农药管理推进了一大步。

四

小行业关乎大民生。农药的作用是不容置疑的。从不使用农药的自然农业发展到使用农药的现代农业，农药做出了积极的贡献。使用农药带来的收益大体上为农药费用的 4 倍。通过正确使用农药可以挽回 40%左右的损失，病虫侵害可使作物减产可达 53%。农药作为特殊的农业生产资料，与农业的发展息息相关。农药的包装受现在农田流转及包装废弃物危废处置收费的影响，包装将越来越大，以便回收再收用。仅存的 20 多类限制农药实行定点及实名购买。由于高毒农药的淘汰速度加快，高毒农药限制销售网络的建立，二维码关联追溯的推进，添加高毒农药为隐性含量的途径正被围剿，所以农药的毒害性品种锐减，从根本上阻断农村农药中毒事故，有利于和谐乡村建设，也有利于绿色农业、现代农业的推进。

中国农药工业协会、中国农药发展与应用协会分别成立各类主要农药的协作组、各类专业委员会，在农药品牌建设、行业数据收集、行业标准制订、行业品牌推荐、行业自律、信用评级等方面发挥作用，各类会议分类很细，每年都有活动举办。一年一度的全国植保大会即全国农药（械）信息交流大会，轮流在各省会城市举办；每年 3 月上海农药进出口 CAC 大型展会，同样规模突出，影响巨大；连同各省级农药展示会，每年农药企业会议营销的成本压力不小。

据中国农药工业协会统计数据，2017 年我国年销售额在 5 亿元以上的农药企业达 79 家，10 亿元以上的农药企业有 50 家，30 亿元以上的农药企业有 10 家。其中湖北沙隆达股份有限公司经过兼并重组，销售额更是达到 220.336 亿元，我国农药行业首次出现百亿元以上规模的企业。目前，我国已有农药上市企业 57 家，农药行业正在利用资本的杠杆作用迅速成长。

农药行业成立安全科学使用农药委员会，进行农药抗性管理，减少和延缓抗性产生；将保护蜜蜂等授粉昆虫纳入安全科学使用农药的宣传和推广之列；注重农药包装废弃物的回收，减少农村面源污染，保护生态环境；建设安全科学用药示范基地。此外，还成立了全国农药创新联盟、飞防药剂研究组织、行业信息联盟等，影响力、凝聚力、号召力及活动成果逐年增加。

协会近年来认定了行业顶尖的名牌企业、AAA 级信用企业。在行业中诞生了克胜、江山等行业名牌领跑企业，同时拥有中国驰名商标、中国名牌产品。不少企业踊跃参与行业标准的制订，还代表全行业企业在行业大会上发声，建立自己的研究开发机构，倡导绿色生产，研发拥有自主知识产权的新品种、新剂型。

五

2016 年 5 月，中国农药工业协会正式发布《农药工业“十三五”发展规划》，提到要推进农药产业结构调整，鼓励通过兼并、重组、股份制改造等，实现企业大型化。未来农药原药生产将进一步集中，到 2020 年，农药原药企业数量减少 30%，国内排名前 20 位的农药企业集团的销售额达到全国总销售额的 70%以上。建成生产企业集中的农药生产专业园区，培育销售额超过 100 亿元、具有国际竞争力的大型企业集团。未来，集约化、规模化是农药企业做大做强的必由之路。随着行业竞争的加剧以及环保压力的加大，我国农药行业正进入新一轮整合期。技术领先、机制合理、经营灵活的企业将成为行业整合的主导力量；行业整合将有利于提高企业的国际竞争力，促进行业健康快速发展。

农产品中的农药残留只要在国家标准范围内，不超标就是安全的，被妖魔化的农药对农药发展大为不利。农药产业事关中国的粮食安全。

全世界每年使用农药 280 万吨（折百），美国每年使用 30 万吨农药（折百），巴西 35 万吨（折百），墨西哥 11 万吨（折百），加拿大 7 万吨（折百），法国 6 万吨（折百），日本 5 万吨（折百），中国每年使用农药 29 万吨（折百），占 10.4%。

由于中国的复种指数高，单位面积使用农药量比美国、巴西等国家的使用量少10%～20%。

数据显示，截至2017年底，中国登记农药产品总数38 248个，其中生物化学农药、微生物农药和植物源农药登记产品数1 366个，涉及97种有效成分（不同菌株）；农用抗生素类登记产品数量为2 415个，涉及13种有效成分。

2018年上半年，农业农村部组织开展了一、二季度共2次国家农产品质量安全例行监测（风险监测），抽检总体合格率达到97.1%。其中，蔬菜、水果、茶叶、畜禽产品和水产品抽检合格率分别为96.7%、91.8%、97.8%、98.3%和97.9%。平均还有2.9%的不合格，而蔬菜、水果的农药残留超标比例相对要高一些。但是，不能用很少的不合格来否定中国的农产品。在农业农村部颁布的《限制使用农药名单（2017年版）》中，克百威列为定点经营限制使用的农药，氟虫腈列为不定点经营的限制使用农药。氟虫腈除卫生用、玉米等部分旱田种子包衣剂以外，禁止在其他方面的使用。克百威自2018年10月1日起，禁止在甘蔗作物上使用。所以，氟虫腈、克百威不是国家禁止使用的农药，只是在部分作物上限制使用，那么关键是这两种农药是否残留超标——超标了，农产品显然是不合格。

从2015年开始，农业部组织开展“农药使用量零增长行动”，加快推进农药减量增效。一是农药使用量减下来。据统计，连续3年农药使用量实现负增长。二是农药利用率提高了。据科学测算，2017年农药利用率达到38.8%，比2015年提高了2.2个百分点。

国家有严格的农药残留标准，也就是以一个人一生天天吃某种农产品和可能吃的最大量来计算。在此基础上，考虑到物种差异以及孕妇和儿童的安全，再增加100倍的安全系数，因此标准是十分严厉的。

我国在严厉控制剧毒高毒农药，发展低毒低残留农药，推行绿色防控等方面走在世界的前面。“妖魔化”农药的目的会致中国粮食大幅度下降，依靠国外进口农产品。如果在储藏保鲜方面不用农药，不进行防腐保鲜处理，也极易因感染食源性疾病微生物而发生腐烂，还会产生毒素。

1999年底，我国高毒农药比例高达30%。现在，低毒、微低毒产品比例超过82%，高毒产品比例降至1.4%，生物农药比例达10%；制剂产品朝环保方向发展，悬浮剂、水剂、水分散粒剂、水乳剂等环保剂型比例逐年提高。而2018—2022年我国逐步禁用12种高毒农药，其中涕灭威、甲拌磷、水胺硫磷在2018年全面禁用；硫丹、溴甲烷在2019年全面禁用；灭线磷、氧乐果、甲基异构柳磷、磷化铝在2020年全面禁用；氯化苦、克百威和灭多威2022年全面禁用。而这些剧毒、高毒农药，包括我国已经禁止使用的百草枯等农药，美国等国都还在使用。我国现在每年已经向美国、巴西等国家进口大豆、玉米等粮食达1.3亿吨，占粮食产量的20%左右。若我国2/3的粮食依靠进口，那么将全世界所有贸易粮食都卖给中国也不够。要解决中国的粮食问题，主要依靠提高单位面积产量。这除了进一步改进栽培技术、改良品种，使用农药自然是一个主要手段。

六

农药行业纵向一体化发展。产品为王，没有得力的产品企业就没有竞争力。农药生产分原药环节、制剂环节，只有实现原药及制剂一体化，竞争力才能持久。原药加入适当的辅助剂（如溶剂、乳化剂、润湿剂、分散剂等），通过加工、生产制得具有一定形态、组成及规格的制剂产品，制剂直接应用到农业生产。制剂的产品质量和使用量与环境安全、食品安全、生态稳定都有着密切的关系。制剂企业通过产品的深加工，掌握销售渠道资源，盈利水平逐步提升，部分实力较强的原药企业为了增强市场竞争能力，也开始进入制剂领域；而部分制剂企业也加快向上游原药领域延伸，目的是抓牢市场主动权。

农药企业正由单纯农药生产向农药施用服务转变，由单品销售向植保套餐转变。种植业者分散使用背负式喷雾器的传统病虫害防治方式，被专业化组织使用现代化植保技术和装备统防统治的模式所替代，是农业现代化的必然趋势。在这一趋势中，农药经销商、零售商需要拓展植保服务业务，转型为植保服务商，零售商由坐商转型为走商。农资企业或者农资店的坐店销售模式已经不适合时代的需求，懂农技、懂得病虫害防治，或者有农产品销售渠道的农业服务商更受种植大户或者种植创业者的青睐。种植主体由散户向大户、家庭农场和专业合作社等规模主体演进。

农业生产中的病虫草害防治作业，由于其技术的专业性和复杂性，一家一户分散防治低效，抗性管理困难，对施用者、作物、农产品安全和环境存在较大风险，是一个更迫切需要由装备有现代化植保设备的专业化组织来承担的生产作业。

随着农村青壮年劳动力的转移外出、留守人员的老龄化以及90后愿意在农村从事艰苦劳动的人数急剧减少，农户分散使用人力背负式喷雾器低效、艰苦的病虫害防治方式必将被专业化组织使用高工效植保技术防统治的防治模式所代替。

高工效植保是指借助高工效农药产品和智能化的施药机械，相对于背负式喷雾器施药，可以大幅度降低农田单位施药面积所耗用的人工量，是农药、药械一体化的施药服务。包括遥控、自动导航旋翼施药机，有人驾驶动力伞，直升机等超低容量航空防治病虫害技术，地面自行走设备低容量除草技术等。

适应农业现代化、绿色化、社会化形势，我国药肥一体化、水肥一体化、药械一体化、物理与化学防治一体化在推进。农药与化肥一样是减量控制使用的支农产品，随着耕种组织的出现，农药的包装规格越来越大，喷洒农药药械越来越先进，与其他农资配合综合施用越来越多，因此农药总用药次数及总用药量越来越少。

药肥合一的药肥及控释药肥产品、控制释放拌肥用农药及肥料增效剂，可整合施肥和施药于一次农事活动。以肥料为载体将农药分散，底施或追施，可有效防控地下害虫和土传病害并兼治地上特定的虫害和病害，同时还有使肥料具有稳定长效保水控释的功能。

七

生物农药前景广阔。生物农药是指利用生物活体（真菌、细菌、昆虫病毒、转基因生物、天敌等）或其代谢产物（信息素、生长素、萘乙酸、2，4－D等）针对农业有害生物进行杀灭或抑制的制剂，又称天然农药，系指非化学合成，来自天然的化学物质或生命体，而具有杀菌农药和杀虫农药的作用。生物农药包括虫生病原性线虫、细菌和病毒等微生物、植物衍生物和昆虫费洛蒙等。生物农药在有机农业使用的整合害虫管理系统（IPM）中扮演重要的角色。

生态环保和食品安全日受重视，政策利好生物农药产业。农业部门制定鼓励生物农药登记的政策，在上海、山东等地部分县市启动低毒和生物农药补贴试点工作。自《农药工业“十二五”规划》以及《生物产业“十二五”发展规划》提出以来，指出到2015年，高效、安全、经济和环境友好的农药品种占总产量50%以上，高毒、高残留品种的产量将由目前的5%下降至3%，生物农药的比例有望进一步提高。生物农药行业在“十二五”初期借政策东风，销售收入以年均增速47%（2011—2012年）疯涨。

2014年以来，国家关于高毒农药、农药残留的政策相继出台，着力推广生物农药，如2015年初《农业部关于打好农业面源污染防治攻坚战的实施意见》，指出要实施农药零增长活动，扩大低毒生物农药补贴项目实施范围，加速生物农药、高效低毒低残留农药推广应用。

中国生物农药的发展始于21世纪初，尤其近几年发展速度加快但从生物农药在农药行业的市场规模来看，目前仍在9%～11%浮动，占比仍然较低，市场上仍以化学农药为主，而这也与生物农药本身的特征相关。一方面是生物农药企业规模小，农药产品研发周期长，科研资金投入少；其次是生物农药药效见效慢，难以起到立竿见影的效果，并且部分农药产品使用技术性强。

据前瞻研究院《2015—2020年中国生物农药行业发展前景分析报告》，至2014年，中国生物农药行业共有规模企业130家，行业资产规模178.92亿元，销售收入为284.34亿元，行业毛利率为17.80%。江苏和山东是生物农药行业大省，市场规模合计占行业的60%，市场集中度非常高。一批生物农药使用的示范基地以及绿色优质的农产品生产基地已建立。

经过近30年的发展，目前国内有机农业用地迅速增加到2012年的3 750万公顷。有机蔬菜、有机大田作物和有机茶叶成为中国出口量居前三位的农产品。

目前登记在三七、杭白菊、白术、元胡、石斛等几种作物上的农药产品很少。微生物农药以杀虫剂为主，真菌中的苏云金杆菌、细菌中的白僵菌以及病毒类制剂都是针对昆虫，只有少部分产品针对病害，专门针对病害的微生物农药前途很广阔。

中华民族正在顽强地复兴，综合国力在世界逐年上升。中国的农药行业也在持续崛起，中国的农药一定会为中国人的幸福大厦添砖加瓦，锦上添花，为中华民族复兴助力。

（作者单位：江苏克胜集团）

新中国成立以来农业基础设施建设与农业投资历史演变

陈艳丽

农业是立国之本，强国之基。农业基础设施建设对增强抗御自然灾害的能力、保证农业高产稳产，对抢季节、保农时，提高土地利用率，对提高劳动生产率、繁荣农村经济、促使农民富裕起来以及提高广大农村居民科学文化水平，都发挥着重要作用。新中国成立以来，经过70年的不断投入与建设，农业基础设施的覆盖领域不断拓宽，资产存量日益增长，总体质量显著提高，服务农业的能力大大增强。进入21世纪后，党中央每年以中央1号文件的形式，进一步强调了农业基础设施建设的重要性，采取了一系列措施加强和完善农业基础设施建设。通过几代人的不懈努力，在国家强农惠农重农政策指导下，农村改革不断深化，农业投入不断加大，充分依靠科学技术促进农业发展，农业农村发生了巨大变化。

一、开展大规模农田水利建设，大力发展农业机械化(1949—1978年)

我国是一个水旱灾害频繁的国家。防洪问题突出，缺水地区面广人多，供水任务很重，不具备一些国家雨量均匀的优越条件。农业基础的落后以及长期战争的破坏，致使农业生产条件极其薄弱，农业生产水平落后，粮食供应紧张，1949年，农业机械总动力仅为8.10万千瓦。新中国成立后，党和政府十分重视水利建设事业。为加快农业发展，国家提出了《全国农业发展纲要》，制定了水利化、机械化、良种化、化学化等措施，毛泽东还提出了“水利是农业的命脉”，“农业的根本出路在于机械化”以及农业“八字宪法”等思想，1956年在《论十大关系》中要求加大对农业的投入，实现工业与农业、城市和农村的协调发展。国家建立了治水机构，培养了大批水利工程技术人员和管理干部，进行了大量的投资，建成了一批农田水利工程，形成了防洪、排涝、抗旱、挡潮的工程体系，大大提高了抵御水、旱灾害的能力。

（一）农业生产恢复发展阶段（1949—1957年）

1955年3月31日，中共全国代表会议同意中央委员会提出的第一个五年计划报告，明确提出："第一个五年计划期间，除由国家投资建设的巨大水利工程以外，小规模的农田水利，例如受益几十亩到几百亩的工程，也应该根据各地方的实际需要和可能条件，大量地举办。因为这种工程是分散的，建设较易，可以组织农业生产合作社和农民群众来分头进行；在必要的时候，国家将给以财力和物力的帮助。"1957年，国家财政用于农业的支出23.5亿元，农业支出占财政支出比重达7.7%（图1）。"一五"时期，农业基本建设投资达41.8亿元，占基本建设投资比重7.1%，其中水利基建投资达24.3亿元，占农业基本投资建设比重58.1%，农林牧渔水利新增固定资产34.5亿元（表1）。

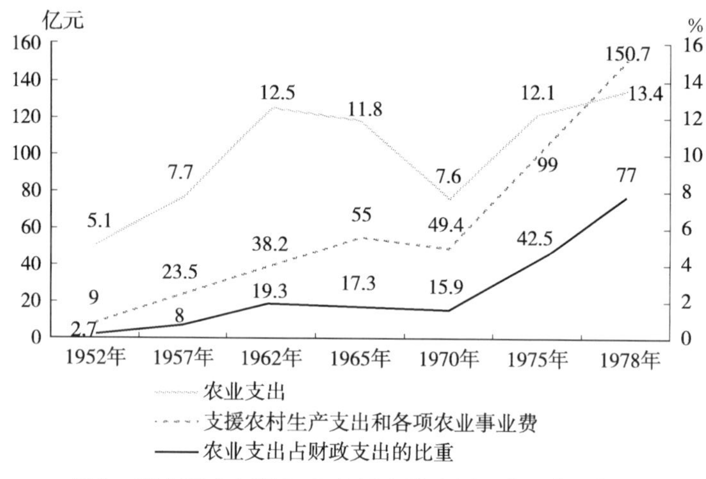

图1　新中国成立到1978年国家财政用于农业支出情况

资料来源：2009年《中国农村统计年鉴》。

表1　新中国成立到1980年农业基本建设投资和新增固定资产

	农业基本建设投资（亿元）	其中水利基建（亿元）	农业基建投资占社会基建投资比重（%）	水利基建投资占农业基建投资比重（%）	农林水利气象新增固定资产（亿元）
"一五"时期	41.83	24.31	7.1	58.1	34.46
"二五"时期	135.71	96.64	11.3	71.2	84.59
1963—1965年	74.46	28.92	17.6	38.8	60.64
"三五"时期	104.27	70.14	10.7	67.3	53.80
"四五"时期	173.08	117.11	9.8	67.7	92.60
"五五"时期	246.08	157.23	10.5	63.9	152.77
其中：1980年	52.03	27.07	9.3	52.0	35.37

资料来源：1989年《中国农村统计年鉴》。

经过三年经济恢复和第一个五年计划，在全国范围内完成了土地改革，取得了农业社会主义改造的伟大胜利，解放了生产力，农业生产迅速恢复发展。这八年中，平均每年增产粮食 100 多亿千克，棉花近 300 万担*，油料 400 万担，糖料 2 000 多万担，畜牧业也有较大幅度的增长。“一五”计划的完成，农副业年均增长 4.5%，为计划值的 105%；1957 年粮食产量为 1 950.5 亿千克，完成计划数的 101%；棉花产量 3 280 万担，完成计划数的 101%，与 1952 年相比分别增长 19% 和 26%。

（二）“大跃进”与大调整阶段（1958—1965 年）

1956 年 9 月召开的党的八大正式通过由周恩来主持编制的《关于发展国民经济的第二个五年计划的建议的报告》提到，关于水利建设，我们正在继续根治淮河，开始兴建黄河三门峡水利、水利枢纽工程，并且举办了其他一些大型的和很多中、小型的水利工程。许多建设完工的水利工程，对于防御洪水和灌溉田地已经开始发挥一定的作用。1959 年开始先后对农村人民公社的体制和政策进行了几次调整，提出了“调整、巩固、充实、提高”的八字方针，逐步纠正了这些错误，加强了对农业的支援。

“二五”时期，农业基本建设投资达 135.71 亿元，占基本建设投资比重 11.3%，其中水利基建投资达 96.64 亿元，占农业基本投资建设比重 71.2%，比“一五”时期增加 2.98 倍，农林牧渔水利新增固定资产 84.59 亿元，比“一五”时期增加 1.45 倍（表 1）。农业产值除 1958 年略有增长，其他逐年减少，1962 年为 430.3 亿元，与 1957 年相比年均减少 4.3%。在“二五”计划前三年的“大跃进”时期，工业产值增加了 1.3 倍，而农业产值则减少了 23%。1965 年，国家财政用于农业的支出 55 亿元，农业支出占财政支出比重 11.8%，绝对值增加，但增幅减少（图 1）。1963—1965 年，农业基建投资大幅减少，新增固定资产也有所下降，但经过全国人民的努力，战胜了困难，到 1965 年，农业生产大体上恢复到 1957 年的水平。

（三）徘徊阶段（1966—1976 年）

1964 年 5 月，由国家计委提出，经中央工作会议讨论并原则同意了《第三个五年计划（1966—1970 年）的初步设想》，设想提出的“三五”时期农业的基本任务是：大力发展农业，基本上解决人民的吃穿用问题，但之后，依据中共中央提出的“备战、备荒、为人民”的战略方针，1965 年 9 月初国家计委重新草拟了《关

* 1 担=50 千克。

于第三个五年计划安排情况的汇报提纲》，明确提出“三五”计划必须立足于战争，把国防建设放在第一位。1973年7月1日，国家计委根据中共中央工作会议对“四五”计划提出的意见，拟订了《第四个五年计划纲要（修正草案）》，计划农业的主要任务是：大力发展农业，加速农业机械化的进程。“文化大革命”期间，党在农村的各级组织和各项政策遭到严重破坏，致使向农业投入的财力、物力没有收到应有的效果。

“三五”期间，国家财政用于农业的支出下降，1970年仅49.4亿元，占财政支出比重7.6%；“四五”期间，国家财政用于农业的支出回升，1975年达99亿元，是1970年的2倍，占财政支出比重12.1%。“三五”和“四五”期间，农业基本建设投资分别为104.27亿元和173.08亿元，占社会基建投资比重分别为10.7%和9.8%；其中水利基建分别为70.14亿元和117.11亿元，占农业基建投资比重分别为67.3%和67.7%；农林水利气象新增固定资产分别为53.8亿元和92.6亿元，无论是农业支出还是农业基建，“四五”时期均得到大幅提升。由于周恩来等中央领导同志在极端困难的条件下，尽一切可能坚持抓好农业生产建设，才使这十年的农业生产保持了一定程度的发展，“三五”期间，农业总产值年均增长2.9%，1975年粮食产量2 845亿千克，棉花产量4 762万担。

（四）过渡中酝酿农村改革阶段（1976—1978年）

“五五”计划的主要任务是：把农业搞上去，把燃料、动力、原材料工业搞上去，到1980年要基本实现农业机械化。1976年粉碎“四人帮”以后，特别是党的十一届三中全会以来，端正了思想政治路线，制定和贯彻了中共中央《关于加快农业发展若干问题的决定》和一系列有关农业的方针、政策，使我国农业逐步走上了正常的发展轨道。1977年12月1日，中共中央、国务院批准并下达了国家计委《关于1976—1985年国民经济发展十年规划纲要（修订草案）》。经过修改的规划纲要规定：工农业生产10年平均增长速度为8.7%；财政收入10年合计为1.28万亿元；基本建设投资10年合计为4 580亿元。

“文化大革命”结束后，经过两年的治理整顿，1978年和1980年国家财政用于农业的支出分别达到150.7亿元和150亿元，占财政支出比重分别为13.4%和12.2%，比重达历史高峰。“五五”时期农业基本建设投资达246.08亿元，占基本建设投资比重10.5%，其中水利基建投资达157.2亿元，占农业基本建设投资比重63.9%，农业基建比“四五”时期进一步大幅增加，农林牧渔水利新增固定资产152.8亿元，比“四五”时期增长65%，1980年粮食产量3 205.5亿千克，完成99%；棉花产量5 414万担，完成91%。

至1989年，水利重要保障作用凸显，初步控制了一般的洪水灾害。从过去黄河三年两决口，到可以争取三十年伏秋大汛连续安澜的局面，长江、淮河、海河、辽河、松花江和珠江等也初步取得了稳定。全国水利基本建设投资473亿元，水利事业费290亿元，总计763亿元，社队自筹及劳动积累没有包括在内。整修新修了堤防、堤垸、海塘165 000公里，保护范围遍及广大平原地区的农村和4.8亿亩耕地。全国兴修了大中小型水库8.4万座（新中国成立前只有大型水库6座，中型水库17座），塘坝640万处，总库容量4 000亿立方米，建设万亩以上灌区5 200多处。机电排灌动力由解放初的9万多马力发展到近7 000万马力，配套机电井210万眼，水利结合发电装机900万千瓦，其中，小水电装机630多万千瓦。建设了一批高产稳产田，灌溉面积由新中国成立初期的2亿多亩发展到7亿亩，有2亿多亩易涝耕地、64万多亩盐碱地、34万多亩瘠薄红黄土得到了不同程度的治理和改良，抗御自然灾害的能力有了明显提高。

1949—1989年，经过三十年的发展，农业得到了较快的恢复和发展，全国人口增加了约1倍，粮食总产从1 100多亿千克增到3 300多亿千克，按农业人口每人平均产量从253千克增到408千克。与1949年比较，1979年农业总产值1 584亿元，增长3.8倍，平均年递增5.4%；种植业中，粮食总产3 321亿千克，增长1.9倍，递增3.6%；棉花总产4 414万担，增长近4倍，递增5.5%；油料增长1.5倍；糖料增长7倍多。

二、加强农产品生产基地建设，不断增加农产品市场供给（1978—1997年）

改革开放以前，为了集中人力、物力和财力加快工业建设，国家财政支持农业发展有限，农业投资主要来源于国家财政拨款和集体资金及劳动积累。党的十一届三中全会以来，中共中央《关于加快农业发展若干问题的决定》和一系列有关农业的方针、政策，调动了广大农民和干部的积极性，使我国农业逐步走上了正常的发展轨道。这一阶段农业基础设施建设，前期主要集中在保障粮食生产的基础设施方面，在投资主体和投资方式上，主要由政府投资和农民投劳相结合；后期则逐步向促进经济作物和畜禽产品以及工业原料性农产品生产的基础设施方面扩展，转向以政府投资为主、农村集体和少量农业企业投资相结合，投资方式始终是以直接投资为主。

（一）国家财政支农支出增长缓慢

改革开放初期，面对农业发展落后、粮食供给短缺等问题，国家通过提高农产品收购价格、减免税收等措施刺激农民生产积极性，直接或间接增加了财政支农支出，但受财政赤字所限，国家减少了对农业的直接投入。为拓宽财政支农资金的来源，国家开征耕地占用税，设立农业发展基金，用于农业综合开发项目，重点综合治理山林水路，改造中低产田，开垦荒地。社会主义市场经济体制确立以后，我国工业化和城镇化快速发展，城乡居民收入差距在拉大，国家实行“少取多予”财政支农政策，并且在1993年颁布的《中华人民共和国农业法》中明确要求财政对农业投入的增长幅度应高于财政经常性收入的增长幅度。

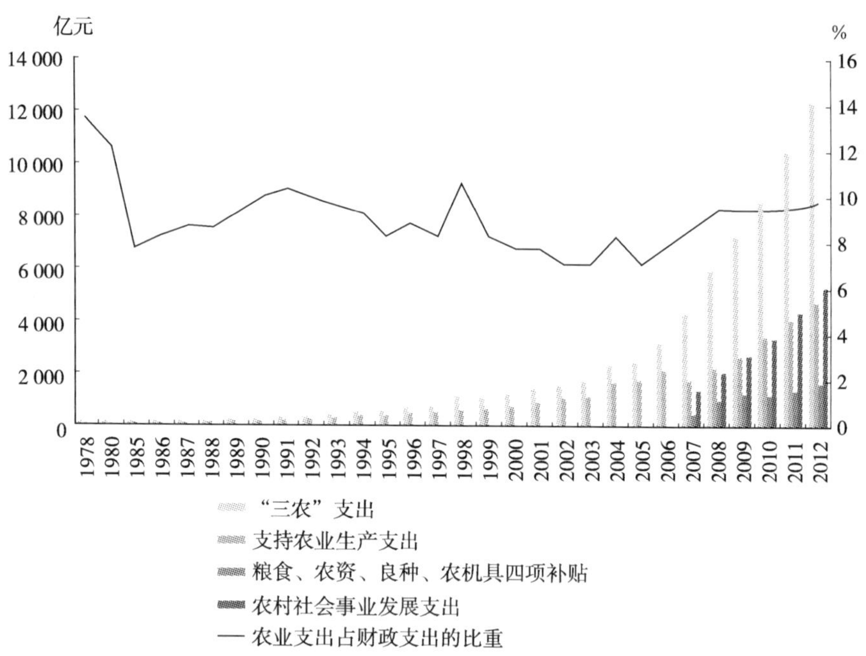

图2 1978—2012年国家财政用于农业的支出情况

注：从1998年开始，“农业基本建设支出”包括增发国债安排的支出；从2007年起，国家财政支农支出因报表制度调整，口径与往年不同，本图中的支农支出仅为中央财政用于“三农”的支出。

资料来源：2014年《中国农村统计年鉴》。

这一阶段，我国财政支农资金规模呈逐年上涨趋势，但仍然严重不足。1978年我国财政支农资金总额为150.66亿元，1985年国家财政支农支出为153.60亿元。1988年以后，农业投资年增长率的波动情况比前一个时期要大，进入了新的一轮徘徊期，而且总体趋势有所下降，特别是1995—1996年，相对数降到了最低点，财政支农绝对数也呈马鞍型。到1997年财政支农资金增长到766.40亿元，比1985年增长了612.80亿元，增长了近4倍。

（二）农业基础设施建设投资先抑后扬

在改革开放初期，农村实行家庭承包制度，极大地解放了生产力，农产品产量连年大幅提高，农业生产呈现前所未有的好形势。在这一背景下，国家投入开始重点转向工业和城市，农业投入有所下降，国家安排的农业基本建设投资明显减少，1979年为62.4亿元，到1982年下降至34.12亿元。农业投入的下降使农业基础设施建设的欠账越来越多，削弱了农业的发展能力，1985年农业生产出现滑坡，对此，国家高度重视，及时调整了农业投入政策，中央财政开始增加农业投入并专门设立了农业发展基金，同时鼓励引导农村集体经济组织、农民和社会资金投入农业。1994年开始，政府加大对农业基础设施投资力度。通过一系列政策的调整，很快遏制了农业投入不断下降的趋势。1985—1997年，农业基本建设的投入由36.94亿元增加到412.7亿元，年均增长达29%（图3）。

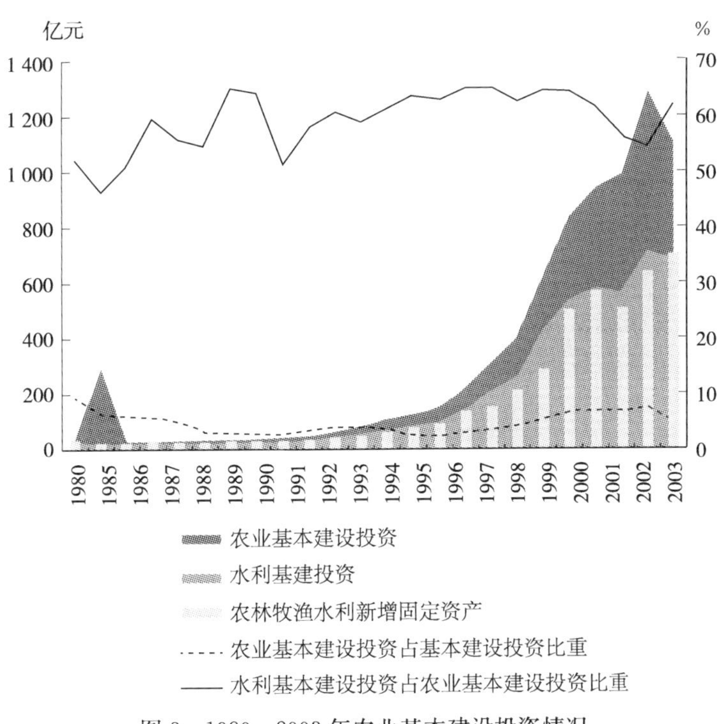

图3　1980—2003年农业基本建设投资情况

资料来源：2014年《中国农村统计年鉴》。

（三）粮食生产基地建设成为保供应的重要力量

商品粮棉基地建设。从1984年开始，国家拨出专款，采取中央与地方联合投资的办法，启动了商品粮基地建设项目。1986年又启动实施了棉花基地县建设项目。1983—1998年，中央和地方累计投资56.7亿元，其中中央投资24亿元，重点在东北、华北和长江中下游等粮食主产区新建商品粮基地833个，巩固完善商品粮基地201个。在此基础上，国家又投资建设了商品棉基地，1986—1998

年中央和地方累计投资 10.5 亿元，其中中央投资 4.68 亿元，在河北、山东、江苏、湖北、新疆等 16 个棉花主产区建设优质棉基地 240 个。开展国家“八五”计划、“九五”计划的重点农业大型基建项目农垦 50 亿千克商品粮基地建设，共完成中低产田改造 141.67 万公顷，开荒 19.0 万公顷；建设先进种子加工厂 45 座，种子加工线 190 条，种子机械加工率达到 90%，项目区 52%的农场实现了统一供种。

“菜篮子”工程建设。为缓解我国大中城市副食品供应紧张和品种差、少的局面，经国务院批准，农业部从 1988 年开始组织实施以发展生产、搞活流通为主要内容的“菜篮子”工程建设。到 1993 年底，全国农副产品批发市场已达 2 080 个，城乡集贸市场已达 8.3 万个，其中农副产品专业市场 8 220 个，初步形成了全国大市场、大流通的新格局。1994 年，“菜篮子”工程已处在由过去以生产基地建设为主转入生产基地与市场体系建设并举的新阶段。从 1995 年起开始实施的新一轮“菜篮子”工程，主要特点有：加大基地建设，向区域化、规模化、设施化和高档化发展；城乡携手共建“菜篮子”工程。1996 年，“菜篮子”工程批发市场体系建设试点工作开始启动。到 1997 年，共建设蔬菜基地县 460 多个、畜产品生产基地县 877 个、水产养殖商品基地县 300 多个。经过 10 年的建设，肉、蛋、奶、水产品、蔬菜、水果等“菜篮子”产品生产迅猛发展，六类产品产值占整个农业总产值的 52%左右。

商品瘦肉型猪基地建设和天然橡胶基地建设。1984—1998 年，国家累计投入 11.09 亿元，其中中央财政 1.53 亿元，扶持建设了 462 个商品瘦肉型猪基地，有力地促进了生猪生产的稳定发展。“八五”时期以来，考虑到橡胶生产的战略重要地位，国家不断加大橡胶基地建设的投入力度。截至 1998 年，共计投资 32.46 亿元，其中国家投资 9.96 亿元，垦区农场自筹 22.5 亿元。初步建成了以海南、云南、广东农垦为主，地方为辅的规模较大的天然橡胶生产基地。橡胶年产能达到 35 万吨，比 1990 年增长了 52.2%，国内天然橡胶自给率由 20 世纪 70 年代的 30%提高到 90 年代的 60%以上。

（四）农田水利基础设施建设取得重大进展

改革开放以来，水利改革和水利建设取得了新的重大进展，水利发展战略、产业结构、投入机制、服务对象等都发生了深刻的变化，开始走上依法治水、讲究效益、全面服务的轨道。国家在财政十分紧张的情况下，连续几年增加了对水利的投入，社会办水利出现了新的良好势头。1986—1988 年，全国群众性水利建设蓬勃展开，其中，1987 年、1988 年两个冬春季节全国投入的劳动积累工约 50 亿个工作日，集资约 20 亿元。从 1990 年起，国家水利基础设施建设的重点开始转向大江大河治理和重点性水利工程，小型农田水利建设则主要依靠农村集体特别是农民投工投劳来进行。1991 年由全国人民代表大会常务委员会发布施行《中华人民共和国水土保持法》，1993 年国务院颁布《取水许可制度实施办法》，水资源的统一管理迈出了新的步伐，水资源的综合开发利用取得了新成绩，水电建设、农村电气化建设、城乡供水都有了发展。

1993 年《全国水土保持规划纲要》的颁布实施使得农田水利建设蓬勃发展，初步扭转了灌溉面积下降的局面。特别是 1992 年全国第五次水土保持工作会议以后，到 1997 年，5 年间全国完成水土流失综合治理面积 17.5 万平方千米，占新中国成立 40 多年来累计完成面积的 1/4；其中修建基本农田 233.3 万公顷，栽植经果林 200 多万公顷。中央、地方、群众累计投入水土保持的资金约 70.3 亿元。在修建的基本农田共增产粮食 1 000 万吨，水土保持以兴建基本农田为突破口，大搞开发性治理，推进脱贫致富，重点治理区群众脱贫率普遍在 50%以上。

这一时期，在体制、机制创新和各类建设投入的共同作用下，我国粮食生产能力迅速增强，粮食产量先后跨上 3 500 亿千克和 4 000 亿千克两个新台阶，到 1996 年达到了 5 045 亿千克的历史最高水平。在农田水利设施建设方面，20 世纪 80 年代以来，政府确立了“自力更生为主、国家支援为辅”的农村水利设施建设方针，通过建立劳动积累制度，充分发动群众兴修水利，农业获得长足发展。粮棉基地已成为保证全国粮棉等主要农产品稳定供应，促进国民经济持续、快速发展的重要力量。这一阶段，我国农业和农村经济总体上保持了良好的发展态势，主要表现在多数经济指标处在适度增长的范围内，粮棉生产获得丰收；“菜篮子”产品继续以较快的速度增长；多年存在的“农用生产资料价格高、农民负担重”的问题得到缓解；农村经济与国民经济之间相互关系的合理性继续增强。

三、强化农业综合生产能力建设，不断促进农业结构优化调整（1998—2012 年）

从 1998 年开始，我国农业发展进入了“主要农产品供求基本平衡、丰年有余”的历史新阶段。为适应新阶段的农业发展形势，我国开始推进农业和农村经济结构的战略性调整，农业基础设施建设以农业“七大体系”等农业支持保护体系建设为主线，积极推进农业产业结构、产品结构和区域布局的调整，大力发展优质、高效、生态、安全农业，不断拓宽农民增收领域，高度重视保护和提高农业粮食综合生产能力，逐步构建符合我国国情和社会主义市场经济要求的粮食安全体系。特别是 2006 年建设社会主义新农村的战略部署以后，随着中央财政对“三农”资金投入的增加，对作为农村基础设施重要组成部分的农业基础设施的投入也得到了较快的增长，对农村中小型农田水利设施建设的重视程度增强，投资有所增加，建设速度加快。

（一）国家财政支农支出快速增长

这一阶段财政支农规模呈现明显的逐年提高的趋势，从1998年开始，国家财政支农支出突破1 000亿元，2004年突破2 000亿元，是改革开放以来投资绝对量增加最多的一年，增长率达到23.34%，随后年增长率逐步提高，2012年达到12 387.6亿元（图2）。年增长率低于8%的只有2001年，这也体现出财政支农对促进农业经济发展的作用在逐渐提高，年均增长率达到18.47%。其中支持农业生产支出由1998年的626亿元增加到2012年的4 785.1亿元，年均增长率达到15.64%，在2002年突破1 000亿元，2006年突破2 000亿元，2010年突破3 000亿元，2011年突破4 000亿元。

从2007年开始增加了粮食直补、农资补贴、良种补贴、农机具四项补贴，从2007年的513.6亿元增加到2012年的1 643亿元，补贴额度翻了3倍，6年共计补贴7 093.4亿元。2007年开始增加了农村社会事业发展支出，从2007年的1 415.8亿元增加到2012年的5 339.1亿元，6年共计支出19 282.7亿元。国家农业支出占财政支出的比重在1998—2003年出现了下滑态势，从10.7%下滑到7.1%，随后在2004年有了一个明显的上升，达到8.2%，其后逐年上升达到2012年的9.8%。

（二）农业基本建设投资快速提升，在较高水平上保持稳定增长

1998年，为应对亚洲金融危机的影响，党中央、国务院及时采取了增加投资、扩大内需的对策，果断决定增发长期建设国债用于基础设施建设。在此政策带动下，农业投资大幅度增长，农业基础设施建设步伐明显加快。1998年，国家财政对农业基本建设的投入为460.7亿元，是1997年的2.88倍。1998—2003年，6年农业基本建设累积总投入为2 664.1亿元。这一时期，国债资金一直占年度农业基本建设投资的70%以上。尽管从2004年开始，国债资金规模大幅度减小，但在中央统筹城乡发展方略的指引下，中央加大了预算内投资的力度，农业基本建设投资不仅没有减少，反而逐年增加，2004—2006年，中央财政累计农业基本建设投资1 559.3亿元，平均每年达519.75亿元，比1998—2003年平均水平提高了17.1%。

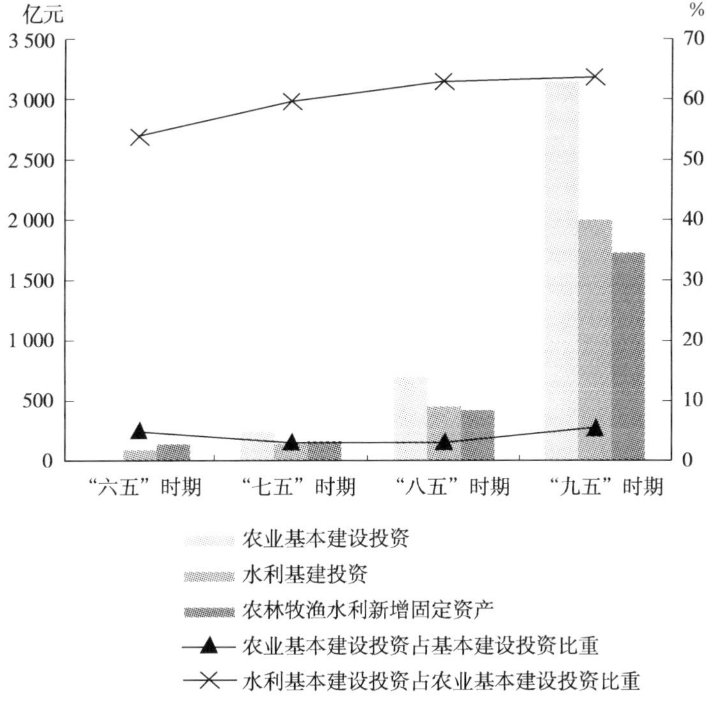

图4 “六五”至“九五”时期农业基建投资情况

资料来源：2014年《中国农村统计年鉴》。

(三) 加强水利和林业生态建设，增加生态环境建设投资

1998年国务院修订出台了《基本农田保护条例》，2008年水利部根据《国家中长期科学和技术发展规划纲要（2006—2020年）》和《水利科技发展规划（2001—2010年）》，组织编制了《全国水土保持科技发展规划纲要》，提出到2020年，建立一个较为完备的集国家、地方与企业为一体的水土保持科学研究体系；建设一批集土壤侵蚀监测、科学研究、试验示范、人才培养、科学普及为一体，高水平的水土保持科技园区和一批小流域综合治理示范样板；在土壤侵蚀预报模型、数字水土保持、退化生态系统的修复机理研究与技术研发等方面取得突破，形成具有中国特色的水土保持理论与技术体系。2010年修订《中华人民共和国水土保持法》。

按照中央要求，国家安排的基本建设投资重点向水利倾斜，水利占农业基本建设投资的比重达70%。1999年、2000年国家计划安排大中型基本建设项目共116项，其中水利占107项，绝大多数为大江、大河和大湖的治理类项目。2011年中央财政小型农田水利工程建设补助专项资金大幅增加，在完成第一、二批850个重点县年度建设任务的同时，以高效节水灌溉和高标准农田建设为重点，启动了第三批400个重点县建设，重点县达到1 250个，覆盖多数农业大县和产粮大县，并向

牧区大县延伸，同时安排专项资金支持西南5省、自治区“五小水利”工程和非农业大县的“卡脖子”工程建设。到2011年底，农田灌溉水有效利用系数约为0.51。同时，根据可持续发展的要求，大幅度增加了生态环境建设的投资。

（四）强化粮食生产基础设施建设，构建农业“七大体系”

1998年以来，国家继续实施粮棉油糖商品生产基地建设、国家级大型优质商品粮基地建设等项目，以提高主产区的粮食生产能力。针对2003年我国粮食生产出现徘徊甚至下降的现象，在继续实施大型商品粮生产基地建设的同时，经国务院批准，2004年起《国家优质粮食产业工程建设规划》启动实施，重点在13个粮食主产省（自治区）的484个粮食主产县（场）建设标准化粮田、优质专用良种育繁基地和病虫害防控项目。此外，从2004年起，国家还从国有土地出让金中拿出一定比例的资金，用于支持农业土地开发，建设高标准基本农田。2011年9月24日国土资源部印发《高标准基本农田建设规范（试行）》，我国首个高标准基本农田建设规范出台，包括土地平整、灌溉与排水、田间道路、农田防护与生态环境保持等，鼓励农民采取多种形式参与工程建设，鼓励群众全程参与。2012年3月国务院批准颁布《全国土地整治规划（2011—2015年）》，明确“十二五”时期土地整治目标任务，部署4亿亩高标准基本农田建设。国土资源部联合财政部印发了《关于加快编制和实施土地整治规划大力推进高标准基本农田建设的通知》，正式拉开了4亿亩高标准基本农田建设的大幕。

开展新一轮“菜篮子”工程建设。2010年，为适应“菜篮子”产销新形势，国务院提出了《关于统筹推进新一轮“菜篮子”工程建设的意见》，农业部组织编制了《新一轮“菜篮子”工程建设指导规划（2012—2020年）》，明确“菜篮子”工程建设方向和重点任务。国家发展和改革委员会会同农业部等部门制定了《全国蔬菜产业发展规划（2011—2020年）》等相关规划，加快扶持“菜篮子”产业发展。南方“南菜北运”基地建设、北方设施蔬菜基地建设、畜禽水产规模化养殖基地建设取得积极进展。2010—2012年，农业部分别支持创建园艺作物标准园1 835个、畜禽标准化规模养殖场3 178个、水产健康养殖示范场1 013个。农业部整建制推进“菜篮子”产品标准化生产，三年累计创建国家级农业标准化整体推进示范县136个。国家质量监督检验检疫总局加强农业标准化管理工作，支持建设了400多个全国农业标准化示范区。新一轮“菜篮子”工程实施以来，各大中城市认真落实“菜篮子”市长负责制，切实抓好“菜篮子”保供稳价工作。2012年35个大中城市蔬菜、水果、肉类、禽蛋产量分别为11 681万吨、2 335万吨、1 524.79万吨、629.94万吨，分别占全国的17.6％、16.58％、18.19％、22.02％。

进一步加强农业支持保护体系建设。2003年，农业部继《优势农产品区域布局规划》之后，在深入分析农业支撑体系现状的基础上，提出了完善、提升和加快建设种养业良种、农业科技创新与应用、动植物保护、农产品质量安全、农业信息和农产品市场、农业资源与生态环境保护和农业社会化服务与管理等“七大体系”的战略构想，并围绕“项目构建工程，工程支撑体系，体系保障发展”的总体架构，编制了《农业“七大体系”建设规划》以及 27 个具体工程建设规划，明确了体系建设的主攻方向，从政策保障、投入保障、服务保障等全方位构建支撑农业发展的综合配套体系。

通过大力投资建设农业基础设施，使我国的农业综合生产能力不断得到巩固和增强，农产品品种和品质结构不断优化，农产品质量安全水平大幅度提高，农业科技创新和应用水平不断增强，农业生态环境进一步改善，农业防灾减灾的能力逐步得到增强，农业市场信息与社会化服务不断完善。

四、大力开展农业综合开发，可持续发展能力进一步增强（2012—2018 年）

2014 年 12 月，李克强同志在中央农村工作会议上指出，目前我国农业发展面临的主要问题为两个“天花板”、两道“紧箍咒”，即目前国内主要农产品价格已高于进口价格，继续提价遇到“天花板”；农业补贴中部分属于“黄箱”政策范畴，受到世贸组织规则限制，部分补贴继续增加也遇到“天花板”。与此同时，生态环境严重受损、承载能力越来越接近极限；资源开发利用强度过大、弦绷得越来越紧。为有效理顺农产品价格机制、促进农业资源可持续利用，既需要进一步发挥市场调节机制，也需要从国家层面调整农业支持战略，由单纯依靠拼资源消耗、拼农资投入、拼生态环境的粗放经营，向注重提高质量和效益的集约经营上转变，由单一的农业生产行为补贴，向增加农业综合开发和农业基础设施建设财政支出的方向过渡，以实现我国农业“量质效”的有效统一，增强农产品竞争力，从宏观上推动农业可持续发展。

（一）财政支农资金总额呈指数型高速增长

这一阶段农业飞速发展，作为促进农业发展的最为重要的资金支柱之一，财政支农资金的总体规模也在快速提高。国家财政用于农业的支出从 2012 年的 5 077.4 亿元增加到 2016 年的 6 250.4 亿元，5 年共计投入 29 142.2 亿元；国家财政用于水利方面的支出从 2012 年的 3 271.2 亿元增加到 2016 年的 4 408.3 亿元，5 年共计投入 19 305.3 亿元；国家财政用于农业综合开发的投入从 2012 年的 462.5 亿元增加到 2016 年的 610.8 亿元，5 年共计投入 2 755.2 亿元（图 5）。

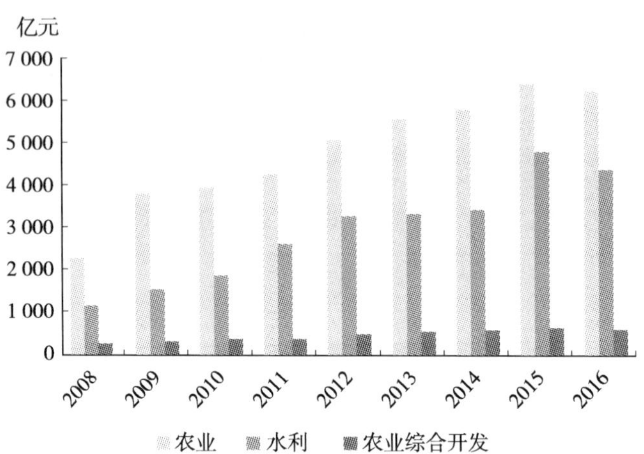

图5 国家财政用于农林水各项支出情况

注：《中国农村统计年鉴》从2015年“国家财政用于农林水各项支出”统计口径发生变化。

资料来源：2017年《中国农村统计年鉴》。

（二）大力投资农业综合开发，多元投入机制形成

农业综合开发是加强农业生产基础设施建设，改善农业生产条件，降低农产品的生产成本，实现农业增效、农村增富、农民增收的重要途径。2012—2016年，农业综合开发资金投入（含银行贷款、自筹资金、中央财政资金和地方财政配套资金）从566.28亿元增加到了740.3亿元，其中中央财政资金从2012年的289.90

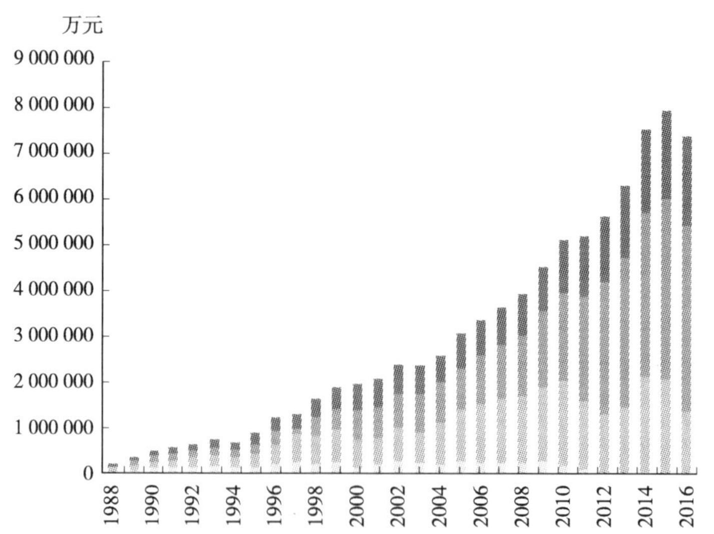

图6 1988年以来国家农业综合开发资金投入情况

资料来源：历年《中国财政年鉴》。

亿元稳步增加至2016年的405.98亿元，地方财政配套资金从2012年的144.58亿元稳步增加至2016年的197.86亿元，自筹资金平均保持在162.84亿元左右。“十二五”期间，中央财政共投入农业综合开发资金1 596.9亿元，年均增长15.3%。地方各级财政5年累计投入811.2亿元。财政资金有效带动了其他资金的投入，农业综合开发共吸引农民及企业自筹资金等各类资金876亿元，逐步形成了政府引导、民办公助、社会参与的多元化投入机制。

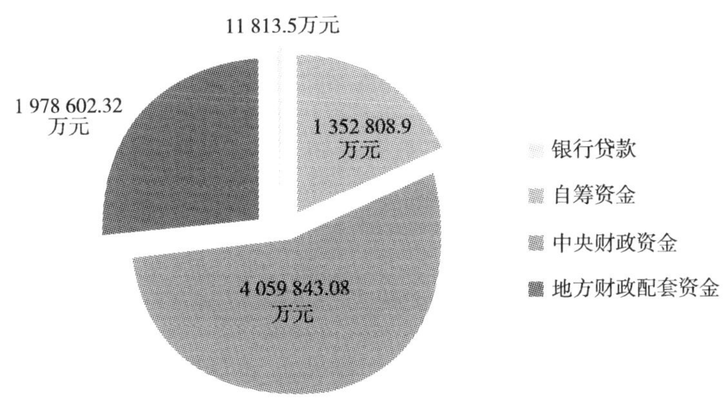

图7　2016年国家农业综合开发各项资金投入情况

资料来源：2016年《中国财政年鉴》。

（三）开展中低产田改造，集中力量建设高标准农田

随着工业化、城镇化的步伐加快，我国耕地资源呈逐年下降减少趋势，耕地面积已经接近1.2亿公顷的警戒线，通过高标准农田建设提高我国的农田综合生产能力尤为迫切。“十二五”期间，中央财政投入土地治理项目的资金共计1 211.51亿元，用于改造中低产田、建设高标准农田；投入农业综合开发产业化项目的资金共计305.8亿元，加大对龙头企业、农民专业合作社等新型农业经营主体的扶持。截至2016年，国家农业综合开发县已经达到52 421个，其中2012—2016年农业综合开发县共计11 552个。

1988年中央财政开始投入以中低产田改造为核心的农业综合开发项目。1988—2016年，累计改造中低产田65 319.73万亩。随着农业生产的发展，中低产田改造已经不能满足粮食生产的需要，提出高标准农田建设标准及规划。2012年，农业部发布了《高标准基本农田建设标准》，以提高农田综合生产能力为目标规范高标准农田的建设。2013年，国务院批复原则同意《全国高标准农田建设总体规划》，提出到2020年，建成旱涝保收的高标准农田8亿亩，亩均粮食综合生产能力提高100千克以上，其中，“十二五”期间建成4亿亩。2017年，国土资源部、国

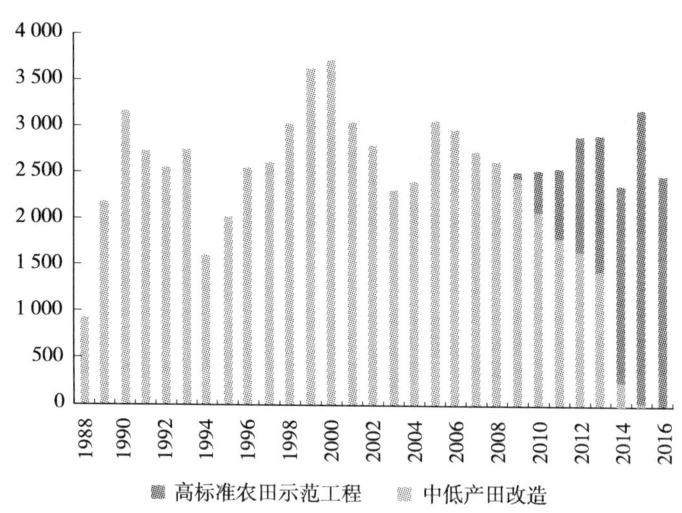

图8 1988年以来国家农业综合开发高标准农田、中低产田改造情况

资料来源：历年《中国财政年鉴》。

家发展和改革委员会联合印发《全国土地整治规划（2016—2020年）》，将全国划分为9个土地整治区，依据土地利用现状、土地整治潜力等，划定11个农用地整理重点区域、12个土地复垦重点区域和9个土地开发重点区域，提出了10项土地整治重大工程；落实藏粮于地战略，积极推进高标准农田建设，在“十二五”时期建成4亿亩高标准农田的基础上，“十三五”时期全国共同确保建成4亿亩、力争建成6亿亩高标准农田。从2012年开始高标准农田建设突破1 000万亩，2016年建设2 471.63万亩，“十二五”期间累计建设高标准农田1.36亿亩。2017年共建成5亿亩旱涝保收的高标准农田，农田有效灌溉面积占比超过52%，设施农业超过5 500万亩，农业靠天吃饭的局面有了明显改观。

（四）农田水利基本建设再掀高潮，大力发展节水设施农业

这一时期，中央各有关部门切实把农田水利作为加快农村基础设施建设的优先领域、作为加强和支持的重点对象，从财政、金融、税收、土地、价格、宣传等方面全方位加大支持和督导力度，及时制定出台了土地出让计提、农村饮水安全工程用地用电税收优惠、基层水利服务体系建设、水利改革发展金融服务等配套政策，千方百计增加对农田水利建设和管理的投入。2012年，水利部、中央机构编制委员会办公室、财政部联合制定出台了《关于进一步健全完善基层水利服务体系的指导意见》，明确了基层水利服务机构的性质与职能，2013年底前全面完成基层水利服务体系建设任务，建立职能明确、布局合理、队伍精干、服务到位的基层水利服务体系。2015年水利部、国家发展和改革委员会等七部门联合印发《全国水土保

持规划（2015—2030年）》，这是新中国成立以来首部在国家层面上由国务院批复的水土保持综合性规划，标志着我国水土保持工作进入了规划引领、科学防治的新阶段。2015年，农业部、国家发展和改革委员会等八部门发布指导我国农业可持续发展的纲领性文件《全国农业可持续发展规划（2015—2030年）》，提出到2020年，要建成集中连片、旱涝保收的8亿亩高标准农田，实施水资源红线管理、推广节水灌溉、发展雨养农业，全国农业灌溉用水量保持在3 720亿立方米，农田灌溉水有效利用系数达到0.55，发展高效节水灌溉面积2.88亿亩。

将粗放型传统农业改造为集约型的现代农业，发展节地、节水型的设施农业是我国现代农业发展的重要趋势。2012年国务院印发《国家农业节水纲要（2012—2020年）》，提出到2020年，全国农田有效灌溉面积达到10亿亩，新增节水灌溉工程面积3亿亩，其中新增高效节水灌溉工程面积1.5亿亩以上；全国农业用水量基本稳定，农田灌溉水有效利用系数达到0.55以上；全国旱作节水农业技术推广面积达到5亿亩以上，高效用水技术覆盖率达到50%以上。为指导各地“十三五”期间做好1亿亩高效节水灌溉建设工作，水利部、国家发展和改革委员会、财政部、农业部、国土资源部于2017年1月26日联合印发了《“十三五”新增1亿亩高效节水灌溉面积实施方案》，明确“十三五”期间全国新增高效节水灌溉面积1亿亩，其中管道输水灌溉面积4 015万亩，喷灌面积2 074万亩，微灌面积3 911万亩；到2020年，全国高效节水灌溉面积达到3.6亿亩左右，占灌溉面积的比例提高到32%以上，农田灌溉水有效利用系数达到0.55以上。方案实施后，可新增年节水能力85亿立方米，新增粮食生产能力114亿千克，省工2.48亿工日/年，同时还可改善地下水超采区生态环境，提高化肥、农药的使用效率，减轻面源污染。2019年4月，国家发展和改革委员会、水利部联合印发《国家节水行动方案》，7月印发《〈国家节水行动方案〉分工方案》，明确到2020年，农田灌溉水有效利用系数提高到0.55以上。

“十二五”期间，全国发展高效节水灌溉面积1.2亿亩，形成年节水能力150亿立方米，农田灌溉水有效利用系数由2010年的0.50提高到2015年的0.53以上。2012—2016年，新增和改善农田灌溉面积共计76 201.04万亩，新增和改善除涝面积共计29 515.03万亩，增加林网防护面积共计3 798.35万亩，新增农机动力79.17万千瓦，2016年新增机耕面积137.59万亩。2012—2016年，改造中型灌区节水配套357个，截至2018年全国节水灌溉工程面积达5.3亿亩，累计实施400多处大型、1 200多处重点中型灌区续建配套和节水改造。

（作者单位：农业农村部农村经济研究中心当代农史研究室）

城乡关系发展与农民创业的互动进程

张静宜

农民创业是在城乡经济社会发展转型过程中发生的重要经济现象，新中国成立以来特别是改革开放以来经历了城乡关系发展的不同阶段，农民外出、返乡和创业的实践也呈现出不同的阶段特征和发展趋势。本文通过分析农民创业与城乡关系的互动来梳理农民创业的发展脉络，反映城乡关系中农民创业变迁的内在逻辑，从而总结农民创业发展的历史启示。

一、新中国成立以来的城乡关系和概况

新中国成立以来，党和政府对城乡关系的安排总共经历了四次比较大的转变，这是由不同的政治、经济、社会发展阶段所决定的。第一次是新中国成立后以农村为中心转向以城市为中心，党和国家的实际情况决定革命的中心在农村，但革命胜利后，振兴国民经济需要发展城市和工业，于是逐渐形成了城市优先、重工业优先的政策导向。第二次是社会主义改造结束后直至“文化大革命”时期，社会主义道路探索中城市工业发展遭遇瓶颈，国民经济整体停滞不前、效率低下，因此乡村工业的发展提到重要日程，开始在农村探索工业化发展之路，城乡工业在二元体制下呈现了不同的发展路径。第三次是改革开放时期，农村改革成功推动了城市各方面的改革举措，城乡改革促进劳动、资金、技术要素的交流和互动进入新水平。第四次是 21 世纪以来中国经济社会发展具备一定基础，有能力开展城市支持农村、工业反哺农业，一系列“三农”问题也要求城乡关系协调发展，党和国家开启了建设社会主义新农村、美丽乡村到实施乡村振兴战略的进程，资金、技术和劳动力等要素在城乡之间的流动进一步优化。

新中国成立初期，农村的经济秩序基本稳定，但城市面临发展萧条、通货膨胀、需求不足等问题。为了增强对工业的支持，开始扩大工农产品“剪刀差”。同时，由于城市存在失业问题，党中央采取限制农村人口向城市流动的政策，并鼓励城市失业人群返乡从事生产劳动，通过大力发展农副业来转移城乡过剩的劳动力。1953 年“一五”计划开始，通过统购统销体制割裂了农民与市场的关系，变为直

接从农民手中提取剩余，并对个体农业进行了合作化的社会主义改造。这在一定程度上提高了农业生产率，也使得农村产生了大量的剩余劳动力。城市大规模的经济建设就业机会的增加，吸引了大量的农村剩余劳动力盲目流向城市，给城市管理带来很大的负担。因此，政府劝止农民盲目流入城市①。“多余劳动力的出路在农村”，城市中不能升学和就业的青年被鼓励积极投身到“上山下乡”的农村建设中。城乡关系上，由统购统销、人民公社和户籍制度三位一体的城乡二元体制形成。

1956 年社会主义改造结束后，工业化进程中城市工业一头独大的问题凸显，城乡壁垒和发展的不对等制约了发展，因此有必要发展农村工业缓解城市工业压力。发展农村工业有助于实现工业化目标，同时在农业农村内部可以解决就业问题，防止劳动力无序流动。农村工业和城市走出了不同的发展轨迹，1958 年开始的“大跃进”在农村第一次掀起的大办工业的高潮，浮夸的生产方式造成了劳动力不足的虚假繁荣，城市开始向农村扩招工人，但随后引发了粮食和副食品供应紧张和效率低下等问题。1961 年提出“调整、巩固、充实、提高”八字方针，农村工业经历了一个整顿、限制的过程。工业化进程与劳动力流向紧密相关，此后，国家精简城镇职工，大力鼓励青年到农村去。据统计，1961—1963 年实际净减少职工 1 751 万名，全国共动员 30 万城市青年上山下乡②。

到了“文化大革命”时期，通过“五七干校”、“上山下乡”，大批的干部、知识分子和青年学生到农村，除了政治考虑，也是一种解决就业的途径。据统计，1967—1979 年，共有 1 647 万名知识青年上山下乡③。当时的理想化设计是：这些人到农村去，既接受锻炼，又能给农村带去科学知识，还能改善城乡关系互动。但现实相反，知识分子和技术人员到农村，不仅造成城市人才流失和严重的人才断层，而且由于他们缺乏农业生产经验，虽然耗费了大量人力、物力进行迁移，在农村也没有受到欢迎，反而增加了农村的压力④。条件不成熟的情况下推动的人才下乡和城乡人才交流没有起到预想的效果。与此同时，20 世纪 70 年代初，农村剩余劳动力持续增加，农业机械化资金短缺，同时城市工业品生产效益低下，造成了工业品供给缺口。在这一特定环境下，中央允许农民兴办企业，劳动力在社队企业得到了初步的锻炼，为改革时期乡镇企业的异军突起和乡村工业的发展奠定基础。

二、城乡交流中农村创业的起步发展

以家庭承包经营制度为核心的农村改革促进农产品和农村劳动力出现双剩余，

①④ 陈立国，易文彬，2011. 建国以来中共对城乡关系的认识与政策演进 [J]. 南昌大学学报：人文社会科学版，42 (4)：43-48.

②③ 武力，郑有贵，2004. 解决“三农”问题之路 [M]. 北京：中国经济出版社.

农村劳动力获得从事农业劳动的退出权（蔡昉，2011）。中央颁布了一系列放开搞活政策，取消对农民非农就业的限制。农村分工分业逐渐活跃，“八亿农民搞饭吃”的局面开始改变，农村第二、三产业获得新发展。1979 年 2 月，党中央、国务院批转了第一个有关发展个体经济的报告，允许“各地可根据市场需要，在取得有关业务主管部门同意后，批准一些有正式户口的闲散劳动力从事修理、服务和手工业者个体劳动”，在计划经济的僵化体制中打开了市场口子，“个体户”从此应运而生。农村改革之初，劳动力向城市转移的渠道仍未打通，刚刚发展起来的城市吸纳能力极为有限，于是人口在小区域集中、大范围分散成为必然选择，乡镇企业异军突起，乡镇企业成为非农就业的主要渠道，大量农民进入乡镇企业就业，形成了“离土不离乡”的农村剩余劳动力转移模式。以乡镇企业为载体和渠道，农业农村发展获得大量资金和要素，促成了 80 年代整个农村经济的繁荣和农民收入的持续增长。乡镇企业的本质就是农民的创业创新（陈建光、宗锦耀，2018）。

20 世纪 80 年代中期，农村劳动力得以允许向城市流动。1984 年，国务院放宽了农民迁移进镇的标准，允许务工、经商、办服务业的农民自理口粮到集镇落户。1985 年，允许农民进城开店设坊、兴办服务业、提供各种劳务，进一步打开了地域流动和非农就业的闸门。1986 年，允许国营企业招收农村劳动力。这一时期，劳动密集型产业在东南沿海率先形成规模，开始形成对农村劳动力的需求。随着经济改革的中心由农村转向城市，城市的发展又给农村劳动力的流动创造了新的空间。农民在非农领域和跨区域寻找就业创业机会的选择空间不断扩展，出现了改革后第一次“民工潮”。但到 80 年代末，劳动力大规模流动带来的社会治安、交通运输等问题凸显，城市管理明显不适应这一新形势，政策由“允许流动”转向“控制盲目流动”。1989 年，农业劳动力出现了少有的逆向流动，农业劳动力的转移进入一个相对停滞的时期。外出遇阻使得剩余劳动力不得不在农村内部寻求发展空间，乡村集体及其带动下的农村能人创业初步发展起来。1992 年党的十四大后，社会主义市场经济改革全面推进，极大启发了城乡创业的市场机会。90 年代初，市场化改革下各种凭票证供应制度被取消和废除，劳动部门对劳动力流动的管控有所放松，进一步促使向城市大规模跨区域转移，形成了“离土又离乡”的转移模式。外出务工是对农村劳动资源的有效开发和锻炼，农民工因此蓄积了返乡创业的基本起步条件和能力（胡雯、胡俊波、张毓峰，2013）。90 年代中后期，受亚洲金融危机的影响，加之城镇国有企业战略重组中“抓大放小、减员增效”的目标要求下，城镇出现了大量的下岗失业现象，为了应对就业压力采取“腾笼换鸟”政策，再次加强对外来务工人员的管理限制，农民外出务工的增速放缓。这对具有创业动机和能力的农民工返乡形成了“倒逼”，部分农民工利用进城务工所获技能和资金、社会资源，返乡并开始了早期艰难的创业。

城乡交流中农村干事创业的机会多了起来。1980 年以卖纽扣为生的温州章华妹第一个拿到个体工商户营业执照。安徽年广久靠卖瓜子致富，还因大量雇工引发“个体户雇多少人才是剥削”的辩论。广东肇庆农民陈志雄承包鱼塘搞规模养殖也引发了一场大讨论，被称作“鱼塘风波”。这些“农民精英”抓住了农村改革放活中涌现的创业机会，开始了突破计划经济界限的创业尝试。个体经济和私营经济遍地开花，在城市的边边角角和农村乡镇得到长足发展。流通领域的市场化改革也开发出新的创业机会，跟随市场价格的信号，从服装电器到日用百货，把南方沿海的东西运回内地，把内地的东西倒腾到南方，就凭跑个差价，有的率先成了万元户。借助时代的机遇，第一批农民创业获得了资本原始积累。90 年代末，外出务工大趋势中第一次返乡高峰后，返乡创业显露出风起于青蘋之末之势（崔传义，2018）。早期的返乡创业多是诱致性自发行为，具有偶然性、分散性、被动性和无序性。因外地就业困难而返乡的被动回流的农民工占 56.6%，而以回乡投资为目的的农民工仅占 2.5%，其余为因个人原因或家庭原因的返乡回流，调查数据并不支持“创业神话”。且返乡创业实践大多回到原来的经济结构中，没有显示出新的变化（白南生、何宇鹏，2002）。但这是特定历史条件下的折中选择与意外收获，对农民创业精神和开拓精神起到激发作用（胡雯、胡俊波、张毓峰，2013）。

三、产业转移和结构转型下的创业发展

进入 21 世纪，国家发展面临的内外环境日趋复杂，产业结构加快转型，就业结构随之变化。沿海和中西部地区在土地、资本和劳动力等要素禀赋结构上发生战略性转变，沿海发达地区土地、劳动力等要素成本上涨，在土地紧缺、环境恶化、成本及政策的压力下调整升级产业结构，劳动密集型产业加速向中西部地区转移。中西部地区则显示出劳动力低工资带来的低成本以及能源资源的低价格等方面的优势（纪志耿，2012）。西部大开发、中部崛起等区域发展战略极大地推动了我国地区经济发展速度和发展格局的相对变化，对城乡人口流向和区域劳动力供求关系产生了深刻的影响。地方政府高度重视劳动密集型产业承接，引才回乡的政策优势为农民工返乡创业提供了支持和吸引力，中西部地区已具备吸纳东部劳动密集型产业转移的条件。

2004 年，在珠三角地区出现了改革开放以来首次“民工荒”，农民工劳动力开始紧俏起来，这是一个重大变化。恰逢经济发展掀起热潮，大规模投资兴起，也是中央政府加大对农业农村投入的开始。经过二十多年的实践，劳动力的流动决策理性化，“用脚投票”的意识觉醒。大规模的返乡潮与城市用工荒并存成为当时人口流动与区域劳动力供给变化的新特征，对区域社会经济的发展有着深远的影响（牛

建林，2015）。劳动力供给出现高级技术工人缺乏和低技术劳动力需求趋向饱和的结构性短缺。一般来说，低素质的劳动力与城市部门的要求相距甚远，因此对城市产业升级与技术进步创造的新的就业机会，农民因受自身条件约束而一般难于获得（蔡昉，2017）。沿海发达地区劳动力密集产业转移步伐的加快以及中西部发展条件和环境的改善，使得农民工返乡创业的拉力逐渐增大，自发返乡创业开始集中发展起来。

在劳务经济发展的初期，劳务输出是贫困欠发达地区转移农村富余劳动力的主要形式，最直接的作用是增加了农民的收入，提高了劳动者的素质，但对输出地的经济发展作用并不明显。中国在改革开放时期的经济增长，恰好对应着劳动年龄人口迅速增长的人口转变阶段，具有劳动力无限供给的特征，经历了一个完整的二元经济发展过程（蔡昉，2017）。在这个过程中，农村大量的人、财、物向城市流动，而从城市向乡村的流动则非常有限，导致城市繁荣聚集而农村落后空心化（向军，2018），引发了一系列农村问题。返乡创业打破了由要素外流导致的发展弱势，让欠发达地区获得发展的动力源。

党的十六大之后，城乡关系的定位开始扭转，公共政策进入统筹城乡发展、以人为本、公平对待的发展阶段。农村劳动力转移政策发生由限制转变为引导的根本性变化，重视保障农民工的合法权益，有关部门开始着手解决农民工工资拖欠、就业服务和培训、社会保障等问题。2003 年国家取消了对农民外出务工就业的限制，明确了农民工产业工人的身份。2006 年时任总理温家宝肯定了鼓励返乡创业是转移农村富余劳动力的一条重要路子。2007 年 3 月温家宝回信遵义农民创业者张明富，鼓励农民工回乡创业，对农村经济社会发展具有重要意义，政府应该予以鼓励和支持。这一时期对返乡创业意义的认识有明显提升，外出务工带动创业成为新的思想认识。

返乡创业的形式多是在小城镇和集镇开店，或在劳动力资源丰富的村庄办厂。外出劳动力就近就业创业的发展，促进地区自给性需求扩大，消费需求也增长，为发展农村服务业提供了空间。据国务院发展研究中心 2009 年对 3 026 名返乡创业农民工的调查，1990 年以前返乡创业的农民工只占 4%，1990—1999 年返乡创业的农民工占 30.6%，2000 年之后返乡创业的农民工占 65.4%。打工潮后孕育了一个创业潮，这是城乡发展和农村就业出现的新的特点和新的动向。顺应这一趋势，地方政府开始注重多渠道转移农村剩余劳动力并积极实施各种形式的“回引工程”，启动支持返乡创业的优惠政策。各地有关部门及时研究掌握劳务回流方面的信息和发展动态，加强沟通联系，制定优惠政策，营造良好环境，鼓励外出务工人员利用他们在外形成的新观念、掌握的技术技能、管理经验和积累的资本优势，回乡创办实业，吸纳农村富余劳动力，拉动就业增长，引导形成“外出挣钱、回乡创业、建设家乡”的良性循环。

四、金融危机和新农村发展中的返乡创业

国际金融危机对世界各地经济领域产生了深刻的影响，也对中国的制造业带来了严峻挑战，农民工就业集中的出口导向型和劳动密集型企业经营发生困难。农民工为代表的流动人口首当其冲遭遇就业困难，来自内地的农民工陆续返乡。2009年初的“千万农民工返乡”的现象引起了政府和学界的极大关注。据中央农村工作领导小组办公室主任陈锡文介绍，在一亿三千万外出就业的农民工中，有15.3%的农民工现在失去或没有找到工作，返乡农民工数量巨大。这时的“返乡潮”被认为是“失业潮”的一种标志，引发政府和学界极大担忧。但是，实践并不似想象得那样悲观，多数返乡农民对回到家乡后的生活还可以接受，这主要缘于党的十六大以来，取消农业税为代表的“多予少取放活”政策，以及2005年开始建设社会主义新农村带来的基础设施的改善，农村生产生活条件有了显著改变，成为一部分人返乡发展的基础条件（梁海艳，2015）。有意思的是，回城农民工也没有出现失业的现象，甚至个别地区还再次出现了“民工荒”的现象（段成荣等，2012）。

不到半年，峰回路转，外部环境转好后，这些返乡大军迅速踏上进城之路，并投入到工作岗位之中。所以，千万农民工返乡的巨大压力，随着经济预期恢复和宏观经济形势转好而得以消解。最终，因金融危机失业造成的农民工返乡并留在农村的人并不多。这次冲击带来的返乡是结构性的。根据贺雪峰（2009）的研究，受金融危机影响，年龄偏大的劳动力被释放出来，中青年人在城市找到工作的情况则比较乐观。产业结构转型升级的过程中，对普工的需求增长整体趋缓，对技工的需求增长，而在劳动密集型出口企业中，现代化生产线对普通工人的需求减少，情况通常是年龄偏大的普工首先被裁员，青年人则尚能找到或保住岗位。

国际金融危机时期，从中央到地方密集出台了返乡创业的扶持政策，倡导化危为机，以返乡创业带动就业的理念进入决策层。在舆论和政策环境的优化、统筹城乡战略下县域生产生活条件的持续改善、农村劳动力人力资本开发积累等多重影响下，农民工返乡创业加速发展。在一些地区，打工后创业虽然初步兴起，但在一些劳动输出大省，已经初具规模，比较普遍。如四川、安徽等地，回乡创业人员比例达到3.8%。根据韩俊等人的研究，农民工回乡创业热潮正在兴起，并提出回乡创业作为外出打工的一种派生现象，对拓展农村就业、发展县域经济有着重要的积极意义。返乡农民工创办的企业以个体工商户和小型企业为主，年收入水平不高，创业主要以解决生存和自身就业为主，具有生存推动的特点，存在创业成功率低、项目同质化且缺乏后劲、政策惠及面小、政策时限短等问题，返乡创业对当地税收、就业贡献都比较小。农民工能力、社会资源有限，更是难上加难，因此这次返乡创

业很难形成气候。作为农民工“小打小闹”的尝试，地方政府对他们的重视程度虽然较前期有所提高，但也很有限。地方政府的政策支持逻辑仍是寄希望于招商引资，对农村普通劳动力主要是发展劳务经济。这是由当时的发展阶段所限。随着时间的推移，由危机触发的时效性扶持政策逐渐退出，政策支持体现出应急性、非系统性特点。

农业农村发展面貌得到极大改观，政策支持“三农”的力度增强和制度创新使发展现代化农业成为“有利可图”的发展机会，吸引部分返乡农民工向农业生产经营及农产品加工、流通和农业服务领域创业。此时的农业生产者已不是传统意义的农户，而是转型成为追寻市场经济信号、调配生产资源、布局渠道网络的市场主体。第二产业上，在沿海地区劳动密集型产业向劳务输出的欠发达地区渐次转移和城乡双重社会关系网络作用下，开展劳动密集型工业的返乡创业渐增，劳务输出与流入地间跨区域联营的新兴形式出现，部分具有相当规模和较高技术水平的企业在乡镇范围内发展壮大。农村的第三产业则受益于农村基础设施和公共服务的显著改善以及农村市场规模的逐渐扩大，农村生产生活服务业蓬勃发展起来，成为最具有发展潜力的创业领域。

2012年，受传统出口产业不振、房地产宏观调控等因素影响，以前在春节前才出现的集中返乡在多地提前出现。外出务工和返乡创业同时存在、各自发展，农民工中的先进群体在外出经历中完成了人力资本和资金资源的积累，成为掌握技术和管理经营知识的管理层或老板，第一代农民工也开始进入了返乡的生命周期，由于城乡二元体制的限制，返乡是这部分人的必然选择，而返乡后创业则是许多人的奋斗目标。

五、乡村振兴和双创热潮下的新发展

2014年迎来刘易斯拐点后，劳动供给和流动进入新的阶段。农村可供转移的人口绝对量开始减少，外出劳动力的增长趋于停止，劳动力重新配置的空间大幅度缩小（Cai等，2016）。城乡普遍出现了劳动力短缺现象，普通劳动者的工资率持续上涨，我国进入劳动力结构性短缺时代。同时，经济进入速度放缓、结构调整的换挡期，在经济和就业压力大的时候，返乡创业却在较快发展，这是一个值得重视的现象。

返乡创业在发展环境变化和体制机制改革中不断发展。在转型升级、传统产能过剩的背景下，创业主体敏锐意识到，家乡农村对资金、技术、人才、新产品的需求潜力很大。在消费升级的背景下，消费者追求绿色、优质、创新的农产品，促使高价值农业成为返乡创业关注的新热点，创业精神受到进一步激发。农村成为价值洼地、成本洼地和机会洼地，加上“三农”政策的红利，劳动力从“孔雀东南飞”转化为“春暖燕归巢”，返乡创业就业规模逐年增长。分布上则由“星星点灯”向“星罗棋布”转变，由返乡创业作为推动型单位形成小范围的集聚，正成为县域经济逆势崛起的先导和重要支柱（渠章才、李洁萍，2018），进而成为城乡发展的重要一环。返乡创业是培育县域经济增长极的重要途径，利用创业主导产业的联动效应带动产业链发展，弱化极化效应的路径依赖、成本因素和门槛效应，启动并扩大了扩散效应。在中西部地区，基础设施加强，发展资源优势显现，产业转移和家乡发展的机会更多、质量更高，将提升的人力资本与家乡的资源优势结合成为顺势而为的理性选择。

这一阶段返乡创业的发展与经济周期和农民工的外出返乡生命周期暗合。第一代农民工已经老去并逐渐走到了“去”与“留”的关键节点（赵迪，2018）。从整体看，大部分人继续追随城乡收入差距的信号流动就业，还有一部分利用外出积累的资本，抓住家乡发展条件改善、资源潜力凸显、土地流转和适度规模经营的机遇，两种选择皆为大势所趋，前者为城镇化趋势，后者为农村区域发展的必然，二者在乡村振兴的作用上可谓殊途同归。此时的返乡创业显示出不同以往的新特征，一是返乡创业将劳动力单向流动转向双向流动的格局。二是返乡后的创业更加具有目的性、计划性、主动性、可行性，返乡创业主体的成长、企业家精神与农村的发展机会时机匹配、互为促进，成长了的主体和发展了的环境相向而行。三是返乡创业多元化发展、转型升级特征明显，推动后发地区、弱势地区产业的创新集聚发展，引领农村地区经济发展方式的转变，形成产业集聚、创业就业、脱贫增收、新型经营主体培育多维联动。从这个意义上看，返乡创业是一场基础性变革，具有扎根性和发展后劲。

返乡创业是城乡关系转化的必然结果。21 世纪的前十年，城乡二元结构的内涵和发展阶段出现了根本转变。国家不再从农村收取农业税和农业税附加，反而通过“以工促农、以城带乡”向农村转移资源，城乡互动的壁垒逐渐消除，城市和农村在国家发展中的战略定位逐渐清晰。推进城乡发展一体化迈向融合发展，促进城乡要素平等交换和公共资源均衡配置、推动城乡协调发展，是工业化、城镇化发展到一定阶段的必然要求。党的十九大提出实施乡村振兴战略，乡村振兴战略让技术、资金与人才向乡村流动，抓住了解决乡村发展滞后、城乡失衡问题的重点。返乡创业是形成以工促农、以城带乡的有效载体，是工业反哺农业、城市反哺农村的一种形式，也是乡村产业振兴和人才振兴的力量来源。农业农村部认为，返乡创业出现在大众创业、万众创新和农业农村稳定向好发展的大背景下，是城乡融合发展的结果。农业农村正成为创业创新的热土。

政府对返乡创业的重视程度明显提高。2015 年“大众创业、万众创新”写入政府工作报告，成为中国经济增长的新引擎和经济提质增效升级的有效手段。返乡创业促进乡村振兴的作用得到中央的重视，国务院连续出台《关于支持农民工等人员返乡创业的意见》《关于支持返乡下乡人员创业创新促进农村一二三产业融合发展的意见》等文件，对支持返乡创业做出全面部署。有关部门、地方政府为推动落实返乡创业创新实施了一系列有力举措。随着农村经济社会的发展和就业创业环境的改善，返乡创业的吸引力增强，数量规模增长，总体发展形势较好。2017 年 7 月，各类返乡下乡创业人员达 700 多万人。国家采取一系列强农惠农富农政策措施，加大农村基础设施建设力度，加快城乡融合发展步伐，畅通城乡资源要素流动渠道，鼓励有知识、有资本、有能力的人员返乡下乡创业创新。这一轮返乡创业热潮是政策推动、科技驱动、市场带动和乡情拉动综合作用的必然结果。

六、结语

农民创业的发生发展与经济社会转型共振，与城乡关系转型和城镇化发展同步，与农村改革振兴呼应，在主体能力、产业形式、政府支持等方面实现了转型升级，并在特定的历史条件背景下发挥了阶段性作用。返乡创业潮是在城乡二元结构转换、劳动力流动放缓、城乡关系历史性转化的背景下发生的，背后是经济社会发展阶段和结构转型的大趋势、大逻辑，城乡关系变化、特别是农村发展是返乡创业发展的主要原因，中青年农民工返乡受到农村发展拉力增强和发展机会涌现的促进。在政策、市场、家庭等多方拉力促进下，农民创业特别是返乡创业发展是社会经济发展转型的必然结果。

农民创业为不发达地区带来先进的技术、经验、观念与发展资金等要素，以农村区域的特色资源为基础，依托相关产业链发展，推动政策、技术、资本等各类要素向农村创新创业集聚。同时创业者通过有效识别创业机会、动员资源、替代性规模创业组织等方式，利用社会资本网络等渠道进一步推动地区内的创业集聚（刘杰、郑风田，2011）。在创业带动下，特定产业集群的生产要素、需求条件、相关支持性产业、组织管理和竞争环境等逐渐完善，有效推动了乡村产业振兴。

参考文献

白南生，何宇鹏．回乡，还是外出：安徽四川二省农村外出劳动力回流研究［J］．社会学研究，2002（3）．

蔡昉．改革时期农业劳动力转移与重新配置［J］．中国农村经济，2017（10）：2－12．

蔡昉．劳动力迁移的两个过程及其制度障碍［J］．社会学研究，2001（4）：44－51．

程名望，史清华，徐剑侠．中国农村劳动力转移动因与障碍的一种解释［J］．经济研究，2006（4）：68－78.

程伟，陈遇春．多重理论视角下农民工的返乡创业行为研究［J］．中州学刊，2011（1）：71－74.

樊新生，覃成林．我国欠发达地区企业集群形成与演化过程初步研究：河南省农村地域企业集群的调查与思考［J］．经济地理，2005（3）：320－323.

胡雯，胡俊波，张毓峰．农民工返乡创业历史流变：阶段演进及内在逻辑［J］．农村经济，2013（8）：97－101.

纪志耿．资源与亲情双重张力下农民工返乡创业的“四川模式”［J］．经济研究参考，2012（54）：25.

李强．影响中国城乡流动人口的推力与拉力因素分析［J］．中国社会科学，2003（1）125－136.

梁海艳．流动人口的返乡与外出意愿研究：基于安徽、四川、河南、湖南、江西、贵州六省数据的分析［J］．南方人口，2015，30（1）：58－69.

刘杰，郑风田．社会网络、个人职业选择与地区创业集聚：基于东风村的案例研究［J］．管理世界，2011（6）：132－141.

刘永生，代洪宝．内生式农村发展模式中农民工返乡原因分析［J］．新西部：理论版，2015（10）：13＋8.

牛建林．城市“用工荒”背景下流动人口的返乡决策与人力资本的关系研究［J］．人口研究，2015，39（2）：17－31.

渠章才，李洁萍．贫困县在返乡创业中逆势崛起的区域经济学分析：以山东莘县县域经济的逆势崛起为例［J］．农村经济与科技，2018，29（17）：207－210.

盛亦男，孙猛．农民工返乡的经济学分析：以托达罗模型为视角［J］．人口研究，2009，33（6）：102－109.

王朝云，梅强．产业集群中的创业要素与创业活动分析［J］．科技进步与对策，2011（1）：45－51.

王佳宁，刘传江，梁季，夏锋．农民工等人员返乡创业的政策匹配 改革传媒发行人、编辑总监王佳宁深度对话三位专家学者［J］．改革，2016（8）：18－31.

王肖芳．农民工返乡创业集群驱动乡村振兴：机理与策略［J］．南京农业大学学报（社会科学版），2018，18（6）：101－108＋160.

向军．重塑城乡关系，走好城乡融合发展之路［N］．四川日报，2018－03－28（006）.

赵迪．第一代农民工返乡就业与养老问题［J］．农业部管理干部学院学报，2018（1）：55－60.

赵君，蔡翔，赵书松．农村小微企业集群的基本特征、发展因素与管理策略［J］．农业经济问题，2015（1）：73－78.

周其仁．机会与能力：中国农村劳动力的就业和流动［J］．管理世界，1997（5）：81－101.

（作者单位：农业农村部农村经济研究中心当代农史研究室）

新中国成立70年扶贫演变的思考

冯丹萌

从历史发展的维度来看，扶贫的本质其实是解决或者缓解人与人之间、群体与群体之间、区域与区域之间的不平衡问题，而区域之间最显著的就是城乡之间的关系。城市与乡村先后经历了分离—对立—融合的不同关系，从中国发展历程来看，由于长期城乡二元结构的形成和发展，城市与乡村之间的关系演变自始至终影响着中国社会结构的变化，也影响着中国扶贫的方向和内容。本文以城乡发展关系为研究脉络，重点分析新中国成立70年以来中国扶贫思路的演变。

一、新中国成立初期的扶贫困境（1949—1978年）

随着中华人民共和国的成立，中国整体进入了一个崭新的发展阶段。然而，经过了之前长时间的战争，中国经济受到严重打击，无论城市还是农村，经济发展都较为滞后，发展面临瓶颈。此时，城乡之间处于相对较弱的相互依存关系，虽然受到世界上“城乡二元结构”的影响，城乡之间独立存在但又相互影响，对于中国而言，由于城市在当时整体结构中所占比例较低，而且城市的经济发展水平较弱，城市与乡村并没有产生经济活动的交集，城市的功能体现不突出。

为了尽快缓解大面积贫困、复苏整体经济，政府在这个阶段制定了大量的政策来缓解经济发展困境及贫困问题。1950年颁布《中华人民共和国土地改革法》，1952年底，全国基本上完成了土地改革，由之前的地主土地所有制改革为农民土地所有制，1953年开始对农业的社会主义改造，把土地等农业生产资料由私有制变为社会主义公有制，实行集体经营，进一步提高了农业生产力。

在此阶段，主要通过依靠农业经济的整体发展来带动扶贫，中国扶贫理念还未明确，扶贫工作机制也未形成。

二、改革开放以来的中国扶贫大迈进（1978—2011年）

改革开放初期，中国扶贫进入了真正的探索时期，也正是在这个时期，中国扶贫通过层层突破、步步递进，逐步形成完整的、系统的、具有规模的扶贫体系。在这个时期，中国贫困人口由初期的97.5%降低到2000年的10%左右，是中国扶贫历程中最为突出、最具历史性的一个阶段。当然，这种成就和发展也并不是一蹴而就的，而是前后通过几个阶段的摸索、改进和创新，从城乡发展背景及扶贫方式来看，大体可以分为面—域—块—线的扶贫脉络。

(一) 改革热潮释放出“面”的扶贫（1978—1994年）

1978年，十一届三中全会确定了把全党工作着重点转移到社会主义现代化建设的重要基调，这也标志着改革开放的开始。在这个时期，改革开放的热潮使农村整体性地发展起来，贫困状况也得到全面的改善。

首先，改革开放后，国家开始实行家庭承包经营制度，在土地公有制的基础上把土地长期包给各家各户使用，分户经营，自负盈亏，适应了农村生产力发展水平，极大地调动了农民的积极性，解放了农村生产力，推动了农业生产的发展，农民生活水平也得到极大地提高，据统计，1978—1994年，粮食产量增加2.7%，棉花产量增加3.7%，水果产量增加10.7%，肉类产量增加9.2%，乡镇企业总产值增加近5倍（表1）。农业发展迅速，全面改革带来的红利迅速普及到整个农村地区，贫困人口生活水平得到较大改善。

表1 1978—1994年中国主要粮食产量产值

单位：万吨，万元，%

	1978年	1994年	增速
粮食	3 047.7	4 451.0	2.7
棉花	216.7	1 989.6	3.7
水果	657.0	3 499.0	10.7
肉类	856.0	3 693.0	9.2
水产品	466.0	2 146.0	9.5
乡镇企业总产值	846.7	45 376.0	

资料来源：范存会.1978—1995年前后农业和农村经济发展［EB/OL］. http://blog.sina.com.cn/s/blog_4150f5d90102wq3b.html.

其次，在扶贫方式上，国家也开始进行有针对性、系统性的扶贫举措，扶贫开发体系也更加完整、系统化。1986年5月16日，成立了国务院贫困地区经济开发领导小组，领导全国扶贫开发工作。同时，明确扶贫对象和重点是贫困县。贫困县的确定经历了以下过程：1986年国家根据贫困程度确定了331个国家重点扶持贫困县，各省份另确定368个省级重点贫困县；1987年，《国务院关于加强贫困地区经济开发工作的通知》针对我国18个集中连片贫困带划定了592个国家重点贫困县，确立以县级行政单元为地域单元的扶贫标准，进行全国性的县域扶贫。

经过几年的大面积整体扶贫，截至1994年，中国扶贫成效初显，贫困人口从1978年的7.7亿人减少到8 000万人，国家重点贫困县农民人均纯收入从206元提高到484元；此外，贫困人口的分布面积大幅度缩小，从全国各地大面积贫困状况缩小到699个县，其中国家重点扶贫县331个。

（二）“域”的扶贫：西部大开发（1995—2001年）

1995—2001年，国家扶贫情况得到整体改善，但是随着改革开放对农村红利释放的逐渐降低，城市与农村之间的差距进一步扩大，农村贫困问题仍然面临严峻挑战。同时，由于区域间经济发展不均衡，西部地区与东部沿海地区的差距也逐渐突出，为了缓解区域间的发展差距，国家开始实施针对区域的扶贫战略，重点向西部倾斜。2000年1月，国务院西部地区开发领导小组召开西部地区开发会议，研究加快西部地区发展的基本思路和战略任务，部署实施西部大开发的重点工作。2000年10月，党的十五届五中全会通过《中共中央关于制定国民经济和社会发展第十个五年计划的建议》，把实施西部大开发、促进地区协调发展作为一项战略任务，强调：“实施西部大开发战略、加快中西部地区发展，关系经济发展、民族团结、社会稳定，关系地区协调发展和最终实现共同富裕，是实现第三步战略目标的重大举措。”

同时，国家也进一步调整扶贫战略。1994年3月制定《国家八七扶贫攻坚计划（1994—2000年）》，用7年时间基本解决8 000万贫困人口温饱问题。该计划标志着我国开始实施有计划、有目标、有组织的扶贫方针，是我国扶贫理念的重大转变，也是扶贫行动上的重要升级。1996年9月出台《关于尽快解决农村贫困人口温饱问题的决定》，制定了一系列专项扶贫开发重大政策措施，进一步加大了扶贫投入和工作力度。继完成国家“八七扶贫攻坚计划”后，2001年5月《中国农村扶贫开发纲要（2001—2010年）》出台，这是进入21世纪后指导我国扶贫开发的纲领性文件。

（三）“块”的扶贫：集中连片特困地区（2001—2011年）

2011年，国家出台《中国农村扶贫开发纲要（2011—2020年）》，明确指出：国家将六盘山区、秦巴山区、武陵山区、乌蒙山区、滇桂黔石漠化区、滇西边境山区、大兴安岭南麓山区、燕山—太行山区、吕梁山区、大别山区、罗霄山区等区域的连片特困地区和已明确实施特殊政策的西藏、四省藏区、新疆南疆四地州，共计689个县作为扶贫攻坚主战场。由此，中国扶贫也从域状的扶贫模式转化为以集中连片特困区为单位的块状扶贫模式。集中连片特困地区从划分上完全打破行政界线，根据自然条件以及贫困特征进行划分。

经过从整体到分区域再到分块的扶贫内容递进，中国扶贫模式不断完善，贫困人口递减，成效显著。截至 2011 年，中国贫困人口减少为 1.24 亿人。

三、城乡一体化战略下的中国扶贫精准化、长效化（2012—2020 年）

党的十八大报告提出：“坚持工业反哺农业、城市支持农村和多予少取放活方针，加大强农惠农富农政策力度，让广大农民平等参与现代化进程、共同分享现代化成果。”“加快完善城乡发展一体化体制机制，着力在城乡规划、基础设施、公共服务等方面推进一体化，促进城乡要素平等交换和公共资源均衡配置，形成以工促农、以城带乡、工农互惠、城乡一体的新型工农、城乡关系。”随着城乡统筹的推进，城乡之间的发展差距在一步步缩小，中国扶贫进入一个新的阶段。在全面建成小康社会背景下，我国扶贫开发进入了脱贫攻坚新阶段。习近平关于扶贫开发的重要论述，为脱贫攻坚提供了根本遵循，把我国扶贫开发理论创新提高到了新的历史高度。在这个时期，中国减贫取得一定的成效，但同时贫困深度逐渐加剧，扶贫难度进一步加大，中国扶贫在原来基础上朝更精准的路子迈进。

（一）扶贫理念精准化

2015 年 11 月，习近平在中央扶贫工作会议发表讲话时指出，坚持精准扶贫、精准脱贫，就要把真正的贫困人口弄清楚，把贫困人口、贫困程度、致贫原因等搞清楚，以便做到因户施策、因人施策。2015 年 11 月，中共中央、国务院发布《关于打赢脱贫攻坚战的决定》，明确提出精准扶贫战略。

精准扶贫是新时期根据我国扶贫开发实践和贫困问题的总体特征，以实现全面小康社会为根本目标，逐步形成的精准扶贫政策框架（图 1）。精准扶贫的核心要义在于“扶真贫、真扶贫”，改变过去“大水漫灌”粗放式扶贫方式，将扶贫政策

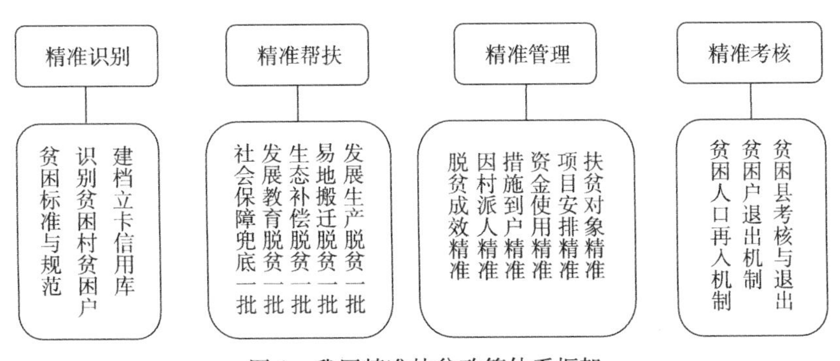

图 1　我国精准扶贫政策体系框架

和措施下沉到村到户，通过对贫困家庭和贫困人口的精准帮扶，从根本上解决导致贫困发生的各种因素和障碍，从而拔出穷根，实现真正意义上的脱贫致富。精准扶贫政策的体系包括精准识别、精准帮扶、精准管理和精准考核四项内容。精准识别是实施精准扶贫政策的基本前提，指通过申请评议、公示公告、抽检核查、信息录入等步骤，将贫困户和贫困村有效识别出来，并建立贫困户和贫困人口档案卡，摸清致贫原因和帮扶需求。精准帮扶是精准扶贫政策的核心，是在贫困户和贫困人口准确识别基础上，根据贫困的成因采取针对性的措施进行有效帮扶，因贫施策、精准到户到人是精准帮扶的关键，重点通过发展生产脱贫一批、易地扶贫搬迁脱贫一批、生态补偿脱贫一批、发展教育脱贫一批、社会保障兜底一批。精准管理是实施精准扶贫政策的重要保障，重点在于扶贫对象精准、项目安排精准、资金使用精准、措施到户精准、因村派人精准、脱贫成效精准。精准考核是提升精准扶贫工作成效的重要手段，是指对贫困户和贫困村脱贫成效，建立贫困人口脱贫退出和返贫再入机制，完善贫困县考核与退出机制，加强对贫困县扶贫工作情况的量化考核，强化精准扶贫政策实施的效果。适应我国贫困治理形势的变化，精准扶贫政策实现了扶贫对象瞄准化、帮扶措施具体化、管理过程规范化、考核目标去GDP化，是新时期我国扶贫开发政策的重大战略转型。

（二）扶贫方式绿色长效化

新一届中央领导集体高度重视生态文明建设和减贫工作，就新时期扶贫开发工作提出了一系列新思想、新部署和新要求。2015年11月，中共中央、国务院印发《关于打赢脱贫攻坚战的决定》，在指导思想中明确要求，脱贫攻坚要牢固树立并切实贯彻创新、协调、绿色、开放、共享的发展理念。2016年11月，“十三五”脱贫攻坚规划指出，脱贫攻坚工作必须坚持绿色协调可持续发展，牢固树立“绿水青山就是金山银山”的理念，把贫困地区生态环境保护摆在更加重要位置，探索生态脱贫有效途径，推动扶贫开发与资源环境相协调、脱贫致富与可持续发展相促进，使贫困人口从生态保护中得到更多实惠。为了将绿色发展理念应用于扶贫工作中，实现绿色减贫，政府做出了一系列的制度设计和政策安排，主要包括生态扶贫、绿色产业脱贫、异地搬迁扶贫、文化扶贫以及绿色减贫考核机制等。

1. 生态补偿扶贫创新实践

中国在实践中探索和形成了环境友好产业发展、贫困人口参与生态保护建设和维护、生态补偿和生态移民等主要生态扶贫形式。对于生态补偿的概念，国内还未形成统一共识，目前主要有两种观点：一是以提供者为侧重，仅对提供生态服务提供者进行补偿；二是奖惩并用，在对保护生态环境行为进行补偿的同时，也对破坏生态环境的行为进行干预并采取收费。一个地区的贫困不仅仅体现在贫困人口自身的贫困上，同样也体现在这个地区外部环境的贫瘠，主要指绿色生态环境的脆弱性，目前中国较多贫困地区生态环境破坏严重。因此，减贫和生态环境保护是同样重要的两大任务，更确切地说，生态环境的“减贫”也是贫困人口减贫中的一项重要内容。生态补偿是将生态环境保护与贫困人口减贫完美结合的有效路径。生态补偿扶贫主要依靠以上途径向贫困地区或贫困人口倾斜，在使生态环境受到直接或间接保护的同时，促进贫困人口减贫，提升当地企业和个人对于生态环境可持续发展的意识。

2. 新型能源扶贫创新实践

（1）光伏扶贫。“光伏遇上扶贫”始于2013年，在2016年渐成气候，国家发展和改革委员会、国家能源局等5部门联合下发《关于实施光伏发电扶贫工作的意见》，明确表示在2020年前，要以整村推进的方式，保障16个省471个县约3.5万个建档立卡贫困村的200万建档立卡无劳动能力贫困户（包括残疾人），每年每户增收3 000元以上。2015年7月30日，国家能源局、国务院扶贫办印发了实施光伏扶贫工程工作方案，计划利用6年时间开展光伏发电产业扶贫工程并开展安徽、宁夏等三十余个首批光伏试点。部分试点在光伏扶贫上已取得一定的成效，“中国光伏应用第一城”合肥，截至2014年，已经有500户贫困户家庭受益于“光伏扶贫”，农户年均增收2 500元，到2018年将会完成1 000户贫困家庭“光伏扶贫”目标。从全国总体来看，2015年，光伏扶贫工程帮助近43万建档立卡贫困户实现增收，其中包括8.8万户失能贫困户，助力956个贫困村摆脱了无集体收入的窘境。光伏扶贫是绿色减贫新途径，通过对贫困家庭开发安装屋顶光伏电站等形式促进贫困户增收，有利于人民群众生活方式的变革，开辟了贫困人口增收新渠道，实现了绿色减贫效果。

（2）电商扶贫。电商扶贫是我国扶贫脱贫的新突破和新运用，是以电子商务为手段，拉动网络创业和网络消费，推动贫困地区特色产品销售的一种信息化扶贫模式。阿里研究院发布的《电商赋能弱鸟高飞——电商消贫报告（2015）》也提出了电商消贫的定义，即通过建设和安装新型基础设施，培育和培养电商生态和电商意识，建立本地化的电子商务服务体系，从而促进贫困人群利用互联网技术和手段开展创新与创业，提高信息化服务水平，最终改变贫困人群的生产和生活方式，实现脱贫致富。2012年以后，随着农产品电商的爆发，越来越多的贫困地区开始根据当地实际探索电商脱贫的路径，涌现出了如甘肃成县、吉林通榆、黑龙江明水、甘肃陇南等一批电商扶贫的县域先行者，为县域电商扶贫探索提供了宝贵的经验。截至2015年9月，农村淘宝已覆盖22个省份147个县市，包括31个国家扶贫开发工作重点县和42个省级扶贫开发工作重点县。互联网现代科学技术运用，大大提升了扶贫脱贫的效率，例如贵州省利用国家大数据建设试点的机遇，开发并运用于扶贫脱贫管理的“扶贫云”，就是通过互联网手段和技术，构建了贵州扶贫脱贫的大数据新平台，并以此实现了扶贫脱贫高效率的扶贫供给需求对接、扶贫脱贫动态信息管理的现代化、即时化。

3. 易地搬迁扶贫创新实践

易地搬迁是“四个一批”精准脱贫的重要内容，是中央发出脱贫攻坚战总动员后的第一仗，也是我国打赢脱贫攻坚战的重要内容，党中央在《关于打赢脱贫攻坚战的决定》中第七条就提出“实施易地搬迁脱贫”，“对居住在生存条件恶劣、生态环境脆弱、自然灾害频发等地区的农村贫困人口，加快实施易地扶贫搬迁工程。”截至2015年，国家累计安排易地扶贫搬迁中央补助投资363亿元，搬迁贫困群众680万余人。尤其对于贫困人口规模大且山区较多的省份来说，易地搬迁扶贫作用尤其明显。例如贵州省自2001年以来已累计搬迁了104万农村贫困人口。据有关调查资料显示，到2020年，我国将对1 000万贫困人口实施易地搬迁扶贫，占到整个扶贫脱贫人口的近15%，国家为此将投资6 000亿元来组织实施。易地搬迁属于生态扶贫和绿色减贫模式的范畴，其主要原因就是易地搬迁遵循自然规律与经济规律，对于生态环境较差地区，实施保护型减贫策略，通过搬迁、因地制宜确定安置方式，改善贫困人口的客观生存环境等，从而，有效缓解扶贫开发造成的环境破坏，促进当地经济社会的可持续发展。

4. 绿色农业扶贫创新实践

2012年，国务院《关于支持农业产业化龙头企业发展的意见》指出要坚持因地制宜，实行分类指导，探索适合不同地区的农业产业化发展途径。坚持机制创新，大力发展龙头企业联结农民专业合作社、带动农户的组织模式，与农户建立紧密型利益联结机制；推进农业生产经营专业化、标准化、规模化、集约化，建设一批与龙头企业有效对接的生产基地；强化农产品质量安全管理，培育一批产品竞争力强、市场占有率高、影响范围广的知名品牌；加强产业链建设，构建一批科技水平高、生产加工能力强、上中下游相互承接的优势产业体系；强化龙头企业社会责任，提升辐射带动能力和区域经济发展实力。2015年中共中央、国务院《关于打赢脱贫攻坚战的决定》进一步指出要加强贫困地区农民合作社和龙头企业培育，发挥其对贫困人口的组织和带动作用，支持贫困地区发展农产品加工业，加快一二三产业融合发展，让贫困户更多分享农业全产业链和价值链增值收益。2016年，国务院印发的《“十三五”脱贫攻坚规划》指出要开展农林产业扶贫，优化发展种植业，积极发展养殖业，大力发展林产业；深度挖掘农业多种功能，培育壮大新产业、新业态，推进农业与旅游、文化、健康养老等产业深度融合；扶持培育新型经营主体，培育壮大贫困地区农民专业合作社、龙头企业、种养大户、家庭农（林）场、股份制农（林）场等新型经营主体；加大农林技术推广和培训力度，对农村贫困家庭劳动力进行农林技术培训，确保有劳动力的贫困户中至少有一名成员掌握一项实用技术。农业产业化政策的逐步完善，有力地促进了贫困地区利用当地的农业资源实现经济发展，进而达到脱贫致富的目的。

5. 旅游扶贫创新实践

2013年，中共中央办公厅、国务院办公厅印发《关于创新机制扎实推进农村扶贫开发工作的意见》，明确将旅游（尤其是乡村旅游）定义为农户脱贫致富的主要工具，并提出翔实、因地而异的行动方案，同时也制定出明确的行动目标。2013年8月，国家旅游局与国务院扶贫办共同出台《关于联合开展“旅游扶贫试验区”工作的指导意见》，进一步明确了利用国家级旅游扶贫试验区的示范带动作用，探索旅游扶贫新模式的创新路径及标准。2016年12月，国务院印发《“十三五”旅游业发展规划》，明确提出“实施乡村旅游扶贫工程”。2017年，中共中央、国务院印发《关于深入推进农业供给侧结构性改革加快培育农业农村发展新动能的若干意见》，明确提出“田园综合体”的概念，紧密地将生态、旅游、扶贫融为一体，强调要建设“生产生活生态同步改善、一产二产三产深度融合的特色村镇”。以农民为本的农村发展理念得到凸显，彰显了村庄主体性。同时，为实施生态旅游扶贫提供了具有强操作性的载体。

四、未来全面建成小康社会后的中国扶贫发展方向

伴随着城乡一体化的不断推进，未来中国城镇化水平会继续提升，但是这并不代表乡村的衰败，而是城乡融合的新升级和更新。同时，随着乡村振兴战略的提出和实施，中国乡村迎来新一轮的发展机遇。在此基础上，中国扶贫总体上向更长效、更多维、更全面的方向迈进。具体而言，2020年后中国扶贫思路主要出现四大转折和变化：

第一，由绝对贫困到相对贫困的转换。与传统贫困不同的是，贫困标准并不是固定的，而是选取社会平均水平为衡量标准，把收入水平低于一定程度的状态界定为贫困，相对贫困的出现是对原先贫困标准的延伸，主要根据不同地区不同的经济水平来变通性地对贫困进行衡量，具有更高的科学性，然而贫困的标准仍是以收入为主。1981年，世界银行开始以收入和消费两大维度为衡量标准对全世界的发展国家进行贫困的测量和确定；随着社会实践和对贫困的认识不断加深，人类对于生活水平的需求不断提升，贫困的内涵和维度不断扩大。诺贝尔经济学奖获得者阿玛蒂亚·森从人的能力出发，于1999年首次提出能力贫困概念，打破收入贫困，而把人类寻求收入和机会能力的缺乏定义为贫困，因此贫困不仅仅是指收入和消费的贫困，而实际是人们缺乏改变其生存状况、抵御各种生产或生活风险的能力，把贫

困的内涵由经济方面引申出来，对贫困的范围进行拓展和深化。我国实施的贫困线一直是绝对贫困标准，虽然其水平一直在增长，但贫困标准一直是理论界争论的焦点，贫困标准也影响世界其他国家对我国的减贫成就的认同。随着我国社会经济的不断发展，2020年后应该着手于贫困的概念界定以及制定贫困线的新标准，即从绝对贫困标准向相对贫困标准转化。根据我国社会经济发展情况，2020年后我国减贫重点工作的转化应从全面、多维、动态的角度出发，科学制定和预测贫困人口，制定相对贫困标准，开展新一轮扶贫减贫工作。按照我国的实际情况，如果要制定相对贫困标准，应该将贫困线定在社会平均收入水平的40%左右（张青，2012；陈宗胜，2013）为宜，若标准过低，则对缩小收入差距作用不大，若标准过高，则政府财力无法承受。这样的标准设定主要以农村居民平均收入水平为基数，按照特定均值系数计算相对贫困标准，使贫困线的变动适应经济社会发展水平的变化，从而能够确保以一个适当高的扶贫标准切实帮助贫困人口。

第二，由国内扶贫到世界人类共同体的扶贫。之前中国的扶贫主要集中在国内的扶贫模式和成效上。然而随着全球可持续发展共识的达成，中国作为重要的发展中国家之一，扶贫成效为全球做出了巨大的贡献，扶贫经验也可以为全球扶贫提供重要的经验和参考借鉴。因此，2020年后的绿色扶贫，中国将发挥“大国风范”，以全球扶贫为着眼点，以世界人类共同体的扶贫作为将来扶贫的重要方向和目标。

第三，由以经济为主的单维度扶贫到生态、健康、社会保障等多方面的绿色扶贫。随着经济水平的不断发展，扶贫的内容也发生较大的转化。改革开放初期，中国扶贫的内容主要在经济维度上，随着经济水平的不断提升，人们对生活水平的需求不断提升，扶贫的内容也逐渐发生变化。十九大报告中提出，中国特色社会主义进入新时代，我国社会主要矛盾已经转化为人民日益增长的美好生活需要和不平衡不充分的发展之间的矛盾。绿色作为五大发展理念的重要内容之一，未来扶贫必然也会朝绿色可持续的道路发展。因此可以看出，在未来的扶贫中，扶贫内容将从以经济为主的单维度扶贫转化为生态、健康、社会保障等多元化的绿色扶贫。

（作者单位：农业农村部农村经济研究中心当代农史研究室）

当代中国稻田渔业发展成就与历史经验

李荣福

新中国成立以来，我国稻田渔业经历了“三起三落”的发展过程。其中既有值得认真总结和借鉴的经验，也有深刻的教训，极具研究价值。稻田渔业作为以生物为载体的自然经济过程，突破了传统单一粮食产业，成为集食物生产、保持水土、治理污染、美化环境、调节气候、弘扬文化、发展旅游等多功能的复合产业，实现了生态产业化、产业生态化、农业现代化的统一。经济规律和生态规律在其中发挥着重要作用，违反生态规律必然会受到大自然的惩罚；违反经济规律可能造成血本无归。以 2012 年党的十八大召开为标志，我国稻田渔业走入了生态文明新时代，逐步建立起有中国特色的现代稻田生态渔业理论和技术体系。本文忠实记述了的稻田渔业发展过程，系统总结了其丰富的发展经验。

一、新中国成立前稻田渔业发展概况

我国稻田渔业有 2 000 多年的历史，新中国成立之前基本是人放天养、自给自足的粗放自然生产方式，生产规模小，生产力水平低。到新中国成立前，我国传统稻田渔业主要集中在我国东南、西南、华南、中南诸省（区）的丘陵山区梯田和冬囤水田。在四川，主要分布在郫都区、铜梁、璧山、大足、永川、江津等地，到新中国成立初期仍有稻田渔业 35 万亩，约产鱼 1 250 吨。在贵州，主要分布在黔东、黔南的从江、黎平等地。在湖南，主要分布在湘西、湘南的新化、宁远、通道等地区。在湖北，主要分布在鄂西地区。在福建，主要分布在建宁、奉节、沙县、永安、邵武等地。在广西，主要分布在玉林、桂林、全州、兴安、三江等地，1938 年养殖面积达到 174.7 万亩，产量 232.6 万千克；1949 年新中国成立前夕，养殖面积降至 49 万亩，产量仅 60 万千克。在江西，主要分布在宜春、吉安、萍乡。在浙江，主要分布在青田、永嘉、仙居等地。传统稻田渔业大多属于农民自发性的田间副业，生产模式、饲养品种都较为单一，饲养品种主要为鲤鱼。虽历经千年，但技术水平始终没有大的改进，单产水平较低，其目的主要是解决山区人民自食水产品的来源。

二、传统稻田渔业曲折发展时期

这一时期为新中国成立初期到改革开放初在农村全面实行联产承包责任制后，经历时间为1949年至20世纪80年代初的30多年。新中国成立初期，我国全面进行了土地改革，进入新民主主义时期，又逐步建立了互助组，过渡到合作社，到20世纪50年代后期，实现了人民公社化，农村实行的是社会主义集体所有制经济，实行计划指导的集体经营体制。因此，稻田渔业产品大多是集体经济分配的，极少量是国家计划调拨的产品，受国家政策的直接影响。在国家政策的鼓励推动下，稻田渔业得到较快发展，其产品主要是鲤鱼、草鱼等常规鱼类产品，对改善人民生活发挥了一定作用。但在这个时期，国家实行"以粮为纲"，重点关注粮食生产，满足人民基本生活，稻田渔业属农村副业，生产方式仍然沿袭了传统稻田渔业生产经验和生产方式，技术未能实现突破。这个时期分为以下两个阶段。

（一）传统稻田渔业快速扩展阶段

这一阶段从新中国成立之后到20世纪50年代末期。新生的革命政权和土地改革运动，农民翻身做主，极大激发了农民发展生产的积极性；同时，党和国家重视发展稻田渔业，形成了我国稻田渔业发展的第一个高潮。

1. 党和政府推动

新中国成立后，党和政府及水产部门高度重视稻田渔业，鼓励和支持发展稻田渔业发展。1950年，国务委员会朱德副主席亲自到首届全国水产会议讲话，要求："注意淡水鱼的养殖，可在国内各大江、河、湖、海、池、田，普遍地进行养殖工作。"1953年第三届全国水产会议继续号召发展稻田养鱼，要求利用"四川、中南创造稻田养鲤的典型，其他终年积水的稻田亦可试行稻鱼兼作"。1954年第四届全国水产工作会议号召在全国发展稻田养鱼。1958年全国水产工作会议进一步要求"扩大水产养殖面积应包括稻田养鱼在内，需要结合稻谷增产措施进一步研究养鱼的适合办法"，并把稻田养鱼纳入农业发展规划，鼓励农村发展稻田养鱼。

2. 发展概况

稻田养鱼在这一时期迅速发展。至1959年，全国稻田养鱼面积突破1 000万亩，稻田养鱼亩产5～10千克。稻田渔业地区从传统南方山区扩展到平原地区，并推进到黑龙江流域。其中以湖南省面积最大，1958年达320万亩；江苏省在1957年开展了41亩稻田养鱼试验并获成功，1958年扩大到3.25万亩，1959年后因三年自然灾害而中断。

3. 技术进步

中国淡水养鱼经验总结委员会编写的《中国淡水鱼类养殖学》(1961 年版) 专设“稻田养鱼”一章，系统总结了传统稻田渔业经验。这个阶段稻田养殖品种以地方性鲤鱼为主，如高背鲤、团鲤、禾花鲤等，也养镜鲤，搭配鲫鱼，在沿江地区也养殖四大家鱼，福建等少数地方养殖了胡子鲶，湖南、广西试养了泥鳅，广东及海南还试养了非洲鲫鱼(罗非鱼)。稻田养鱼设施包括注、排水口防逃和加高田埂，少数地方出现了鱼沟及鱼溜。鱼沟主要是农田墒沟，既窄又浅，鱼溜是利用农田沤制绿肥的积肥坑，作为水稻搁田、施肥及喷洒农药等田间管理时鱼类回避之所。少数地方在稻田中搭建遮阳棚，供鱼类躲避高温。

(二) 传统稻田渔业曲折徘徊阶段

这个阶段从 20 世纪 60 年代初到 80 年代初止。我国农村经济全面进入农村集体化阶段并长期稳定。这个阶段我国农业以粮为纲，稻田渔业为政策所限制，技术徘徊倒退，经营缺少活力，生产规模萎缩。以湖南省为例，1958 年全省稻田渔业面积 348 万亩，到 1978 年萎缩到 8 万亩，仅为原来的 2.3%；江苏省 1974 年又开始稻田养鱼试验，品种为非洲鲫鱼(罗非鱼)，因不符合消费习惯，4 年后中断。到 20 世纪 70 年代后期，全国稻田渔业发展停滞不前，仅在交通闭塞的传统稻田渔业地区仍保有一定规模。

1. 缺少激励

在这一阶段，我国实行的是人民公社、大队、生产队“三级所有、队为基础”的体制，农业生产由农村生产队统一组织，生活资料统一分配，经营效果与农民个人没有直接关系，这种体制显然不适用于自然过程与人类劳动相交织的稻田渔业。

2. 技术落后

这一时期仍然沿袭传统稻田渔业技术。田间所有生产设施都是为水稻生产服务，水产养殖没有安全保障，也没有稳定的水产苗种供应，水产品单产长期在低水平徘徊。

3. 化肥、农药的污染毒害

20 世纪 60 年代初至 70 年代中期，大量高毒农药在水稻种植中推广使用，不仅直接对稻田鱼类产生毒害，而且使稻田中螺、蚌、水蚯蚓等各种水产饵料生物大量死亡，对稻田渔业造成了毁灭性的打击。化肥使用也对稻田鱼类产生影响。

4. 水稻新品种种植对水产不利

湖南通道县阳烂村调查发现，由于杂交稻植株密集，生长期短，田间水位浅、水质差，直接影响稻田鱼类生长。

三、现代稻田渔业科学发展时期

以1978年底召开的党的十一届三中全会为标志，我国稻田渔业进入了改革开放新时期，这个时期分为两个阶段。第一阶段是从1982年全国全面落实家庭承包经营制度，到1992年十四大召开前，水产品短缺使稻田渔业确立了效益优势，稻田养鱼恢复到新中国成立初期的最大规模。第二阶段从1992年党的十四大确立建设市场经济，市场需求得到进一步释放，带动了名特优水产品在稻田渔业中发展。

（一）稻田渔业快速扩张阶段

1. 规模与生产水平全面提升

进入20世纪80年代后，稻田渔业逐步恢复。到1982年已有浙江、湖南、广西、四川、贵州、云南、陕西等11个省（区）保持或恢复发展稻田渔业，全国稻田养鱼面积为510万亩。在1983年全面稻田养鱼现场经验交流会召开后，稻田渔业进入了全面扩张阶段，形成了第二个发展高潮。此阶段稻田渔业实现了四大转移：一是地理纬度上转移，稻田渔业从以往主要分布在南方地区扩展到东北、华北、西北等各个地区。二是地形地貌上转移，稻田渔业从以往主要在丘陵山区向平原、城郊地区转移。三是产业规模上扩大，从以往养殖分散、主要解决农民自食水产品为主、粗放经营的自然经济向商品经济转移，向商品化经营过渡。四是地区上转移，不仅在贫困地区，而且在发达地区也开始发展稻田渔业。1986年全国稻田渔业面积突破了1 000万亩，达1 055万亩；1987年达1 195万亩，为80年代稻田渔业规模的最高峰。随后一直到1992年，稻田渔业总体规模维持在1 100万亩左右。这个阶段稻田养殖品种仍为一般鱼类，生产方式由粗放型向初步集约化转变，生产水平逐步提高。1982—1992年，稻田渔业技术逐步由依靠稻田田间天然饲料，发展到人工补充投喂饲料，部分单位投喂配合颗粒饵料，单产水平大幅提高。到1988年平均亩产突破10千克，达到11.16千克，到1991年平均亩产达到13.99千克，比改革开放前传统稻田渔业水产品单产提高了一倍以上；到1992年全国平均单产水平达到每亩水稻500千克、成鱼16.2千克。在此阶段，稻田渔业面积扩大了150%；商品鱼产量增长了近10倍；单产提高了247%。部分单位或地区开始了莲藕、茭白等水生经济植物种植田养鱼生产实践和科学试验。

2. 政府与政策的强力推动

实行家庭承包经营制度后，稻田渔业随田到户，调动了农民生产积极性。1981年3月，中共中央、国务院转发了国家农委《关于积极发展农村多种经营的报告》，提出“决不放松粮食生产，积极开展多种经营”；1982年10月中共中央、国务院批转了农牧渔业部《关于加速发展淡水渔业的报告》，明确指出："加速发展淡水渔业，必须因地制宜，把各种水面都利用起来。利用稻田养鱼是许多地方的历史习惯，处理得当，对粮食生产有利无害，要逐步恢复发展。"1985 年 3 月，中共中央、国务院印发了《关于放宽政策，加速发展水产业的指示》明确"大力发展水产养殖业，还有大量稻田可以养鱼，大量的低洼滩地可供改造，潜力极大"，并明确"水产品全部划为三类产品，一律不派购，价格放开，实行市场调节"，从而使价值规律真正发挥作用，带动了稻田渔业效益的提升。同年，国家经济委员会将"稻田养鱼"列入新技术开发项目，在全国 18 个省（市、自治区）推广。1987 年，农牧渔业部又将稻田养鱼技术推广纳入了国家农牧渔业丰收计划和国家农业重点推广计划。在此期间，农牧渔业部于 1983 年和 1990 年在四川温江和重庆召开了全国稻田养鱼经验交流现场会，全面推广两地稻田渔业发展经验。1983 年，江苏省政府办公厅批转了省农林厅、省水产局《关于稻田培育鱼种试点情况的报告》，同意在全省大力推广稻田培育鱼种技术，到 1986 年推广面积达 21 万亩，亩产鱼种 17.7 千克。由于稻田渔业对农村灭蚊有显著效果，引起了卫生部门的高度重视，1983 年 7 月中央爱国卫生运动委员会办公室在河南新乡市召开了稻田灭蚊会议，提出把稻田养鱼作为农村灭蚊工作的一项重要措施，也在全国大力推广稻田养鱼。

3. 理论与技术创新推动

改革开放以后，我国稻田渔业发展也得益于稻田渔业科学技术进步。1981 年，中国科学院水生生物研究所倪达书研究员总结我国稻田养鱼经验，提出了"稻田养鱼养稻"的"稻鱼共生理论"，认为稻田养殖鱼类，尤其是草鱼，不仅可以使水产品增产，而且对稻田杂草、害虫等有抑制作用，同时有改土增肥等作用。稻田渔业由粗放型向初步集约化（半精养）转变。为解决农药、化肥使用中的稻渔矛盾，田间工程成为稻田渔业的基本设施，开发研究了稻田田间沟、坑（凼）等工程标准和"垄稻沟鱼"技术，使稻田渔业有了"工程"概念，养殖水平有了新提高。江苏省将稻田养鱼技术措施概括为"加高加固田埂，开挖鱼沟、鱼窝，搞好防逃设备，选择多抗性水稻品种和优质夏花，及早放养，加强饲养管理，妥善解决施肥、农药、烤田和养鱼矛盾"。并针对当时淡水渔业快速发展后鱼种紧缺，将稻田渔业发展重点确定为培育鱼种。为此，江苏省农林厅与江苏省水产局组织专家编写了《稻田培育鱼种》，还制订了《稻田培育鱼种技术操作规程》，印发全省推广，并被农牧渔业部水产司编入《全国稻田养鱼经验交流现场会资料汇编》。针对中低产稻田地势低洼，地块板结，土壤结构不良，有效养分含量低等缺陷，四川等地开发了"垄稻沟鱼"模式，湖南省还将稻萍鱼模式与"垄稻沟鱼"结合，形成了生态高效的稻萍鱼模式。"垄稻沟鱼"属半旱式稻田养鱼，即在稻田田间开挖较为密集的鱼沟，将沟内挖出的泥土堆积做成"垄"，形成"沟垄相间"，垄面栽稻，沟间养鱼。该模式改良土壤，提高肥效，培肥地力，节省化肥使用，有利于水稻增产和水产养殖，对改造中低产田有重要意义；但该模式不利于稻田渔业规模化、机械化和产业化。

另外，各地还开发了、厢沟式、田凼式等形式的稻田养鱼以及冬闲稻田养鱼。“稻萍鱼”在“垄稻沟鱼”基础上引入红萍或卡洲萍，实行粮食生产与多种经营相结合、生物技术与工程技术相结合、传统经验与现代技术相结合，实现了生态效益、经济效益和社会效益的统一，成为技术密集型稻田渔业模式。农业部组织编写了《稻萍鱼综合丰产技术》，作为农牧渔业丰收计划重点技术向全国推广。

随着稻田渔业深度发展，技术更加丰富。有沟凼结合、沟塘结合、宽厢深沟、窄垄深沟（半旱式稻田养鱼或垄稻沟鱼）等形式。经营方式，从“人放天养”的粗放方式，到“单放一种鱼＋补充投喂”的半精养方式，又到“科学放养常规鱼＋强化投喂”的集约精养方式，最后到“放养特种水产品＋科学投喂＋生态施肥”的高效生态养殖方式。稻田养殖品种也由传统的鲤、鲫、草鱼，增加了鲢、鳙、罗非鱼、革胡子鲶、乌鳢、露塔斯野棱、团头鲂、白鲫（大坂鲫）、青虾、田螺、泥鳅等十多个品种。创造了稻虾共作、轮作和连作，稻蟹共作，稻鳖共作（轮作及连作）、稻虾鳝共作（轮作及连作）等多种稻田渔业模式。这一阶段浙江稻田渔业技术进行了“七改”：改善养鱼稻田工程、改鱼种单养为混养、改大鱼种放养规格、改稀养为适当密养、改迟放早捕到早放迟捕、改不投饵为投饵或稻萍鱼共生、改一次放养一次捕捞为轮捕轮放，双季稻田养鱼亩产最高达366.6千克。

（二）稻田渔业适应市场发展阶段

伴随着20世纪80年代淡水渔业和稻田渔业快速发展，水产品由长期短缺到实现了供求平衡，并出现区域性、季节性和品种性过剩，至1990年前后价格快速下降，以常规鱼类为主养品种的稻田渔业也陷入了停滞甚至倒退。如江苏省稻田渔业面积由21万亩到1991年仅剩下9 000亩。以1992年党的十四大召开为标志，中国进入建设市场经济的新阶段，到2012年党的十八大召开为止。2000年，全国稻田渔业面积扩大到2 299万亩，比1992年扩大了近一倍；稻田水产品产量90万吨，单产提高了三倍多。进入21世纪后，随着我国经济快速发展和人民生活水平的提高，传统稻田渔业由于品种单一、经营分散、规模较小、效益较低，加上田间工程标准低，已难以适应农业农村经济发展的新要求，一度处于停滞甚至倒退状态，再次陷入了低潮。到2005年全国稻田渔业虽发展到24个省区市，但面积仅2 393万亩，有的地方比20世纪末甚至有所减少，到2012年仍维持在2 000万亩左右。水产品亩产仍有所提高，达42.7千克，比1991年提高2.1倍。四川省发展规范化稻田渔业总结为“四增四节两稳”，即增产鲜鱼、增加农民收入、增加有效蓄水、增加粮食产量，节约耕地、节省肥料、节约用工、节约农药；解决了“吃鱼难”，稳定了水产品市场，农民有活干有收入，稳定了粮食产区的农业劳动力队伍。贵州省发展水产、种植、畜牧业结合的稻田生态渔业，农民将之形容为“坑中鱼儿跳，坑上瓜果吊，塘边鸡鸭叫，农民哈哈笑”，称之为“致富工程，民心工程”。

1. 政府和部门推动

在此阶段，各级政府和主管部门依然高度重视稻田渔业，并采取措施强力推动。农业部分别于 1994 年 9 月在辽宁省盘锦市、1996 年 4 月在江苏省徐州市和 2000 年 8 月在四川省南充市召开了三次全国稻田养鱼现场经验交流会，强调“发展稻田养鱼不仅是一项新的生产技术措施，而且是农村中一项具有综合效益的系统工程，既是抓‘米袋子’，又是抓‘菜篮子’，也是抓群众的‘钱夹子’。是一项一举多得、利国利民、振兴农村经济的重大举措，一件具有长远战略意义的事情。”经国务院同意，于 1994 年 12 月向全国农业、水产、水利部门印发了《关于加快发展稻田养鱼，促进粮食稳定增产和农民增收的意见》，在全国掀起了稻田渔业第三个发展高潮。1995 年江苏省政府办公厅转批了省农林厅、省水产局《关于加快发展稻田养殖的意见》；1997 年还把稻田养殖列入省政府着重抓的 27 件实事之一，2000 年又被列入省政府着重抓的 20 件实事中。根据省政府工作要求，省水产局、省农林厅和省农业资源开发局从 1995 年开始，连续 5 年联合召开全省稻田养殖现场经验交流会。通过总结经验、理清思路、落实任务和措施，推动了稻田渔业发展，全省稻田渔业面积从 1993 年的 8 万亩扩大到 2001 年的 360 万亩，扩大了 44 倍，为农民增收 20 亿元。农业部始终高度重视稻田渔业发展。2007 年，“稻田生态养殖技术”被列入 2008—2010 年渔业科技入户主推技术；2011 年，农业部将稻田渔业列入《全国渔业发展第十二个五年规划（2011—2015 年）》，作为渔业重点拓展领域。

党的十七大以后，党和国家明确了鼓励农村土地流转的政策措施，加快了农业规模化、产业化步伐，使稻田渔业规模经营成为可能。各地因地制宜，在综合平衡水稻、水产、农民利益、生态环保等多方面要求的基础上，探索出一大批以稳定水稻生产为前提，以发展特种经济水产品种为主体，以标准化生产、规模化开发、产业化经营为特征的大面积连片稻田渔业典型，探索了“以渔促稻、稳粮增效、质量安全、生态环保”的稻田渔业新模式，取得了显著的经济、社会、生态效益。

2. 技术创新推动

这个阶段稻田渔业发展以品种和技术更新为主要特征，全国稻田渔业有了四大变化：一是由传统的平板式稻田养殖为主的粗放低产模式向沟凼结合、沟塘结合、高埂深沟、垄稻沟鱼等高产高效养殖模式转变；二是由过去的单一的“冬水田”养殖向油（菜）—稻田养殖、小麦—稻田养殖、水稻—稻田养殖转变；三是由单一品种养殖向多品种养殖特别是名特优品种养殖转变，由传统稻鱼型发展为稻蟹型、稻虾型、稻虾蟹型、稻鳝型、稻鳅型、稻鸭型等多种模式，其中在辽宁和江苏等河蟹主产区，稻田养蟹是20世纪90年代稻田渔业的主要形式；四是由低水平自给型生产向适度规模商品生产转变，稻田渔业由可有可无的“副业”转变成像粮食生产一样的“主业”。江苏适应市场经济，形成了稻田养蟹、稻田养殖罗氏沼虾、稻田养殖青虾、稻田养殖黄鳝等稻田特种水产养殖模式，向全省印发了《稻田养殖高产高效技术经验汇编》。不少地区还开发了莲藕、茭白、慈姑、水芹等经济水田养殖名特优新水产品种。

（1）稻田渔业田间工程提升。为了促进稻田渔业健康发展，农业部将“稻田养鱼”列为“九五”十大推广技术。特别强调田间工程的作用，有的地方建设稻田渔业“规范化永久性田间工程”，陕西、湖南、云南和福建等省提出了“工程化稻田养鱼”技术，要求建设高标准稻田渔业田间工程，田间沟、坑占田面积达15%～20%，以保障稻田渔业稳产高产，提高经济效益。四川积极推广稻鱼工程规范化，要求稻田鱼凼占水稻田面积的8%～10%，水深1.5米以上，用条石、火砖等硬质材料嵌护；田埂加高加固到高80厘米、宽100厘米；结合农田水利建设，做到田林路综合治理，水渠排灌设施配套，实现了立体开发、综合利用稻田生态系统，最大限度提升稻田的地力和载鱼力。2000年水稻平均亩产超500千克，成鱼95.4千克。湖南稻田渔业要求鱼凼水深1米以上；沟凼占田面的5%～8%；靠近水源，排灌方便；沟凼相通，沟沟相连；鱼凼结构坚固耐用。江苏省稻田渔业以养殖河蟹、罗氏沼虾、青虾等特种水产品为主，推行宽沟式稻渔工程，要求沟面占田面的20%以上，实行渠、田、林、路综合治理，桥、涵、闸、房统一配套。启东市天汾镇周献清夫妻1995年开始稻田养蟹，平均亩产水稻470千克，河蟹100千克，亩效益9 000元。

（2）稻田渔业养殖品种扩展。在21世纪初稻田渔业陷入低潮，中国农民的首创精神再一次拯救了稻田渔业。湖北省潜江市积玉口镇宝湾村农民刘主权利用抛荒低湖田养殖小龙虾，探索成功“虾稻轮作”模式，随着小龙虾价格上涨，每亩净收入3 000余元，为稻田渔业重振雄风找到了新突破口。2008年湖北省委将“虾稻轮作”推广写进中央1号文件。该省还探索了“稻虾共作”“虾稻连作”等新模式，为稻田渔业发展开辟了新的道路。其他地区涌现了众多新兴稻田渔业模式，淡水白鲳、黄颡鱼、斑点叉尾鮰、云斑鮰、土布鱼（沙塘鳢）、鳜鱼、淡水鲨鱼等鱼类，南美白对虾等虾类，田蚌、背角无齿蚌、褶纹冠蚌、铜绿环棱螺、大瓶螺（福寿螺）等贝类，以及中华鳖、乌龟、牛蛙、虎纹蛙等两栖爬行类，陆续成为稻田养殖品种，其中小龙虾、青虾、泥鳅、中华鳖等成为稻田渔业主导品种，并形成稻鱼虾、稻鱼蟹、稻虾蟹、稻虾鳖等多种组合以及稻虾轮作、稻鳖轮作等十余种模式。

（3）稻田渔业立体开发探索。贵州省大力推行稻、鱼、萍，稻、禽、畜、瓜、果、菜种养结合稻田生态渔业模式，采取稻田四周挖沟、中间挖坑，沟坑等田间工程开挖面积一般占稻田的8%～10%，沟坑深度为1.2～1.5米，挖出的土方在田埂一侧建设生态带，生态带立体开发：搭架种瓜，建厩养畜养禽，田里种稻、凼沟养殖、堤干种植蔬菜水果，既解决了当地水产品市场供给，又提高了稻田渔业效益。四川资阳市实施规范化稻田养殖“118”工程，即1亩稻田，1分田开挖鱼凼，1分田加宽加固田埂种植柠檬、柚等名优水果或蔬菜，8分田种植水稻，稻鱼果（菜）综合立体开发。该市还分别推广了“721”工程模式和“442”工程模式。即稻田种植、沟凼养殖和田埂种菜（果）在稻田总面积中的比例分别为7∶2∶1和4∶4∶2，使稻田渔业具适应性、满足市场需求。江西省发展稻田渔业和藕田渔业，稻田渔业面积2.8万余亩，莲田渔业扩大3.6万亩。

3. 重要农业文化遗产保护带动

2004年联合国粮农组织选出了首批5个具有全球代表性重要农业文化遗产地保护示范案例，我国浙江省青田县龙现村“稻鱼共生系统”作为亚洲唯一代表入选。该村稻田放养当地特有“田鱼”已有700多年历史，形成“有水有田鱼”的独特景观；并衍生出田鱼文化、水文化、民俗文艺及古建筑文化等其他文化。截至2011年，我国被选入的6个全球重要农业文化遗产项目，就有青田稻鱼系统、哈尼稻作梯田系统和从江侗乡稻鱼鸭系统等三个稻田渔业项目，都是以稻鱼为核心向外扩展成复合性的自然经济社会系统，既是自然遗产，又是文化遗产，还是非物质文化遗产，这些项目将当地自然资源环境、传统生态文化、农艺方法、饮食文化和民风民俗文化巧妙结合，实现了生态合理性、广泛适应性和民族地方性，体现了生态价值、社会价值、文化价值、科研价值和示范价值等多样性农业文化遗产价值，具有巨大的旅游开发潜力。尤其是哈尼稻作梯田系统就地开发山区自然环境资源，解决了村民所有生活资料来源，使村民享有了较高的生活质量，保持了生态系统稳定，更造就了巧夺天工的天然立体画卷，成为人工湿地生态系统的典型案例，极具示范价值。

（三）稻田渔业科学发展经验

1. 建立利益机制，经济利益与生产成果密切挂钩

稻田渔业和其他农业生产项目一样，都以生物体为主体的自然生产，要求生产者有高度的责任感。计划经济的“大锅饭”方式显然不适合。稻田渔业在计划经济时期，不仅没有发展反而不断萎缩，除了技术落后、经济基础差等原因，缺少利益机制和效益机制是主要原因。在家庭承包经营制度的经营体制下，土地（水面）生产水平和经济效益与农民切身利益密切相关，促进了稻田渔业发展和经济效益的提高。

2. 适应市场需求，调整养殖结构

1984年党的十二届三中全会指出，社会主义经济是有计划的商品经济。1985年中共中央、国务院《关于放宽政策，加速发展水产业的指示》中将水产品作为农产品市场改革的先锋，率先全面放开、由市场调节，渔（农）民真正取得了生产经营自主权。从此，稻田渔业能真正适应城乡消费需求变化，由养殖一般淡水鱼，逐步向名贵鱼类、虾蟹类、龟鳖类、蛙类等特种水产品发展，实现了产品多样化，经济效益得到提升。

3. 建设稻田工程，防范自然风险

市场经济是风险经济，风险与机遇并存。而稻田渔业不仅有市场风险，自然风险也很大，自然灾害和病害等都可能造成重大损失，甚至“颗粒无收”。对稻田渔业来说，一怕逃，二怕干，三怕毒，而这都与水有关，稻田工程是保水的关键措施。必须建设高标准的稻田工程，包括田埂高低及牢固程度，田间沟、坑占用面积大小和水位深浅，防逃设施及设备的可靠性等，以防范稻田渔业风险。

4. 以科技进步为动力，实现稻田渔业增产增效

除政策影响，稻田渔业更得益于科技进步。就稻田田间工程而言，经由平板式，转变为沟坑式、田池式、流水沟式及垄稻沟鱼式等多种形式。从稻田生态环境出发，稻田渔业开发了许多地方特色品种，引进了境外品种，并进行多品种混养；放养密度也逐步提升。并应用成熟的池塘养殖技术，稻田渔业由投喂农家饲料，到投喂配合颗粒饵料，并注意避免因搁田、施肥及治虫对稻田水产动物造成影响。

5. 适应工业化、城市化发展，发展规模经营

农业结构已由粮棉油生产，逐步转向渔业、畜牧业、园艺蔬菜业、林业等其他多种经营。随着我国工业化、城市化的发展和农业机械化水平的提高，大量农村富余劳动力流向工业和城市。适应这一趋势，部分农村闲置或抛荒土地流向了稻田渔业，规模化、产业化经营也成为稻田渔业新的发展趋势。

四、现代稻田生态渔业建设时期

十八大报告指出，必须树立尊重自然、顺应自然、保护自然的生态文明理念，把生态文明建设放在突出地位，实现中华民族永续发展。其后，中共中央、国务院相继印发了《关于加快推进生态文明建设的意见》和《生态文明体制改革总体方案》，对生态文明建设进行了全面部署。十八届五中全会又提出了“创新、协调、绿色、开放、共享”的新发展理念，生态化成为稻田渔业的发展方向。

1. 稻田渔业生态化探索

以2012年党的十八大召开为标志，稻田渔业也进入了生态文明新时代。稻田

渔业摆脱了长期以来“品种单一、经营分散、规模较小、效益较低”的劣势，积极运用新发展理念，发挥其“保护环境、恢复生态、美化景观、产品安全”的生态优势和“以渔促稻、稳粮增效、绿色发展、品牌经营、提质增效”产业优势，突出现代农业产业化、规模化、生态化发展方向，发展“种、养、加、销、游”一体化经营模式，推动稻田渔业与休闲观光有机结合，延长产业链，打造生态链，提升价值链，努力实现“稳粮、促渔、增效、提质、生态”的发展目标，实现了生态产业化与产业生态化的统一。

上海海洋大学王武团队在辽宁省盘山县创建了河蟹与水稻综合种养“大垄双行、早放精养、种养结合、稻蟹双赢”的“盘山模式”，到 2011 年底，该模式在北方水稻主产区推广面积达 130 多万亩。除辽宁，还在河南、河北、黑龙江、吉林、内蒙古、新疆、宁夏等北方省区示范推广。实现亩产水稻 650 千克，河蟹 30 千克，亩产值3 800 元，综合亩效益 2 200 元。“盘山模式”保障了粮食安全，是资源节约型、环境友好型和食品安全型产业。湖北潜江市“虾稻”模式，每亩产虾 50 千克，商品虾规格 40 克以上，亩效益 3 000 元以上，后又探索了“稻虾连作”，一年产一季稻、收两季虾。到 2017 年，潜江“虾稻共（连）作”面积达 65 万亩，稻田产虾 10.3 万吨，虾田产稻 33 万吨，综合产值 230 亿元，户均增收 1.6 万元，被形象比喻为“潜江人用十八年养大了一只虾”。潜江“虾稻共（连）作”既稳定了粮食产能，又破解了农民增收难题，打造了农业绿色发展新样板，增添了稻田生态新动能，是现代生态农业的成功典范。

2. 提升稻田渔业湿地生态功能

稻渔轮作和稻渔连作模式使稻田由短期积水为常年蓄水，生物多样性和生态系统稳定性远高于一般稻田及其他人工湿地，生态作用时间延长，生态功能提升。安徽省稻田渔业实现了“蓄水保水、抗旱减灾、减少污染、气候调节”的生态效益。江苏苏州、南京等为发挥稻田生态作用，将稻田纳入人工湿地保护，先后于 2010 年和 2012 年给予每亩 200～400 元的生态补偿。上海、浙江等地也已对稻田开展生态补偿，最高标准为每亩 800 元。

（1）净化空气，调节气候气温。湿地被誉为“地球之肾”，常规稻田为季节性人工湿地，稻田又是南方地区之“肺”，对空气质量、大气环流和当地气温都有重大影响。水稻具有固碳增氧、生产稻米的功能，每亩稻田比旱地要多固定 800 千克左右的碳。同时，稻叶蒸腾作用，具有强大的气温调节功能，夏季能带走大量地表热量，冬季又将水中保留的热量扩散到空气中，具有气候“稳定器”作用。据权威机构研究，夏季每亩稻田从地表带走的热量相当 125 台 5 匹空调的效果，可消除城市“热岛”效应。研究表明，稻田渔业温室气体排放大大减少，甲烷排放降低了 7.3％～27.2％，二氧化碳排放降低了 5.9％～12.5％。同时，水稻植株在夏、秋季节旺盛生长，还可以过滤、吸附空气中浮尘，吸收转化污染空气中有毒有害物质，能净化空气、消除空气污染，这也是夏、秋季空气状况往往好于冬季的重要原因。

（2）净化水质，治理生活污水。稻田与生俱来就具有净化水质功能。天津等城郊地区都曾有利用城市生活污水灌溉稻田的历史。2011年浙江省浦江县杭坪镇利用150亩稻田处理全村5 000名村民产生的生活污水，在仅施一次肥的情况下，每亩稻谷产量达799千克的超高产。实践证明，每亩高产稻田可处理30多人生活污水。研究表明，污水进入稻田5～7天后，水体中悬浮物降低75%～94%，每亩稻田每季可净化500～800立方米生活污水。研究还表明，稻田中养殖的鱼、虾、蟹等水产动物能大量摄食稻田中蚊子幼虫和钉螺等，可减少疟疾和血吸虫病等传染病发生。

（3）蓄水保土，防控洪涝灾害。稻田渔业筑埂、开沟、挖坑等工程设施，增加了蓄水量。据专家测算，长江三角洲现有稻田蓄水量相当于1个太湖；如改成稻田渔业，蓄水量又增加一倍，相当于2个太湖的蓄水量。著名水稻专家凌启鸿认为，林地虽有防止暴雨对地表直接冲刷作用，但在地表形成径流的情况下，防止表土流失的作用远不及有田埂的稻田。同时，稻田渔业田间水渗透增加了地下水贮藏量。另外，稻田蓄积作用使大量可能流出的水资源被滞留于当地，就地实现水循环。安徽实践证明，每亩稻田渔业可多蓄水200余立方米，既节约了水利投资，又增加了蓄水，达到了“蓄水保水、抗旱减灾、减少污染、气候调节”的生态效果。

3. 稻田渔业提高生态安全

新型稻田渔业使集约化经营与生态化生产有机结合，实现了生态产业化和产业生态化的统一。稻田渔业系统利用微生物作用，水产动物排泄物和其他废弃物转化为水稻肥料，生物间共生互利，一田多用、一水多用、一物多用，并循环利用。同时，水产动物促进了稻田“水—土”和“水—气”两界面物质交换，有利于促进水稻和水产双高产。同时，由于稻田水产动物清除和抑制杂草，消灭或减少害虫，减轻水稻病害，从而减少杀虫剂和除草剂等农药使用；田间水产动物粪便为水稻“均匀施肥”和“均衡施肥”，减少化肥使用。根据农业农村部19个稻田渔业示范点测产验收结果，示范点中最低减少化肥用量21.0%，最高减少80.0%；农药用量最低减少30.0%，最高减少50.7%。研究表明，稻渔综合种养平均可减少50.0%以上的化肥使用量，减少50.0%以上的农药使用量。据辽宁省连续5年定点监测，稻田养蟹土壤有机质、全氮、全钾和水解性氮含量增加明显，平均年增幅分别为3.5%、3.2%、5.9%和5.9%，从而有利于减轻农业面源污染、保证水稻稳产高产。据研究，每亩稻田水产品载有量100千克以上，一年后土壤氮、磷、钾含量分别提高57.7%、78.9%和34.8%，亩增产5%～15%。湖北省甚至将鳖虾鱼稻综合种养概括为“水稻＋水产”＝“粮食安全＋食品安全＋生态安全＋卫生安全＋地力增强＋产业化增强＋品牌效应增强＋合作组织增强＋农民增收＋农业增效”。稻田渔业以生态化方式，实现太阳能、自然资源和投入品的循环多重利用，提高了资源利用率、土地生产率和劳动生产率，实现了农业绿色发展。

4. 稻田渔业引导绿色健康生活

稻田渔业适应了人们对食品安全的要求。稻田养殖的水产动物，大多对除草剂和杀虫剂等农药敏感，尤其是虾蟹类与水稻害虫同属节肢动物，对杀虫剂更为敏感，稻田渔业必须严格控制农药、化肥使用，大量设置灭虫灯，既为稻田水产动物提供优质活饵料，又避免或减少农药使用。同时，化肥使用也被严格控制，尽量使用有机肥或生物肥，并按照安全农产品甚至有机农产品标准组织生产，从而使养殖水产品成为稻米安全的标志。水产动物，尤其是虾蟹类更成为稻米安全的“代言人”。如“盘锦模式”瞄准大米中高端市场，实施品牌战略，将养蟹稻田生产的优质大米，以配送方式直接供应中高端消费者，蟹田米最高售价超过40元/千克，提高了水稻经济效益。浙江德清鳖田米售价达98元/千克，广东连南县稻田禾花鱼价格是同类鱼的5～6倍。浙江临安稻田养蛙、稻田养鳖模式生产的“太阳米”、余杭虾塘种稻生产的“仁溪”牌稻米平均售价16元/千克，比一般稻田米高出10元/千克。

5. 稻田渔业带动生态文化旅游

稻田渔业造就了乡村魅力的生态文化。浙江青田稻鱼系统、贵州从江稻鱼鸭系统和云南红河哈尼梯田系统在被列为全球重要农业文化遗产项目之后，很快成为当地旅游热点。在浙江青田龙现村，遗产保护与旅游开发结合，使田鱼文化、华侨文化、民俗文化、古居文化等融入旅游开发，以“游真山真水，品农家野味”为主题，发展了集赏鱼、钓鱼、吃农家菜、住农家房为一体的农家乐旅游，吸引了国内外大量游客，全村旅游收入超500万元。在稻田渔业重点地区，节庆游加速了当地生态旅游发展。湖北省潜江稻虾产业从业人员超过10万人。从2010年起，每年举办“中国湖北（潜江）龙虾节”，将“龙虾节”打造成富民、惠民、乐民的文化品牌和节庆盛典，吸引了全国各地宾客前来参观旅游，或品味“稻田虾”，或采购“虾田米”，带动了当地旅游业兴起；2016年仅五一小长假期间，就有10万外地食客赴潜江吃虾，2 000多家餐饮店3天卖出50多万千克小龙虾，营业额达1亿元。广东省连南县自2014年起连续举办稻田鱼节，通过“万人渔乐”活动，以“旅游＋稻田养鱼”模式扩大了瑶山稻田鱼、米品牌影响，连南“稻田鱼文化节”获得了“国家级示范性渔业文化节庆（会展）”称号，带动了当地稻田水产品销售。

（作者单位：江苏省扬州市农业农村局）

地方发展篇

DIFANG FAZHAN PIAN

江苏城乡融合发展的探索实践与现实路径

杨时云

城乡是一个整体，是相互促进、共生共存的，合理的城乡体制和城乡关系，事关社会主义现代化建设全局。新中国成立以来，江苏城乡关系的发展，经历了从严重分割到协调发展，从一体化发展到融合发展的过程，历程的演变早于全国，进程的演变快于全国，城乡协调发展总体上走在全国前列。

一、江苏城乡关系的变迁

马克思主义认为，随着社会生产力的提高，城乡关系将依次经历城乡依存、城乡分离、城乡融合三个过程。总结回顾江苏城乡关系发展历程，大致可以分为四个阶段。

（一）1949—1978年，从城乡互助到城乡二元结构有所打破

新中国成立初期，江苏上下进行土地改革，党委和政府集中足够的力量放在领导农业增产上，农村开始社会主义改造，开展农业互助合作运动，至1957年农业总产值达到36.8亿元，比1949年增长了57.4%，存在着“城市—工业”、“农村—农业”典型的二元经济结构，农村从事单一的种植业生产和小部分个体贩运，工业完全没有。1958年后，在“一大二公”的人民公社体制、全社会大炼钢和“人民公社必须大办工业”号召等背景下，农村出现了一些小规模作坊式工业。工业产品严重匮乏，加之农村出现较多的富余劳动力，省委省政府提出了“围绕农业办工业、办好工业促农业”的指导方针，大量发展支农工业，至1978年底全省已有社队企业5.65万个，从业人员249万人，产值63亿元，城乡二元经济结构有所松动。

（二）1979—2002年，从城乡关系调整缓和到城乡差距拉大

党的十一届三中全会后，江苏进行大宗作物联产计酬试点，推开多种形式生产责任制，涌现出发展乡镇企业的“苏南模式”、发展农村商品经济的“耿车模式”，

农村经济发展迅猛，非农产业蓬勃兴起。1984年全省粮食达到3 353.6万吨，非农产业比重达54.4%。随着农产品市场逐步放开和积极发展多种经营方针，全省乡镇企业高速增长，至1988年，农村非农产业比重提高到70.8%。而后，由于农业投入政策、农产品购销价格政策等关键问题没有根本解决，以及治理整顿、抑制通货膨胀的宏观调控政策，乡镇企业发展速度回落较大，劳动力大量回流，加上1991年的洪涝灾害，农民收入增长缓慢，1989—1991年间年递增率仅为4.9%。1992年邓小平同志南方谈话后，全省干部思想得到极大解放，乡镇企业出现第二次飞跃，同时省委省政府大力推行区域共同发展、科教兴农和加大扶贫解困力度等政策，1998年与1991年相比，农村社会总产值年递增29%，农民人均纯收入年递增20.4%。随着工业化城镇化进程的加快，尽管农业农村也呈现大发展，但工农差距和城乡差距在不断扩大，特别是20世纪90年代之后，农村税费等负担直线上升，城乡差距更大。2002年，全省城乡居民收入倍差达到2.05∶1，远高于1983年1.40∶1的水平。

（三）2003—2012年，从城乡统筹发展到城乡发展一体化

党的十六大提出统筹城乡经济社会发展方略，启动建设社会主义新农村；十七大明确要求建立以工促农、以城带乡长效机制，加快形成城乡经济社会发展一体化新格局；十七届三中全会对全面推进农村改革发展作出具体部署。这段时间将解决“三农”问题作为全党工作的重中之重，制定“多予少取放活”的基本方针，作出“两个趋向”判断，全面取消农业税，改变“重城抑乡”、“重工轻农”的传统观念和“城乡分治”的政策体系，更多地关注农村、关心农民、支持农业，推动城乡平等和谐发展。江苏从“两个率先”的大局出发，坚持把“三农”工作放到全局工作重中之重的位置，作出了实施农业现代化工程和城乡发展一体化战略的重大决策。2003年部署实施农村五件实事，2005年比全国提前一年实现免征农业税，2006年又启动实施新一轮五件实事。2008年在苏州市开展城乡发展一体化综合配套改革试点，从领导体制、组织机制、政策措施等方面开展探索试验。2009年实施新一轮农村实事工程。2011年省第十二次党代会提出“全面建成更高水平小康社会，加快形成城乡一体化发展新格局”，并启动实施村庄环境整治行动计划，实施以“有持续稳定的集体收入、有功能齐全的活动阵地、有先进适用的信息网络、有群众拥护的双强带头人、强化村党组织领导责任”为内容的村级“四有一责”建设行动计划，实施农业现代化工程等“八项工程”，推动城乡发展一体化。

（四）2013年以来，从城乡发展一体化向城乡融合转变

党的十八大提出将大力推进城乡一体化建设作为解决“三农”问题的根本途

径，并强调要加快完善城乡发展一体化体制机制，促进城乡要素平等交换和公共资源均衡配置。十八届三中全会对健全城乡发展一体化体制机制做了全面部署，指出要形成以工促农、以城带乡、工农互惠、城乡一体的新型工农城乡关系。党的十九大明确实施乡村振兴战略，旨在打破政府单一主体，促进生产要素在城乡之间合理流动和平等互换，即通过城乡高度融合来实现城乡协调发展。2013 年江苏组织实施农业现代化工程十项行动计划，2014 年编制了《江苏省新型城镇化与城乡发展一体化规划（2014—2020 年）》，大力推动现代农业迈上新台阶。2018 年以来，科学做好江苏乡村振兴总体设计，把走在前列、率先实现农业农村现代化作为目标追求，以推进“十项重点工程”为主要工作抓手，聚焦居住条件短板、乡村环境短板、低收入农户群体，积极改善苏北地区农民住房条件，深入整治农村人居环境，切实打赢脱贫攻坚战，全面实施乡村振兴战略，推动城乡融合发展。

二、江苏城乡融合发展的成效

新中国成立以来，江苏城乡二元结构实现了由严重分割到趋向融合的历史性演进。乡镇企业发展初期，农村主要是利用城市的技术、人才，广泛开展多种形式的联合和合作，打破了城乡壁垒。20 世纪 90 年代以来，随着工业化、城市化的加快推进，大批农村劳动力进城务工经商、在非农产业就业，一大批农民进入城镇落户。近年来，江苏加大统筹城乡发展力度，城市基础设施加快向农村延伸，城市公共服务加快向农村覆盖，城市资源和生产要素加快向农村流动，城市文明加快向农村传播，城乡关系日益密切，城乡融合发展步伐加快。

（一）城乡经济实力实现巨大提升

新中国成立后，江苏经济在一片废墟中崛起，创造了一个又一个奇迹。全省生产总值 1952 年为 48.4 亿元，1988 年突破 1 000 亿元，2002 年突破 1 万亿元，2018 年达 9.26 万亿元，居全国第二位，累计增长 1 913 倍，年均增长 12.1%。占全国的份额由 1952 年的 7.1%提高到 2018 年的 10.3%。农林牧渔业总产值 1949 年为 22.6 亿元，1976 年突破 100 亿元，1994 年突破 1 000 亿元，2018 年达 7 192.5 亿元，累计增长 318.3 倍，年均增长 8.7%。

（二）三次产业结构实现历史性改变

1952 年，全省农业增加值占 GDP 比重高达 52.7%，工业比重仅为 15.8%。经过不断调整优化和转型升级，2018 年，全省第一二三产业增加值比例为 4.5∶44.5∶51，与 1952 年相比，第一产业比重下降 48.2 个百分点，第二产业比重上升 26.9 个百分点，第三产业比重上升21.3个百分点。1975年二产比重超过一产比重，1989年三产比重超过一产比重，2015年三产比重超过二产，逐步完成了由“一三二”到“二一三”到“二三一”，再到“三二一”的历史性转变。从农林牧渔及其服务业内部结构看，单一的粮食生产格局被打破，呈现多种经营均衡发展的良好态势。在全省农业总产值中，农作物种植业的比重由1949年的85.9%降至2018年的51.9%，林牧渔业比重及农业服务业比重由14.1%上升至48.1%，增加了34个百分点，其中农业服务业从无到有，2018年的比重上升到7.1%。

（三）农民生活水平实现显著改善

新中国成立后特别改革开放以来，居民生活水平实现了由贫困到温饱不足，再到总体小康，并正向高水平全面小康迈进的重大转变。全省农民人均收入2018年达20 845元，是1954年71元的294倍，年均增长率为9.3%。以1987年全省人均GDP比1980年翻一番为标志，江苏摆脱贫困进入温饱阶段。1994年，对照当时国家统计局确定的16项小康指标，全省基本实现小康。1997年，淮北地区如期解决207万贫困人口的温饱问题，全省告别贫困县。到20世纪末，全省以县为单位达到了总体小康水平。进入新世纪，江苏全面小康社会建设进程逐步加快，综合实现程度持续提升。农民消费结构显著优化，新中国成立初期城乡居民消费结构单一，基本上以“吃”为主，农民恩格尔系数1954年达71.5%、1978年为62.3%。改革开放后，居民消费结构发生显著变化，穿、住、用、行的比重上升，农民恩格尔系数2018年已下降至26.2%，仅比城镇居民高0.1个百分点。农村居民人均生活消费支出从1954年的93元增长到2018年的16 567元，年均增长8.4%。

（四）农村基础设施实现全新改观

农村实事的兴办，极大地改善了农村生产生活条件和乡村面貌。第三次农业普查资料显示，2016年末，农民住房上，全省99.8%的农户拥有自己的住房，93.0%的农户使用经过净化处理的自来水，58.4%的农户使用水冲式卫生厕所；农村交通上，在乡镇地域范围内，有火车站的乡镇占5.7%，有码头的占20.9%，有高速公路出入口的占30.3%，99.9%的村通公路，村委会到最远自然村、居民定居点距离以5公里以内为主；乡村能源、通信上，100%的村通电，14.2%的村通天然气，100%的村通电话，99.7%的村安装了有线电视，99.3%的村通宽带互联网，37.4%的村有电子商务配送站点；环境卫生上，99.6%的乡镇实施集中或部分集中供水，98.6%的乡镇生活垃圾集中或部分集中处理，98.9%的村生活垃圾集中或部分集中处理，36.5%的村生活污水集中或部分集中处理，94.5%的村完成或部分完成改厕；乡镇、村市场上，96.8%的乡镇有商品交易市场，62.8%的乡镇有以粮油、蔬菜、水果为主的专业市场，73.9%的村有50平方米以上的综合商场或超市，4.1%的村开展旅游接待服务，45.6%的村有营业执照的餐馆。

（五）农村社会保障实现长足进步

农村社会保障体系实现了从相当薄弱到逐步完善的历史性进步，农村最低生活保障实现应保尽保，全省每年低保和临时救助人数达200万人次，农村低保最低标准提高到每人每月430元；实施统一城乡居民医保制度，城乡居民医保制度覆盖范围包括现城镇居民医保和新农合所有应参保（合）人员，城乡居民基本医疗保险政府补贴标准提高到470元，新农合政策范围内报销比例达到76%以上；农村养老保险制度稳步推进，从1992年开始农村建立了养老保险制度，养老保险覆盖面逐步扩大，城乡居民基本养老保险基础养老金最低标准为每人每月125元，农村老年低保对象平均保障标准为每人每月611元。农村公共服务实现了从长期供给不足到日益便捷全面的历史性发展，据第三次农业普查资料，2016年末，全省99.6%的乡镇有图书馆、文化站，44.1%的乡镇有剧场、影剧院，49.8%的乡镇有体育场馆，89.6%的乡镇有公园及休闲健身广场，79.3%的村有体育健身场所；99.8%的乡镇有幼儿园、托儿所，99.5%的乡镇有小学，36.0%的村有幼儿园、托儿所；99.9%的乡镇有医疗卫生机构，99.9%的乡镇有执业（助理）医师，98.2%的乡镇有社会福利收养性单位，88.9%的村有卫生室。

三、江苏推进城乡融合发展的基本经验

江苏在工业化城镇化进程中，农业一直没有被边缘化，现代农业建设水平走在全国前列，实现这样的协调发展，在多年的实践中，历届江苏省委省政府始终坚持把农业放在重中之重的位置，坚持“四化同步”推进，持续加大投入力度，不断改革创新，切实推进城乡协调发展、统筹发展、一体化发展、融合发展。

（一）始终坚持重视“三农”基础性地位

江苏对“三农”重要性的认识在实践中逐步深化，“三农”的基础性地位在解决新矛盾、新问题的过程中不断巩固。江苏有个比喻农业分量的“陀螺论”，份额在GDP中越来越小的“农业”，是“陀螺”的尖，无“尖”不转；二三产业是“陀螺”的身，“身”大惯性大，转得才快；“尖”离不开“身”，“身”离不开“尖”，农业份额越小，承载的分量越重。这说明，经济总量越大，农业的基础作用越显得重要。无论农业经济在总量中的比重如何变化，江苏始终坚持加强领导力量和管理服务体系，全省自上而下形成了党委统一领导、党政齐抓共管、农村工作综合部门

组织协调、有关部门各负其责的农村工作领导体制和工作机制。省市县三级班子中都配备了主抓“三农”工作的分管领导，建立职能明确、权责一致、运转协调的农业行政管理体制，“三农”管理服务体系一直延伸到村组。依靠强有力的“三农”工作的组织保障，党的方针政策得到了顺畅的贯彻执行，农民利益诉求有了贴心的代言人，农村稳定发展有了坚实的基础。

（二）始终坚持强化“三农”政策支持

无论宏观经济环境如何变化，江苏始终坚持对“三农”予得更多、取得更少、放得更活，逐步完善强农惠农富农政策，在财政支出、建设安排、分配政策上向“三农”倾斜。在全国率先全面推开农村税费改革，比全国提前一年全部免征农业税，较早实行种粮补贴、良种补贴、农机补贴、农资综合补贴、农业保险等，逐年加大对农村实事工程、重点水利工程、粮食生产、高效设施农业发展、农业科技创新与成果转化、农业综合开发、农村金融服务体系建设等扶持力度。2001—2008年，省财政支农投入年均增幅达25%左右。“十一五”期间，省财政安排的支农资金年均增长41%，远高于同期省级财政经常性收入增幅。省级财政高效设施农业专项资金2006年设立时为5 000万元，到2013年已增加至11亿元左右。同时，通过以奖代补、先建后补、民办公助等机制，调动农民投资投劳积极性，并引导和带动数千亿元社会资金投入“三农”。

（三）始终坚持尊重农民主体地位

江苏在农村经济发展过程中，始终坚持农民主体地位，注重倾听农民呼声，引导农民广泛参与，把增进农民福祉作为出发点和落脚点，确保每一个行动、每一次前进都能符合农民的期待、经得起农民的检验。鼓励和支持农民群众创新创造，探索出发展乡镇企业的“苏南模式”、“耿车模式”，多种放活土地经营权的“联耕联种”、“农田托管”、“合作农场”、“土地股份合作”、“联盟服务”，土地流转“100～300亩适度规模经营”标准，提升农民精神风貌的“马庄经验”等，在全国产生了积极影响。

（四）始终坚持推进以工补农以城带乡

“无农不稳、无工不富、无商不活”、“以工补农、以工建农”，是江苏农村经济发展的真实写照。无论经济发展阶段如何变化，江苏始终围绕促进资源要素在城乡间合理流动和优化配置，以工业化致富农民、以城镇化带动农村、以产业化提升农业，促进城乡融合发展。改革开放初期，利用乡镇企业率先发展的有利条件，实行“以工补农、以工建农”政策，协调农业与工业收益悬殊的矛盾。20世纪90年代中期，积极推进贸工农一体化，大力发展产业化经营，推动城乡一体化发展。21世纪以来，积极探索村企挂钩、以企带村、村企共建路子，以工促农、工业反哺农业成为新趋势，城乡融合发展成为新态势。

四、推动江苏城乡融合发展的现实路径

党的十九大作出实施乡村振兴战略的重大决策部署，明确指出要建立健全城乡融合发展体制机制和政策体系，加快推进农业农村现代化。推进城乡融合发展、资源共享、要素互通，既是未来发展的新方向，也是新号召，更是新要求。在实施乡村振兴战略的新征程中，应强化系统思维，坚持问题导向，聚焦补齐农业农村短板，推进城乡产业融合、要素融合、服务融合、空间融合“四大融合”，推动江苏城乡融合发展走在全国前列。

（一）推进城乡空间融合，优化乡村发展布局

推动城乡空间融合，要打造集约高效生产空间、宜居适度生活空间、山清水秀生态空间，构建城乡融合发展空间格局，当前应从优化乡村发展布局、强化生态空间保护、构建乡村公共空间等方面推进。

1. 强化顶层设计

一是科学合理建设“三区”。强化粮食生产功能区和重要农产品保护区建设，保证粮食和重要农产品生产基本稳定，农业基础设施更加稳固；以区域资源禀赋和产业比较优势为基础，进一步优化特色农产品生产布局，做大做强特优区。二是形成农业生产力区域布局。要主动适应农村产业发展需要，合理划定养殖业适养、禁养、限养区域，科学规划乡村经济发展片区，构建科学适度有序的农业生产力空间布局体系。要依托各类农业园区以及农产品加工集中区建设，推动农业规模经营，促进乡村产业集群集聚发展；同时挖掘乡村产业特色、文化底蕴和历史资源等，选准乡村发展定位。三是调整优化农业空间结构。要进一步加大农业结构调整优化力度，在单位面积效益上求突破、在空间上求发展。推动单一品种种植向多品种立体复合经营转变，推动粮经饲统筹、农林牧渔结合、种养加一体，推动产业布局水陆空齐头并进。同时要延伸农业产业链条，推进农业产业向全产业链发展。

2. 强化生态空间保护

一是建设美丽宜居乡村。深入实施农村人居环境整治三年行动计划，聚焦“四治理四提升”，促进人与自然和谐共生、村庄形态与自然环境相得益彰。积极稳妥推进苏北地区农民群众住房改善，优化城乡空间布局，显著提升群众的住房条件、人居环境和文明程度。二是保护农产品产地环境。严格保护农村自然生态系统、山

水林田湖草、重要水源涵养区、自然湿地和野生动植物资源；发展生态农业，推动化肥农药减量增效，提升农田废弃物资源化利用水平；加强土壤改良、地力培肥、控污修复，持续提升耕地质量。三是着力构建田园生态系统。学习推广“戴庄经验”，遵循生态系统整体性、生物多样性规律，科学规划农业生态布局，修复农田生物多样性和生态链，打造种养结合、生态循环、环境优美的田园生态系统，推动形成小流域生命共同体生态系统。在苏南地区整体推进的基础上，逐步扩大耕地轮作休耕实施规模，使土地休养生息，农业实现可持续发展。

3. 重构乡村社区公共空间

一是推进乡村公共空间整治。推广邳州公共空间整治实践经验，将乡村公共空间构建和推进产权制度改革、开展清产核资相结合，和乡村环境整治相结合，和生产、生活、生态环境建设相结合，和公共服务及基础设施建设相结合，还公共空间于公众。二是搭建乡村治理公共平台。建设好乡村综合文化场站、卫生服务室站、居家养老服务中心等，完善基层基本公共服务阵地，打造理论宣传、文化教育、健康体育、科技科普“一站式”综合服务平台。三是推进乡村网格化治理。科学统一规划乡村网格单元，建强网格化服务管理中心，按照“五个一”要求，推广应用“全要素网格通”，提升农村社会治理精细化智能化水平。创新乡村治安防控体系建设，扎实开展扫黑除恶专项斗争。深化村民自治、强化乡村法治、提高乡村德治水平，健全“三治”结合的乡村治理体系。

（二）推进城乡要素融合，加快资源要素城乡对流畅流

推进资源要素在城乡之间大流动、大发展，要依靠改革破解制度障碍、制约瓶颈，全面激活要素、市场和主体，让越来越多的人带着技术、资本、文化投入乡村，为城乡融合增添新动能、注入新动力。

1. 让社会各类人才在乡村留下来、扎下根

一是培育高素质农民。整省推进高素质农民培育，加快建设知识型、技能型、创新型新农民队伍。创新高素质农民培训机制，鼓励有条件的新型农业经营主体承担培训，引导地方开展委托定向培养农业专业人才。支持职业农民向专业大户、家庭农场转变，实现“新农民”与“新主体”的融合发展。二是推动各类专业人才下乡。支持社会力量在乡村投资创业，完善创业鼓励政策和服务体系。鼓励大学生到乡村就业或志愿服务，为返乡创业人员、新乡贤、志愿者和各类人才创业创新搭建服务平台。引导科研力量和人员下沉，推进科技下乡、品种进村、技术到户。三是强化乡村人才队伍建设。深入实施“一聚三强”带头人队伍建设计划，大力推进“定制村官”工程和“双培育双提升”五年行动计划，培养优秀的农村基层党组织带头人。出台乡村干部培养选拔任用激励政策，让“村官”在农村留得住、扎下

根。健全乡村人才配套服务机制，经济上提高待遇，政治上给予关照，让乡村留得住人。

2. 让农村各种资产实现优化配置、发挥效用

一是深化农村土地制度改革。巩固完善农村基本经营制度，落实集体所有权、稳定农户承包权、放活土地经营权，保持土地承包关系稳定并长久不变。引导各地积极探索符合当地实际的“三权分置”有效形式，总结提升武进区“三项改革”试点经验，加快形成具有江苏特点的农村土地制度改革成果。积极研究探索“第二轮承包期到期后再延长三十年”实施办法，在守住“四条底线”的情况下，因地制宜推进农村土地经营权流转。二是深入推进农村产权制度改革。突出农村集体经营性资产股份合作改革这个重点，逐步完善股份合作组织运行机制，进一步推进多种形式的股份合作。全面完成农村集体资产清产核资，建立登记制度，对集体所有的资源性、经营性和非经营性资产全面清查，摸清“家底”。以成员界定、资产量化、股权管理和收益分配为主要内容，有序推进农村社区股份合作制改革。三是大力发展农村集体经济。引导支持农村集体经济组织依据当地实际，开辟多种形式的发展路径。加强村集体资产财务管理，创新管理模式，推行村级集体资金管理非现金结算，多层次开展审计工作，探索村级财务第三方代理制度，提高资金管理使用的安全性和透明度。扩大全省农村集体“三资”管理“阳光行动”试点范围，普及“互联网＋”手段，保障农村集体经济组织成员的知情权、决策权和监督权。

3. 让多方各项资金进入投资洼地、带动农村发展

一是优化财政投入机制。健全财政支农投入稳定增长机制，确保财政支出更大力度向“三农”倾斜。实行“大专项＋任务清单”管理，建立健全涉农资金统筹整合长效机制。创新财政资金使用方式，探索建立风险补偿基金、发展基金、投资基金等，发挥财政资金杠杆作用。二是大力推进农村金融创新。健全适合农业农村特点的农村金融体系，将更多金融资源配置到农村经济社会发展的重点领域和薄弱环节。促进金融机构间相互合作，创新农村金融产品，健全完善农村金融服务体系。加快推进农业信贷担保公司由省级向市县延伸，畅通农村利用资本市场直接融资渠道。三是推动社会资本更多投向农业农村。重点引导和鼓励社会资本投入到农业绿色发展、高标准农田建设、现代农业产业园、田园综合体等领域。鼓励工商资本为推动城乡融合发展、实现乡村振兴提供综合性解决方案。积极探索农业重点领域运用 PPP 项目合作等新机制新模式。

（三）推进城乡产业融合，实现城乡产业融合发展

乡村产业包括农产品的种养、加工和流通，也包括传统手工业，还包括农村小商业、小集市，以及乡村旅游、休闲农业等，既是传统的农业种养，又有更广的乡

村服务等外延。推动乡村产业发展，要按照省委省政府要求，全力做好“三业三化”新文章。

1. 构建现代乡村产业体系

一是巩固提升农业主导产业。实施藏粮于地、藏粮于技，守好213.33万公顷水稻，稳定粮食产能。大力发展优质食味水稻品种、绿色精品特色蔬菜和生态畜牧、特色水产业，实现农产品高质量供给。整县推进土地综合整治和高标准农田建设，整省推进粮食生产全程机械化，大兴农田水利建设，提升农业设施装备水平。二是着力打造农业优势特色产业。深化农业结构调整示范县、农业特色小镇、“一村一品一店”等示范创建。重点打造8个产值超千亿元的优势特色产业，将实施8个千亿元级产业规划和10个行动方案作为主要抓手，整合产业链各发展要素，提升特色产业核心竞争力。积极创建特色农产品优势区，放大江苏省“中国特色农产品优势区”效应。三是大力发展乡村服务业。引导粮食、供销、邮政、农机、农垦等充分发挥作用，振兴乡村商业网点，发展乡村商贸服务业。传承发展传统经典产业，用好乡村民间故事、园艺、餐饮和历史遗址、红色文化等，发展乡村传统工艺、民间技艺、非遗产品产业。创新发展乡村民族和地域特色手工业，发掘农村能工巧匠，振兴“土字号”、“乡字号”产业。四是积极培育新产业新业态。挖掘乡村文化资源、旅游资源、生态资源等，重新认识乡村田园风光、独特风俗等新价值。推进农业与旅游、文化、教育、康养等深度融合，建设一批农业文化旅游“三位一体”、生产生活生态同步改善、一产二产三产深度融合的特色村镇。

2. 推进一二三产融合发展

一是大力发展农产品精深加工。推进农产品就地加工，实现农产品转化增值，提升农业价值链。打造农业产业化领军企业，促进农业生产、加工、研发和服务相融合。鼓励企业兼并重组，发展农业总部经济。二是延伸拓展农业产业链价值链。加强农产品品牌建设顶层设计，重点培育一批超亿元农产品区域公用品牌。加快构建现代农产品市场体系，推进农业物流基础设施互通互联、共建共享。以实施“一村一品一店”建设行动为抓手，支持农民电商发展。推广“生产基地＋中央厨房＋餐饮门店”、“生产基地＋加工企业＋商超销售”等产销模式，完善鲜活农产品直供直销体系。支持有条件的经营主体积极参与全球农业产业链、产品链、价值链分工合作，探索全产业链“走出去”模式，引领带动企业抱团走出去。三是着力打造融合发展载体平台。建设好现代农业“产业园”、“科技园”、“创业园”，坚持“姓农、务农、为农、兴农”，形成优势特色产业的规模优势，探索完善科技成果创新转化机制，培育发展现代农业科技产业。强化园区产前、产中、产后全程服务供给，使其真正成为促进三产深度融合的重要载体。深入实施农村产业融合发展试点示范工程，打造农村产业融合发展的示范样板和平台载体。

3. 完善农户利益联结机制

一是扶持小农户发展。以农民利益为中心，加大对小农生产的政策扶持。研究制定扶持小农生产的政策意见，通过政策扶持、风险防范、服务供给等，把小农生产引入现代农业发展轨道。二是提升经营主体质量和带动能力。分类施策推动各类新型农业经营主体高质量发展，支持农业产业化联合体、农民合作社综合社（联合会）、家庭农场联盟（集群）等建设，提升规范化、集约化、专业化、组织化、社会化水平。鼓励新型经营主体整合资源要素，延伸服务环境，增强服务功能，拓宽服务领域，帮助小农户对接市场，提升抗风险能力。打造管理和维护好“苏合”联社，组织小农户抱团闯大市场。三是强化农民利益联结。健全工商资本以及各类新型农业经营主体与农户的利益联结机制，建立稳定的订单和契约关系，实现与农户的“利益共享、风险共担”，让农民分享加工、销售环节的增值收益。

（四）推进城乡服务融合，促进农业农村服务社会化均等化

推动城乡融合发展，新型农业社会化服务体系全程覆盖、基础设施城乡互联互通、公共服务向农村延伸是重点领域，促进城乡基础设施和公共服务标准化、优质化、均等化是当务之急。

1. 切实提升农业服务水平

一是推动服务向农村延伸。建设“一站式”乡镇农业服务中心和村级服务站点，支持在家庭农场集群集聚区建设一体化现代农业综合服务中心。鼓励农业高等院校、科研院所与新型经营主体合作对接，建设区域综合性为农服务平台。二是推进服务融合发展。大力推广服务外包，切实提升专业性服务水平，促进公益性服务与经营性服务融合发展。支持龙头企业、农民合作社等开展专业服务，积极引导服务主体之间的联合与合作，鼓励发展服务型联合社（体）。发挥各类为农服务组织优势，制定行业规范与标准，促进资源共享、取长补短、融合发展。三是探索服务新模式。扎实推进政府购买农业公益性服务机制创新试点，支持有资质的市场化主体从事可量化、易监管的公益性农技推广服务。创新推广多元化服务模式，促进社会化服务向全程服务、大规模整建制服务和集约型现代农业生产方式转变。发挥各服务组织在实践中的积极性和创造性，研究设计先进、科学、高效的农业生产性服务技术模式、解决方案。

2. 大力发展农村社会事业

一是加快农村公路提档升级。深入实施“四好农村路”建设，完善农村公路网格、管养和运输体系，重点建设通行政村的双车道四级公里和特色田园乡村、新增景区、农业产业园、规划发展村庄的等级公路，推进城乡客运一体化发展。二是巩固提升农村饮水安全。加强供水水源、水质、水价监督管理，加快推动城乡居民用

水“同源、同网、同质、同服务”，实现区域供水通达行政村全覆盖。三是提高乡村电力保障水平。推动农村电力设施提档升级，“整村整镇”推进农村地区电网建设，实现农村电网“网架坚强、供电可靠、安全经济、供应和谐”。四是建设农村新一代信息基础设施。推动农村地区光纤宽带网络、4G网络全覆盖，加快三网融合在农村地区的推广普及，全面推进信息产品和信息服务进村入户，弥合城乡数字鸿沟。

3. 推动城乡公共服务均等

一是优先发展农村教育事业。深入实施乡村教育提升行动，吸引更多优秀教师到农村任教，推动城乡教育均衡发展。二是深入实施健康乡村建设行动。推动优质医疗卫生资源下沉乡村，加大农村卫生设施建设和基层卫生骨干人才补助力度，缩小城乡医疗服务差距。三是切实提高农村社会保障水平。加快构建城乡均等的基本保障全面覆盖、补充保障协调发展、兜底保障无缝衔接的社会保障制度。统筹城乡救助体系，完善最低生活保障制度，实现城乡低保一体化，补齐农村养老服务短板，建立健全农村留守儿童、妇女、老年人关爱服务体系。四是健全城乡劳动者平等就业制度。健全覆盖城乡的公共就业服务体系，着力提升农民就业质量。五是加快农业转移人口市民化。建立农业转移人口市民化激励机制，让农业转移人口享有城镇居民同等待遇，要维护进城落户农民在农村的合法权益，支持引导其依法自愿有偿转让土地承包权、宅基地使用权等。

（作者系江苏省委农办主任、省农业农村厅厅长）

宁夏农业辉煌“十一五”

赵永彪

“十一五”时期，是宁夏农业农村经济发展最快、农民群众得到实惠最多、农村面貌变化最大的时期。在党中央、国务院一系列强农惠农政策的指引下，自治区党委、政府认真贯彻落实科学发展观和重中之重战略思想，坚持“多予少取放活”和“以工促农，以城带乡”方针，坚持统筹城乡经济社会发展基本方略，团结带领全区各地各部门和广大农民群众，积极克服干旱等农业灾害的不利影响和国际金融危机的冲击，加快社会主义新农村建设，大力发展具有宁夏特色的现代农业，农业农村经济保持了持续良好的发展态势，圆满完成了“十一五”规划确定的主要目标任务。

一、资源优势

宁夏回族自治区位于我国西北地区东部，是全国5个少数民族自治区之一。全区土地总面积6.64万平方公里，总人口630万人，其中乡村人口占52%，回族人口占35.4%。全区辖5个地级市、22个县市（区）、202个乡（镇）2 340个行政村。

从地貌生态类型上讲，宁夏基本涵盖了我国西北地区干旱、半干旱气候特点的各种生态类型，是我国西北地区的一个缩影。按照自然条件和经济社会发展水平，主要分为北部引黄（河）灌区、中部干旱带和南部山区三大区域。北部引黄灌区是宁夏农业的精华之地，素有“塞上江南”、“西部粮仓”和中国十大“新天府”的美誉。中部干旱带土地广袤，草原辽阔，日照充足，昼夜温差大，工业污染少，是发展绿色、有机特色农产品的最佳适宜区。南部山区丘陵沟壑纵横，气候温和凉爽、环境洁净，是发展生态农业的较佳区域。

宁夏农业资源独具特色，发展潜力巨大。土地资源丰富。全区现有耕地106.67万公顷，人均0.19公顷，居全国前列。宜农荒地66.67万公顷，是全国8个宜农荒地超千万亩的省区之一。宜渔湿地13.33万公顷，是西北地区重要的淡水鱼生产基地。天然草原244.33万公顷，是全国十大牧区之一。农业灌溉条件便利。宁夏引黄灌区农耕历史悠久，自秦汉以来，利用黄河之便，兴修水利，灌溉农田，秦渠、汉渠、唐徕渠等古渠至今仍发挥着重要的作用。黄河流经宁夏13个县市397公里，年径流量325亿米^3，国家调配可利用水资源36亿立方米，有效灌溉面积50.67万公顷，是我国四大自流灌区之一，有塞上江南、鱼米之乡、西部粮仓的美誉。宁夏属温带大陆性气候类型，年平均降水量305毫米，蒸发量1 800毫米，年日照时数3 000小时以上，年平均气温5～10℃，昼夜温差13～15℃，无霜期160天左右，光热资源充足。宁夏农业生产环境洁净，非常适合无公害、绿色、有机农产品生产。目前，全区85%的耕地面积、85%的畜禽养殖规模、76%的养殖水面通过无公害产地认证。农产品特色鲜明，宁夏的枸杞有“枸杞甲天下”之说，产销量占全国的60%以上。宁夏的清真牛羊肉、乳制品和绒毛制品深受国内外客商的欢迎。“宁夏滩羊”是我国特有的种质资源，肉质鲜美。南部山区海拔高，隔离条件好，是马铃薯种薯生产的优势区域。中卫的硒砂瓜富含多种维生素，产品畅销全国，2008年成功进入北京奥运会，2010年成为上海世博会指定产品。

二、转变思路

“思路一变，空间无限”。“十一五”期间，宁夏农业农村经济发展取得较好的成绩，是多种因素综合作用的结果，但最根本的还是思想的解放，思路的转变。

（一）从“二分法”到“三分法”

宁夏区域不大，但生态类型多样，有农业生产水平较高的川区，也有农业基础较差的中南部山区；有引黄灌溉的绿洲农业区，也有“十年九旱”甚至“十年十旱”的旱作农业区。“十一五”期间，自治区党委、政府不断深化对区情和资源禀赋转化规律的再认识，积极调整发展思路，将农业区域划分从“二分法”（引黄灌区和南部山区）调整为“三分法”（引黄灌区、中部干旱带和南部山区），从不同区域的农业基础条件、生态环境和资源特点出发，因地制宜，分类指导，突出特色，发挥优势，提出了在引黄灌区建设现代农业示范区、在中部干旱带建设旱作节水农业示范区、在南部山区建设生态农业示范区的发展方略，使宁夏农业农村经济发展步入了快速的发展轨道。

（二）从注重生产环节到产业全程构建

坚持用工业化理念谋划产业化发展，顺应农业发展规律和经济规律，打破传统观念，跳出长期以来重生产抓粮食的传统思维模式，把农业作为一个开放的系统来审视，作为一个完整的产业链条来谋划，注重产前、产中、产后全程构建，突出生产、加工、流通各环节的有效衔接，着力做好“做大基地、做强龙头、做活市场”三篇文章，打响“特色、清真、绿色”三个品牌，充分发挥了宁夏农业的优势，推动了传统农业加速向现代农业的转变。

（三）从以传统种植业为主到粮食和特色优势产业协调发展

高度重视、着力谋划农业产业结构调整思路，科学处理增产与增收、“大田”与“大棚”、当前与将来的关系。一方面严格按照“三个稳定”（稳定农村基本政策不动摇、稳定基本农田面积不减少、稳定粮食产量不降低）的要求，紧紧抓住粮食生产不放松，顺应自然规律，实施压夏增秋、冬麦北移，扩大高产、节水粮食作物种植面积，扩大麦后复种面积，在粮食面积基本稳定的前提下，实现了粮食产量连续 7 年增长，一年上一个新台阶；另一方面充分发挥宁夏光热充足、环境洁净、灌区灌溉条件便利等资源优势，依托已有的传统产业，突出发展枸杞、肉羊、肉牛、奶牛、设施瓜菜、马铃薯、硒砂瓜、淡水鱼、苹果、红枣、葡萄和甘草等 13 个特色优势产业，充分利用了农业资源，提高了经济效益，促进了农民增收，保证了“大棚”与“大田”、粮食与特色产业的协调发展。

（四）从被动抗旱到建立抗旱增收长效机制

针对中南部地区“十年九旱”甚至“十年十旱”的严峻形势，提出并组织实施百万亩设施农业、百万亩覆膜保墒集雨补灌旱作节水农业和百万亩扬黄补灌高效节水农业建设规划任务，不仅有效转变了“年年抗旱年年旱”的被动抗旱局面，而且有力地促进了农业结构调整和增产增收。

总体上，“十一五”期间，宁夏农业农村经济工作顺应天时，遵循自然规律；顺应市场，遵循经济规律；顺应时代，遵循科学规律，走出了一条具有宁夏特色的现代农业发展道路。

三、辉煌成就

“十一五”期间，宁夏农业基础条件明显改善，农业综合生产能力大幅度提高，农业科技支撑能力明显增强，农村经营体制和机制不断完善，农民收入大幅度增加，农村面貌发生了翻天覆地的变化，农业农村发展步入历史上最好的时期。

（一）粮食综合生产能力大幅提升

宁夏虽然不是粮食主产区，但对供给周边、稳定区内发挥着重要作用。“十一五”期间，自治区从保供给、稳物价、保稳定的战略高度出发，高度重视粮食生产，加大强农惠农政策力度，积极调整粮食品种品质结构，大力实施粮食高产创建活动，着力推进马铃薯良种三级繁育体系建设，粮食总产连续突破 310 万吨、320

万吨、330万吨、340万吨、350万吨五个大关。2010年达到356.5万吨，再创历史新高，比“十五”末增产56.7万吨，实现了自治区成立以来首次“七连增”，也是全国五个连续七年增产的省区之一。人均粮食占有量达到560千克以上，位居全国前5位。

（二）特色优势产业高速增长

宁夏农业总量没有优势，只有靠特色才有出路，靠品质才有市场。“十五”期间，自治区在实施第一轮特色优势产业发展规划的基础上，从更高层次、更大规模、更强力度上实施了第二轮产业发展规划，通过规划引导和政策扶持，特色优势产业每年保持两位数增长，13个产业带基本形成，特色优势产业占农业总产值的比重达到82%，成为宁夏农业增效、农民增收、农产品市场竞争力增强最重要的支撑。截至2010年底，全区枸杞面积达到4.67万公顷，比“十五”末增长84.2%；肉牛饲养量达到189万头，比“十五”末增长62.1%；肉羊饲养量达到1 300万只，比“十五”末增长30.3%；奶牛存栏43.2万头，比“十五”末增长88.6%；马铃薯发展到26.67万公顷，比“十五”末增长81.8%；硒砂瓜稳定在6.67万公顷；淡水渔业发展达到4.4万公顷，比“十五”末增长150%；农作物制种达到3.33万公顷，比“十五”末增长61.3%；葡萄种植面积达到2.67万公顷，比“十五”末增长185.7%；红枣种植面积达到5.67万公顷，比“十五”末增长240%；优质牧草发展到40万公顷，比“十五”末增长25%；苹果种植面积达到5.07万公顷，比“十五”末增长153.3%；道地中药材达到5.53万公顷，比“十五”末增长315%。

（三）“三个百万亩工程”迅猛发展

2007年以来，自治区把发展百万亩设施农业、百万亩覆膜保墒集雨补灌旱作节水农业和百万亩扬黄补灌高效节水农业，作为宁夏建设现代农业的重要突破口和构建抗旱增收长效机制的重大举措，制定规划，加强行政推动、政策引导、资金支持和科技帮扶，“三个百万亩工程”实现了健康、快速发展。到2010年底，设施农业发展到7.05万公顷，四年累计新增5.95万公顷。日光温室亩收入平均达到2万元以上，高的达到了4万～6万元；大中拱棚亩收入平均达到4 000～6 000元。连湖供港蔬菜生产模式、中卫沙漠温室、银北盐碱地“台田”温室、吴忠孙家滩荒漠草地温室等实现了设施农业建设的重大创新。设施农业的发展，打破了季节和时空界限，确保了“菜篮子”市场供应，促进了农民增收，加快了宁夏传统农业向现代农业的转变。宁夏设施农业建设经验被农业部向全国推广。覆膜保墒、集雨补灌旱作节水农业发展到8.69万公顷，比2007年增长了8.3倍，在近几年中部干旱带和南部山区旱情十分严重的情况下，亩均增收910元，在抗旱促增收上发挥了不可替代的作用。扬黄补灌高效节水农业从无到有发展到 4 万公顷，为生态移民区提供了强有力的产业支撑。

（四）畜牧水产业取得突破性进展

畜牧业既是现代农业的重要标志，也是宁夏的民族特色经济。“十一五”期间，自治区以转变发展方式为重点，着力推进标准化规模养殖，加大中南部地区设施养殖工程和奶牛“出户入园”建设力度，肉牛养殖示范村累计达到 200 个，规模养殖场（小区）累计达到 3 734 个，全区规模化畜禽饲养量占总量的 65%以上。大力推广秸秆加工调制利用技术，累计建设饲草料加工配送中心 40 个，全区秸秆加工转化率达到 60%。为了充分挖掘引黄灌区湖泊湿地丰富的资源优势，在原有产业基础上，2009 年，自治区组织实施百万亩适水产业建设规划，加快现代渔业先导区、适水产业开发区、生态渔业建设区、稻蟹生态种养区建设，积极推进稻蟹立体种养，实现了优质稻种植和特色水产养殖的高效结合。认真落实国家提出的千方百计确保不发生区域性重大动物疫情的要求，全面推行以免疫、监测等为重点的重大动物疫病综合防控措施。2010 年全区畜牧水产业占农业总产值的比重达到 44%，比“十五”末提高了 8.2 个百分点。

（五）农业产业化水平显著提升

把培育壮大农产品加工龙头企业作为推进农业产业化的重要抓手，组织实施了龙头企业升级工程，以“内培外引”为重点，积极培育本地龙头企业，制定优惠政策，加大招商引资力度，中粮、中储粮、中石化、中地畜牧、中船郑飞、旺旺、蒙牛、伊利、野娇娇、娃哈哈、张裕等国内知名企业来宁夏建基地、搞加工，极大地提升了宁夏特色优势产业发展的层次和水平。2010 年，全区规模以上农产品加工企业达到 439 家，比“十五”末增加 303 家；加工产值达到 185 亿元，比“十五”末增长 260%；国家级龙头企业达到 13 家，自治区级龙头企业达到 138 家，产值过 10 亿元的农产品加工企业达到 3 家，过 5 亿元的达到 7 家，过亿元的达到 40 家；主要农产品加工转化率达到 52%，比“十五”末提高 12 个百分点；以枸杞、清真牛羊肉、乳制品、马铃薯等为主导的农产品加工集群已经初步形成。积极发展乡镇企业和农村第二、三产业，全区乡镇企业实现增加值 180 亿元，比“十五”末增长 1.9 倍。大力开展农村劳动力转移“阳光工程”培训，配合相关部门做好劳动力转移就业工作，2010 年，全区劳动力转移就业达到 75.5 万人，收入达 42 亿元。

（六）农产品市场竞争力显著增强

进一步完善市场流通体系，建成农业部定点批发市场 17 个，产地批发市场 53

个。积极培育市场流通主体，大力发展会展经济，连续成功举办五届西部特色农治会、两届园博会、宁夏蔬菜产销对接会和宁夏优质大米推介会，共落实农产品贸易项目644个，涉及金额198亿元，中宁枸杞、盐池滩羊、贺兰水产、中卫硒砂瓜、西吉马铃薯等一批具有宁夏地域特色、地理标识的“宁字号”名特优农产品，行销全国，步入高端，走向海外。特色农产品出口到30多个国家和地区，总量达到18.4万吨，总货值达6.4亿美元，出口总量、总货值分别比“十五”末增长1.6倍和1.1倍。深入开展农产品质量安全执法年活动，全区80%以上的生产基地通过无公害产地认定，40%以上的农产品通过无公害、绿色、有机农产品认证，认定地理标志总量居全国首位，蔬菜、畜禽水产品监测合格率均高于国家控制指标。实现了信息化在农村全覆盖，农业信息化模式在全国推广。

（七）农民生产生活条件明显改善

农民人均纯收入达到4 674.9元，连续5年保持两位数增长，增幅连续3年高于全国平均水平，位居西部省区前列。大力推进社会主义新农村建设，实现了乡乡通油路和村村通公路、通电话、通广播电视、通宽带，农村信息化走在了全国前列。大力实施塞上农民新居、山区危窑危房改造、农垦职工安居和农村人饮安全工程，30万户乔迁新居，165万人喝上干净水，27万农户用上清洁能源。加快实施扶贫开发整村推进，农村绝对贫困人口大幅下降。在全国率先实施中小学校舍安全工程和资助普通高中贫困生工作，全面实现“两基”目标，农村义务教育走在西部前列。加快实施文化惠民工程，村村建成文化体育场所。农村三级医疗卫生体系逐步健全，新型农村合作医疗制度全面覆盖，农村社会保障制度不断完善，新型农村社会养老保险制度开始实施。

四、宝贵经验

五年来农业农村工作的生动实践，不仅创造了巨大的物质财富，而且积累了做好新时期农业农村工作的宝贵经验。

（一）始终坚持巩固和完善强农惠农政策，切实增加投入，调动各地发展农业的积极性

五年来，认真落实中央和自治区各项强农惠农政策，紧紧抓住中央实施西部大开发和扩大内需的战略机遇，加大项目争取和农业投入力度，建立健全农业投入稳定增长的长效机制，共落实强农惠农资金66亿元。进一步创新产业发展政策，出台了推进特色优势产业、农产品加工龙头企业、设施农业、专业合作组织发展

等扶持意见，建立了以“大干大支持，小干小支持”、“以奖代补”等为主要模式的产业引导激励机制。提前一年全面免除农业税，大力实行粮食直补、良种补贴农资综合补贴、农机购置补贴、退牧还草饲料粮补贴等惠农政策，充分调动了广大农民群众发展生产的积极性，为全区农业农村经济持续快速健康发展提供了有力支撑。

（二）始终坚持强化农业基础设施建设，改善农业生产条件，努力提高农业综合生产能力

坚持开展大规模农田水利基本建设，大力实施沃土工程、测土配方施肥工程、种子工程、植保工程，切实提高农业综合生产能力。狠抓农机化示范县、示范园区建设，在全国率先开展农机免费管理工作。全区农机总动力达 610 万千瓦，增长 24.8%；主要农作物综合机械化水平达到 54%，比“十五”末提高了 16 个百分点。在全国率先实行了全区域封山禁牧，累计完成天然草原围栏 152 万公顷，多年生牧草留床面积 40 万公顷，全区天然草原干草产量、理论载畜量分别提高了 52% 和 50%，天然草原生态保护与建设的宁夏模式在全国推广。大力实施农村清洁能源工程，全区累计建设户用沼气池 27 万户，建设规模化养殖场（养殖小区）及联户沼气工程 279 处，推广太阳灶 30 万台，建设农村沼气服务网点 2 460 个，年增收节支 4 亿元，受益农户达到 45 万户。

（三）始终坚持加快科技创新，提高技术推广服务水平，不断增强科技对农业的支撑保障能力

围绕农业“三大示范区”建设，实施了 120 个现代农业示范基地创建工作，已有 46 个现代农业示范基地建成达标，贺兰县被农业部确定为全国现代农业示范区。不断完善现代农业产业技术支撑体系，初步形成“首席专家＋农技人员＋示范园区”的农业科技创新与服务新模式。深入推进 20 个基层农技推广示范县建设，建立了科技人员直接到户、良种良法直接到田、技术管理直接到人的农技推广新机制。与中国农科院、黑龙江农科院、扬州大学、日本国际协力财团等国内外知名院校、科研院所深入开展农业科技合作与交流，一些制约宁夏特色优势产业发展的技术瓶颈得以解决。加快实施农业科技入户工程，一批农作物、畜禽、水产新品种和种养新技术、新机具、新农艺得到了普及和推广。目前，全区粮食优质化率达到 85%以上；奶牛、肉牛、绵羊、水产良种化率分别达到 100%、45%、90%、58%；成年母牛年均产奶量达到 6 400 千克，高于全国 1 400 千克以上；同心玉米高产示范万亩方、千亩片、百亩点三项单产均创全国最高纪录；农业科技贡献率达到 50%，比“十五”末提高了 5 个百分点。

（四）始终坚持统筹城乡发展，深化改革创新机制，不断增强农业农村发展活力

按照依法、自愿、有偿的原则，积极探索和创新农村土地流转机制，加强土地承包经营权流转管理和服务，全区土地流转总面积达到6.55万公顷，涉及12万农户。扶持各类新型经营主体围绕特色产业开展多种形式的规模化、专业化生产经营，泾源肉牛、西吉西芹、彭阳辣椒、海原西甜瓜、兴庆花卉、永宁园艺、灵武长红枣等一批规模较大、特色鲜明的专业乡（村）、专业县基本形成。坚持内联外引，高强度扶持，大力培育龙头企业、农民专业合作组织、种养大户等新型农业经营主体，全区农民专业合作组织累计达到1 802个，带动全区40%的农户从事有组织、有标准、有规模的产业化经营。积极推进乡镇企业结构调整和产业升级，引导龙头企业、乡镇企业与合作社、农户建立紧密型的利益联结机制，有效地提高了农业经营的组织化程度。率先在全国开展农业科技服务体系改革，宁夏的做法和经验在全国推广。全面推进兽医管理体制改革，建立健全了兽医工作体系。积极推进农村集体资金、资产、资源制度化、法制化管理，发展壮大村集体经济，形成了经营高效、管理民主、监督到位的“三资”管理体制和运行机制，宁夏被国务院批准为全国化解村级公益性债务的试点省份。

（五）始终坚持科学发展理念，增强工作效能，形成推动“三农”发展的强大动力

注重用工业化理念、一体化理念、可持续发展理念和开放合作的理念谋划农业发展，促进了特色优势产业整体开发，建立了城乡互动机制，提高了资源利用率、土地产出率和劳动生产率，推动了农业对外合作与交流，全面提升了宁夏现代农业发展水平。着力加强农牧系统作风和效能建设，切实做到年初建账、年中检查、年底交账；农牧厅连续3年被自治区评为效能建设一等奖，2010年被评为全区效能建设一等奖第1名；加强强农惠农政策和重大项目落实情况监督检查，认真开展为民办实事工作；加大农业综合执法力度，规范农业执法行为，宁夏农业综合执法工作走在了全国的前列；大力开展“创先争优”活动和学习型党组织建设，认真组织开展廉政文化进农村活动，切实做到“两手抓、两不误、两促进”。着力加强农业干部队伍作风建设，牢固树立求真务实、埋头苦干、联系群众、勤政为民的优良作风，营造风清气正、创业干事的良好氛围，为农业农村经济又好又快发展提供了有力的智力支持和基础保障。

（作者系原宁夏回族自治区农牧厅党组书记、厅长）

京郊农村合作社运动70年

黄中廷

合作经济是由联合起来的劳动者共同筹集资金、共同占有生产资料、共同使用生产资料、共同享有劳动成果的经济组织。马克思说："合作运动的重大功绩在于，它用事实证明了那种专制的、产生赤贫现象的、使劳动依附于资本的现代制度将被共和的、繁荣的、自由平等的生产者联合起来的制度所代替的可能性。"新中国成立70年来，在中国共产党的领导下，京郊农村合作社运动蓬勃发展，经历了从无到有、从小到大、从弱到强的光辉历程。目前，全市有村经济合作社3 945个、乡镇经济联合社195个，参加社区合作社的社员总数达到132.6万户；有专业合作社6 409个，参加专业合作的社员21.24万户。[①] 截至2017年底，全市乡村经济合作社集体资产总额达到6 879.5亿元。[②] 2010年，乡村两级合作社集体经济总收入达到1 274.81亿元[③]。

一、京郊农村合作社运动的兴起与演变

京郊农村合作社经历了四个发展阶段：

（一）互助组和初级农业生产合作社阶段（1950—1955年）

京郊农村地少人多，多数农户生产资料不齐备，新中国成立前农民就有换工插犋、相互合作的习惯。在抗日战争和解放战争时期，北京地区的抗日根据地和解放区许多青壮年参军支前，农民在生产过程中相互合作的需求更加迫切，劳力换工、人畜换工等形式的互作组织相当普遍。新中国成立以后，当时北京辖区内的土地改革到1950年3月全部完成。为了实现农业增产的目标，市委市政府在郊区干部扩大会议上发出了"组织起来，发展生产"的号召，在春耕生产中建立了一批互作组。1951年9月，按照中央关于《关于农业生产互助合作的决议（草案）》，农业

① 2018年《北京市农村统计年鉴》（2018年）。
② 2017年《北京市农村统计年鉴》（2017年）。
③ 2010年《北京市农村统计年鉴》（2010年）。

生产互助组在郊区农村迅速发展起来。到 1954 年，互助组发展到 0.86 万个，参加农户 6.1 万户，占到郊区农户总数的 49%。另外，据不完全统计，当时尚未并入京郊的 10 个远郊县 1954 年有互作组 2.77 万个。同时，在 1952 年春郊区试办了 10 个农业生产初级合作社和 2 个高级农业生产合作社。到 1954 年，郊区农业生产合作社由试办转向推广，到 1955 年初达到 703 个，入社农户占到农户总数的 47%。1955 年底，入社农户占到农户总数的 91%。另外，据不完全统计，当时尚未并入京郊的 10 个远郊县 1955 年有高级农业合作社 5 810 个。在发展农业生产合作的同时，农民入股举办的供销合作与信用合作也发展起来①。

（二）高级社和人民公社阶段（1956—1978 年）

按照 1955 年 10 月中共中央发布的《关于农业合作化问题的决议》，京郊农村同全国一样，掀起了农业合作化的高潮。到 1956 年 1 月，初级农业生产合作社全部转为高级农业生产合作社。高级农业生产合作社由上年底的 77 个发展到 427 个，入社农户 19.9 万户，占农户总数的 99.1%。另外，据不完全统计，当时尚未并入京郊的 10 个远郊县 1956 年有高级农业生产合作社 1 367 个，90%以上农户加入了高级社。1958 年 8 月 29 日，中共中央发布了《关于在农村建立人民公社的决议》，京郊掀起了办人民公社的热潮。到 1958 年 9 月 10 日，郊区 2 357 个农业合作社（包括当年划入北京市的全部远郊县）合并为政社合一的 73 个人民公社。针对人民公社初期暴露出来的问题，1961 年以后市委市政府贯彻中央颁布的《人民公社工作条例（修正草案）》，对人民公社体制进行了整顿，实行了“三级所有、队为基础”的管理体制。经过整顿调整，到 1962 年京郊农村共设立人民公社 285 个，设立生产大队 3 704 个，设立生产队 14 818 个。同时，农民入股经营的供销合作社由集体所有制转变为全民所有制，农村信用合作社则成为国家农业银行的基层机构②。

（三）政社分设与经济合作社的健全阶段（1979—1992 年）

1978 年，党的十一届三中全会开启了我国改革开放的历程。中央做出了《关于加快农业发展若干问题的决定》，拉开了农村改革的序幕。从 1979 年开始，京郊农村开始建立各种形式的农业生产责任制，经过责任到组、责任到劳，最后发展到联产承包到户。到 1984 年，实行联产承包到户的生产队达到京郊农村生产队总数的 86.7%。确立了以家庭承包为基础、统分结合的双层经营体制。集体统一经营的职能转由生产大队行使，多数生产队解体。1981 年，郊区开始进行政社分设的

---

①② 《北京市农村合作经济经营管理志》（1952—2002 年）。

试点。到1984年上半年，郊区全部人民公社分设为乡镇人民政府与乡镇农工商联合总公司两个机构，分别行使行政职能与经济职能。针对生产队解体以后郊区农业合作暴露出来的部分合作社经营管理松散、集体资产流失等问题，1991年1月，市委市政府发出了《关于加强乡村合作社建设，巩固壮大集体经济的决定》。按照这个决定，京郊农村开展了健全乡村合作经济组织的工作。按照市委市政府的决定，全市农村合作经济组织统一了名称，村级统称为村经济合作社，保留生产队的改称为经济合作分社；乡镇级统称为乡镇经济联合社，保留农工商联合总公司。乡村经济合作社全部制定了合作社章程，刻制了公章，挂出了牌子。建立健全了社员代表大会制度，恢复了民主管理、民主决策、民主选举、民主监督制度，规范了合作社运行机制①。

（四）社区股份合作改革与专业合作发展阶段（1993年至今）

随着农村城市化进程的加快与城乡统筹协调发展进程，京郊农村大量集体土地被征占，土地资源转化为货币资产，合作社由以生产经营为主转变为以资产经营为主。为了在农村城市化进程中切实保障农民的合法权益，从1993年开始，在市委市政府的领导下，郊区农村积极推进乡村经济合作社的股份合作制改革。资产变股权，农民当股东。村级经济合作社的经营性净资产量化给集体经济组织成员作为合作股份，并组建起社区股份经济合作社。集体经济组织成员按照其所持有的合作股份参与社区股份经济合作社的管理与收益分配。截至2018年，全市累计完成乡村集体经济产权制度改革单位3 920个。其中，建立村级社区股份经济合作社3 809个，占全市行政村总数的98%。土地等自然资源及非经营性资产由村经济合作社管理，经营性资产由社区股份经济合作社管理经营。社区股份经济合作社的集体股及其收益由村经济合作社持有。同时，有21个乡镇经济联合社完成了股份合作制改革②。在实行家庭联产承包责任制的基础上，经过前后两轮的土地承包与延包，京郊农村采取“确权确地、确权确利、确权确股”三种方式赋予了农户长期而稳定的土地经营权。土地所有权、承包经营权和土地使用权实现“三权分立”，促进了土地承包经营权的流转与适度规模经营，京郊大地出现了一大批从事农业专业经营的农户。为了克服分散经营农户面对瞬息万变的市场所带来的经营风险，在市委市政府领导下，从21世纪初开始京郊农村开展了农民专业合作社试点。2007年国家颁布的《农民专业合作社法》进一步加快了京郊农民专业合作社的发展。截至2017年底，全市正式登记注册的专业合作社社员21.24万户，辐射带

① 《北京市农村合作经济经营管理志》（1952—2002年）。

② 《北京市农村统计年鉴》（2018年）。

动农户46万户，占全市从事一产农户总数的75%。专业合作社资产总额达到65.4亿元①。

二、京郊农业合作社运动的影响与成效

京郊农村的合作社运动像一股奔腾向前的滚滚洪流，极大地改变了郊区农村社会经济面貌和广大农民群众的生产生活方式。

（一）实行土地集体所有制，奠定了郊区农村社会主义公有制的基础

郊区农业合作运动经过建立在土地私有制基础上的初级农业生产合作社，到1956年全部过渡到实行土地集体所有的高级农业生产合作社。农户私有的土地经过高级合作社，转变为本社农户共同共有集体土地，是郊区农村集体所有制确立的标志性事件，奠定了郊区农村社会主义公有制的基础，从此以后郊区农民群众在党的领导下走上了社会主义的康庄大道。

（二）把“一盘散沙”的农民组织起来，带领农民实现共同致富

京郊农村各级党组织把组织农民办好农村合作社作为中心工作之一。在乡村党组织的带领下，千方百计调整产业结构，盘活集体资产，开源节流，促进农民和集体增收。集体收益分配成为农民群众收入的主要来源之一。事实证明，凡是合作社经济发展越好的地方，农民收入就越高，基层党组织的威信就越高，党的执政地位就越牢靠。据统计，2002年全市农民人均从集体经济组织分到的纯收入6 086元，比1978年的288元增长了20倍。特别是社区股份合作制改革以后，规范了合作社内部收益分配，农民群众收入更上一层楼。例如，2017年，昌平区305个村级股份经济合作社中有296个实现股份分红，分红总额11.3亿元。产权制度改革15年来累计个人分红62.1亿元。这个区的狮子营村户最高分红累计143万元，个人最高累计48万元。另一方面，在国家财政资金出现短缺的时期，合作社的发展也为基层组织的正常运行提供了资金保障。据统计。自1990—1999年，全市乡镇级机关干部工资和管理费用34.26亿元，其中国家财政拨款10.86亿元，占29.2%；乡镇集体经济组织开支23.40亿元，占70.8%。

---

① 《北京市农村统计年鉴》(2017年)。

（三）开展大规模农田水利建设，彻底改变了京郊农村农业生产条件

实行农业合作化以后，在市委市政府的领导下，组织起来的农民群众采取出“义务工”、“劳动积累工”等形式，开展了轰轰烈烈的农田水利建设运动，提高了抗御自然灾害能力。到 1995 年，全市农田有效灌溉面积达到 2.15 万公顷，占农田总面积的 81.90%。开挖了总长度 628 公里的 16 条河道，建立健全了除涝排水工程体系，使得全市 16.7 万公顷低洼易涝农田中的 15.8 万公顷得到治理。全市建成大中小型水库 85 座，总库容量 93.52 立方米。最大的密云、官厅两座水库总库容量 85.35 亿立方米，占全市总水库库容量的 91.2%。到 1995 年，全市农村拥有农业机械总动力 468.1 万千瓦，全市机耕面积达到 29 万公顷，占耕地总面积的 88.3%。同时农村电力建设全面普及，基本实现了电气化。农业生产条件的改善有力地促进了郊区农业生产发展，出现了农林牧副渔全面兴旺发达的局面。1995 年，全市农业总产值达到 90.43 亿元，比 1978 年的 33.05 亿元增长了 1.7 倍。郊区农业合作社为保障首都农副产品有效供给做出了巨大贡献。

（四）发展非农产业和集体公益事业，促进农村社会繁荣

北京具有 3 000 多年的建城史和 800 多年的建都史，非农产业的发展源远流长。郊区农村非农产业经营者在农业合作化运动中以资产入股的方式加入了农业生产合作社，在合作社内部从事非农产业生产经营。有的合作社专门成立了副业生产队或者社队企业。据统计，1954 年全市 703 个农业生产合作社副业收入 2 602 万元，占农村经济总收入的 24.27%。据不完全统计，1960 年郊区社队企业总收入 7 217 万元，占当年人民公社三级总收入的 19.9%。1973 年，社队企业达到 2 923 家，从业人员 8.1 万人，实现总收入 201 亿元，占当年农村三级总收入的 22.%。1978 年，社队企业发展到 4 075 家，从业人员 22.6 万人，总收入 7.9 亿元，占农村三级总收入的 41.9%。改革开放以后，郊区社队企业取得突飞猛进的发展，市委市政府制定了一系列促进乡镇企业发展的优惠政策。到 1990 年，郊区乡村集体企业发展到 1.83 万家，从业人员 88.5 万人，实现总收入 171.6 亿元，非农产业产值占到农村社会总产值的 75.6%。1990 年以后，乡镇企业深化改革，扩大开放，调整结构，上规模、上水平，进入了调整提高的新阶段，企业规模扩大，企业员工素质提高，科技进步加快，外向型经济发展成为乡镇企业发展的增长点。到 1995 年，郊区农村非农产业产值达到 622.57 亿元，比 1978 年增长了 48.5 倍，非农产业收入成为京郊农村合作社和农民的主要收入来源。非农产业的发展不仅促进了农民增收，而且有力地促进了农村社会事业的发展。据统计，从 1990 年到 1999 年的

十年期间，全市乡镇一级集体经济组织用于农村基础设施的投资达到12.42亿元，占同期乡镇基础设施投资总额的92.8%；向农村民办教育、计划生育、医疗卫生等社会福利事业投资9.12亿元，占同期乡镇社会福利事业投资总额的98.1%。正因为有了合作社的存在，村村有小学校，有合作医疗站，乡镇有中学校，有卫生院、敬老院。儿童有学上，病人有医疗。孤寡老人、贫困人口等弱势群体等得到关怀照顾，杜绝了弱势群体流离失所的现象。正因为有了乡村合作经济社的存在，郊区农村社会才能够实现长期和谐稳定。

（五）适应城乡统筹协调发展新形势，在农村城市化进程中发挥主体作用

在建设中国特色社会主义的新时代，首都功能定位发生了重大变化，京郊农村的发展必须服从与服务于首都功能。新形势下，郊区农村大量集体土地转为国有建设用地，不适宜首都发展的非农产业全部关停并转，成千上万亩农田转为生态林建设用地。为适应这种新形势，郊区乡村合作社按照市委市政府的部署，利用自身的资产资源和人力优势，与城市企业、大专院校、科研机构、社会资本，开展各种形式的联合与合作，调整产业结构，改变资产经营方式，大力发展服务于首都功能的都市型现代农业、房地产开发租赁业、商贸旅游业等新兴产业。农民由被动城市化转变为主动城市化，乡村合作社成为农村城市化的主体。目前，市区环绕三环路至五环之间大量商场、宾馆、饭店、写字楼都是近郊丰台、海淀、朝阳区的新型乡村集体经济组织开办的，一些居民小区也是新型乡村集体经济组织开发建设的。其中，海淀区东升镇经济合作总社为配合中关村科技园区的建设，全镇建设起中关村东升科技园、学院路科技园、小月河科技园等科技园区，走出了一条“利用集体建设用地，高标准建设科技园区，自我建设、自主经营、只租不售，保持可持续发展”的东升模式新道路。在原有乡镇老工业企业所在地基础上兴建的东升科技园是北京市第一个由乡镇自主建设、所有权和收益权归全乡农民集体所有的科技园区，也是北京市第一个有地面净流和湿地的绿色生态科技园区。该园区建设面积300万平方米，就业人数10万人左右，有效带动了当地科技企业和科研创新的发展。2013年，全镇集体总资产达152亿元，园区总收入实现85亿元，农村集体经济总收入实现17亿元，乡经济合作总社安置本地转居劳动力将近8 000人。

三、京郊农村合作社运动的经验教训

京郊农村合作社运动七十年发展过程，经历了曲折徘徊也经历了高歌猛进，度过了艰难困苦迎来了胜利辉煌。回顾七十年来京郊农村合作社运动的发展历程，主

要经验有以下几点：

第一，坚持合作化道路不动摇的指导思想是办好合作社的前提。七十年来，北京市各级党委自始至终坚持组织农民发展合作化的方向，带领农民群众走共同致富的道路不动摇。1991年1月，市委市政府发出了《关于加强乡村合作社建设，巩固壮大集体经济的决定》，明确了乡村合作社的定位，规范了乡村合作社的运行。《村民委员会组织法》颁布以后，一些人认为乡村合作社没有法人地位，主张用村民委员会替代集体经济组织进而取消村经济合作社。针对这一问题，市委市政府于2003年发布了《北京市乡村集体经济组织登记办法》。该办法明确规定由区县人民政府向乡村集体经济组织、农民专业合作社颁发集体经济组织登记证书。由区县技术监督管理部门向合作经济组织颁发法人证书。解决了长期以来存在的乡村合作经济组织没有“出生证”和法人证书的问题。在集体经济产权制度改革过程中，市委市政府明确规定新型集体经济组织实行的是社区股份合作制，本质上还是合作制，必须继续按照“一人一票”的民主决策方式进行民主管理。对于按照《公司法》登记为有限责任公司的村级新型集体经济组织重新进行了登记，恢复了合作社性质。

第二，坚持基层党组织对农村合作社的引领作用是办好合作社的根本。七十年来，郊区农村合作经济组织自始至终是在党组织的大力推动下发展起来的。我党指导农业生产合作社发展的基本方法就是在调查研究的基础上，先试点，在取得试点经验的基础上逐步推广。在各个历史发展时期，北京市委市政府的主要领导都亲自深入基层，调查研究，积极解决郊区农村合作化运动中存在的问题，总结经验，制定政策，加以推广，促进郊区合作化运动的健康发展。自1950年合作化运动开始，市委和各区县党委就建立了农村工作部门，其中心工作任务就是“组织与领导广大农民的互助合作运动……，逐步引导农民走向集体化道路。”市委市政府规定村党支部书记必须对本村合作社发展全面负责，村党组织书记一般要兼任村经济合作社主任职务。村经济合作社的重大事项必须先行在党支部（总支）会议上进行讨论通过才能提交社员代表会议决议，确保了基层党组织对合作社事务的领导①。

第三，强化对合作经济组织的指导监督与服务是京郊合作社正常运行的保障。合作社举办初期，由于农民群众普遍文化水平不高，管理水平低下，一度出现了合作社账目混乱的问题。对此，农业部于1954年8月31日发出《关于培训农业生产合作社会计和增设会计辅导员的通知》。按照这个通知北京市农林局成立了互助合作科，承担郊区农业生产合作社的会计培训和财务会计业务指导方面的任务。各区县也相继设立了类似机构。改革开放以后，经济合作社进行产业结构调整，集体资产大量增加，集体收入来源多元化，合作社经营管理任务日趋繁重。1983年，市、

① 《北京市农村合作经济经营管理志》（1952—2002年）。

区（县）、乡（镇）三级成立了农村合作经济经营管理站，配备了既具有财经管理理论水平和实际操作能力，又具有较高农村工作政策水平和基层工作经验的专业技术干部。2018年，市、区、镇三级农村合作经济经营管理干部达到1 300多人。农村合作经济经营管理系统在党和政府领导下，对农村合作经济组织建设、集体资产管理、土地承包、农民专业合作、收益分配、财务会计、统计、经济审计、干部培训、信息化管理、减轻农民负担等工作进行全面指导与监督，确保了京郊区农村合作社的健康发展与运行。为规范农村合作经济组织内外部关系，北京市人大常委会先后颁布了《北京市农村集体资产管理条例》、《北京市农业承包合同条例》、《北京市农民负担管理条例》、《北京市农村集体经济审计条例》、《北京市农村股份合作企业暂行条例》、《北京市集体所有荒山荒滩租赁条例》、《北京市乡村集体企业承包经营条例》、《北京市实施农民专业合作法办法》等一系列地方法规。市委市政府颁布了大量涉及农村合作经济管理的政策、规章、规范性文件。这些法规、政策、文件的实施，使得京郊农村合作经济经营管理工作走上法制化、规范的轨道。在强化对京郊农村合作社行政指导与监督管理的同时，根据自愿的原则多数乡镇由政府出资成立了村账托管服务中心，为村合作社提供财务会计代理服务。为规范农村集体资产、资源的租赁、承包、合作经营等事项①，防止各种暗箱操作，市政府于2010年出资成立了北京市农村产权交易所，按照公开公平市场化运作的方式进行集体资产产权交易，提高了集体产权流转效益，保护了农民利益。

第四，政府财政扶持是京郊农村合作社运动健康发展的重要条件。农民合作社本质上是企业，应当实行独立核算、自负盈亏。但是，由于农民合作社先天性的弱势，其发展离不开各级政府的大力扶持，这也是国际上通行的做法。七十年来，北京市政府对郊区农村合作社运动的扶持主要有以下几个方面：一是制定扶持政策。七十年来，北京市委市政府制定了大量强农惠农政策性文件。仅从2004年到2008年的五年期间，市委市政府就发布了58件含金量很高的涉及农村社会经济发展方方面面的扶持性文件，制定了大量优惠政策。二是农业基础设施建设方面的扶持。北京市各级政府对合作社农业生产基础设施方面投入了大量的资金，帮助乡村合作社开展农田水利基础设施建设，平整土地、改良农田、防洪排涝、购置农业机械、设施农业建设、铺设农村供电网络。从2006年开始，市级财政对农业基础设施每年投入达到111亿元以上。三是农村基础设施建设方面的投入。长期以来由于实行城乡分割的公共产品供给政策，与农民群众生产生活息息相关的农村道路、农业供水、农村供电等基础设施建设资金大部分由乡村合作经济组织承担，加重了农民负担。改革开放以后，特别是2002年以后实行城乡统筹协调发展战略，推进社会主

---

① 《北京市农村合作经济经营管理志》（1952—2002年）。

义新农村建设，各级政府财政加大了对农村基础设施建设的投入。从2006年到2010年，京郊农村用五年时间累计投资170多亿元开展了村庄五项基础设施建设，村合作社基础设施得到显著改善。同期投资40多亿元实施“三起来”工程，社员生活条件得到极大提高[①]。四是推进农村税费改革和综合改革，免除了村合作社每年近亿元的农业税费。推进农村教育体制改革，免除了合作社承担的农村教育负担。划拨财政资金帮助乡村合作社化解历史上因发展公益事业欠下的债务。市财政每年向每个村合作社提供10万～15万元的转移支付资金，用于村级日常维持运转经费支出。建立山区生态补偿机制和村级公益岗位补贴制度。建立村级公益事业“一事一议”补贴制度。五是对合作社生产经营环节的直接补贴。如对规模达到一定标准，带动农户较多的农民专业合作社示范社，由市财政给予奖励。仅2018年全市就奖励了9个示范社，奖金总额达到1 100多万元[②]。从2018年开始，市农委和市财政局开展了财政支农资金量化作股到社员，扶持村合作社发展集体生产经营项目的试点，进一步调动郊区农村群众发展合作化运动的积极性。

（作者系中国合作经济学会副会长、北京市农村经济研究中心退休干部、原北京市农村合作经济经营管理站党支部书记）

① 《北京市农村统计年鉴》（2010年）。

② 北京市农业农村局专业合作处提供。

慈溪70年农村合作制沿革与新时代农合联体系的思考及建议

高庆丰

宁波慈溪市因东汉董黯“母慈子孝”而得名，位于杭州湾南岸，为沪杭甬金三角的中心。市域面积1 361平方千米，境内“二山一水七分田”，下辖14个镇、5个街道，户籍人口105万人，流动人口109万人。慈溪拥有围垦文化、移民文化、青瓷文化、慈孝文化“四大文化”，获得国家卫生城市、国家园林城市、中国最具幸福感城市等称号，全国综合实力百强县位居第六。2018年全市实现地区生产总值（GDP）1 737.03亿元，财政总收入331.77亿元，农林牧渔业增加值53.94亿元，城镇居民人均可支配收入59 264元，城乡居民收入倍差为1.70∶1，城镇化率76.4%，土地流转率73.11%（表1）。

表1　慈溪市经济发展统计

年份	地区生产总值（亿元）	财政总收入（亿元）	农村居民人均可支配收入	三次产业之比	存款规模（亿元）	贷款规模（亿元）
1949	0.59	0.14	—	67.6∶20.8∶11.6	8.599 6	0.015
1978	3.22	0.54	152元	36.0∶46.1∶17.9	0.535 43	0.774 63
2018	1 737.03	331.77	34 927元	3.0∶60.6∶36.4	2 363.76	2 027.87

注：1978年152元为农村人均收入。

慈溪市始终坚持农业农村改革创新，从“浙江棉仓、浙江盐都”的鼎盛，到“杨梅之乡、黄花梨之乡”的美誉，再到“加工外向、特色经营”的全省前列，慈溪农民始终勇立潮头，目前已形成了出口蔬菜、名优水果、特色水产、花卉苗木、生态畜禽五大主导产业和蔬菜、生猪、杨梅、葡萄、南美白对虾等5个规模超2亿的产业集群，创造出全省乃至全国闻名的土地流转“慈溪模式”、家庭农场“慈溪范本”、“三位一体”农合联改革“慈溪标准”等，创建成为国家现代农业示范区、国家级出口蔬菜质量安全示范区、全国主要农作物生产全程机械化示范市和全国首批、全省唯一的国家级现代农业产业园，在全国率先基本实现农业现代化。“慈溪模式”被认定为全国现代农业发展七大模式之一，走出了一条慈溪特色的现代农业发展之路。

一、农村“三大合作”历程

20世纪50年代初中期，慈溪率先投入农村生产合作、供销合作、信用合作的全面合作化运动，为国民经济社会建设作出了重大贡献。

农村生产合作——得到毛泽东主席2次批示。新中国成立后，慈溪人民大搞土地改革，成立农民生产互助组，之后发展成为初级农业生产合作社、高级农业生产合作社。毛泽东主席在《中国农村的社会主义高潮》一书中对慈溪龙南乡（现横河镇域内）组建生产合作网、岐山乡（现观海卫镇域内）低级社升为高级社的经验写了两则按语，并要求全国推广。

全面合作化运动后，曾是慈溪主产作物的棉花取得了迅猛发展。自1959年以来，慈溪植棉经验通过外派辅导员、出版书刊、摄制影片向外县、外省以至国外介绍，其中向省内派出植棉辅导员141名，向全国15个省市派出植棉辅导员1 300余名，向国外派出植棉辅导员3名，段裕章、干忠新、童文永等是农业部援外专家组成员。

20世纪80年代中后期，慈溪全面调整种植结构，市场化程度逐年提高，多层次、多形式的农民合作经济组织不断涌现，出现了以畜、禽、蜂生产为主的生产联合体、合作农场、行业协会和专业协会等不同形式的合作组织。至2018年，全市累计有专业合作社656家，其中慈溪市级示范性合作社110家、宁波市级30家、省级16家、国家级10家。为了适应农业生产适度规模经营，积极推进土地流转，创造了全国闻名的土地流转“慈溪模式”，并受邀到农业部介绍经验。

农村供销合作——获得全国先进。1950年慈溪县供销合作总社成立，开始逐步实行统购统销政策，推行棉布、百货、食油等10个行业1 400余户私营商业的社会主义改造。1967年在坎墩开展“四社合一”试点（农业社、信用社、手工业社、供销社合并为一个农业社）。在历经社会主义改造、人民公社化运动、“文化大革命”后，供销合作社在组织体制、商品分工和所有制问题上几经曲折，国营商业和供销社两次合并，从1968年起县供销社机构无形终止达10年之久，直到1978年才重新建立县供销合作社。党的十一届三中全会后，为适应农村经济体制改革和商品经营的发展，进一步发挥供销社在商品流通的主渠道作用，1983年开展供销社体制改革，恢复供销社组织上的群众性、管理上的民主性和经营上的灵活性，把供销社办成农民生产生活服务的综合服务中心。随着改革开放的深入，市场经营日渐成熟，到2002年5月底完成所属企业和基层社的改制。目前，市供销社拥有资产关联企业17家，全资企业2家，“三位一体”新型基层社16家，2012年被中华供销总社评为先进集体，2018年全年实现总经营收入30亿元。

农村信用合作——资金保险混合经营全国首创。20 世纪 50 年代，浙江省首家以社员自愿入股形式的农村信用社在当时的慈溪南山乡成立，此后各地农村信用社相继成立，其隶属关系几经变更，先后由公社（乡）、人民银行、农业银行领导。2005 年 12 月 20 日成立慈溪农村合作银行，2014 年 12 月 18 日成立宁波慈溪农村商业银行股份有限公司。20 世纪 80 年代，随着农村承包责任制推行和信用合作社为农服务弱化，农村合作基金会应运而生。但在实践中，农民入股比例较低，成效不够明显，并出现了一定的非农化倾向，资金风险逐年加大。1999 年，按国务院发布 3 号文件要求，正式开始取缔农村合作基金会。

进入 21 世纪，农村经济快速发展，农民群众对资金的需求尤其强烈。为了探索农村信用合作新模式，慈溪市在龙山镇开展了资金保险互助试点，并争取得到国家和省级有关部门的支持，2011 年分别成立了龙山镇西门外村伏龙资金互助社和保险互助社，实行“两社”混合经营、独立核算，2011 年被省政府评为全省“十大民生工程”之一。其中伏龙资金互助社由西门外村农民和农村小企业自愿入股组成，是全省首家社区互助性银行业金融机构。该资金互助社注册资本 600 万元，入股农民共计 396 人，入股金额占注册资本的 85.83%，入股小企业 4 家（包括村经济合作社 26 万元），入股金额占注册资本 14.17%。资金互助社业务范围包括办理社员存款、贷款和结算业务等。但是因以村为单位运行，资金流动性较差，抗风险能力较低等种种原因，目前已经停止经营。伏龙农村保险互助社系全国首家，注册资金 10 万元，运营资金 100 万元（市财政、龙山镇财政各出资 30 万元，西门外村经济合作社出资 40 万元组成）。推出短期健康保险、意外伤害保险、家财险保险品种。2013 年 7 月，经国家保监会批准，又在龙山镇成立了全国首家镇级农村保险互助联社，在 8 个村级农村保险互助社开展试点。2018 年，慈溪市农村互助保险试点项目实现保费收入 138 万元，赔付率 32%，参保覆盖率 82%。

二、“三位一体”农合联改革进展情况

2006 年，慈溪积极落实时任浙江省委书记习近平“探索建立农民专业合作、供销合作、信用合作‘三位一体’的农村新型合作体系”部署，2012 年被列为全省 12 个农村改革试验区之一，开展农村合作经济体制创新试验，2014 年又被列为省构建“三位一体”农民合作经济组织体系首批七个试点县市之一。2015 年 10 月全省深化供销社改革构建“三位一体”农民合作经济组织推进会在慈溪召开。2017 年 10 月 29 日，《人民日报》刊登了《浙江慈溪农合联让小生产走向大联合——种地全靠“新管家”》。2018 年，慈溪农合联改革经验被作为习近平新时代中国特色社会主义思想在浙江的萌发与实践的“三农”案例。

率先构建组织体系。2014 年底按照“农有、农治、农享”要求，率先在省内组建市镇两级农合联组织体系，按照社会团体要求进行民政登记，形成“1+16+N”组织体系，由供销社承担执委会职能，拥有市镇两级会员 1 200 余名，联系带动农户 5 万余户，基本实现服务全覆盖。加强市场主体培育，率先推行星级农民专业合作社创建、农民专业合作社会计代理制度等，累计创建星级合作社 100 余家，进一步夯实了农合联基层基础。探索镇级农合联实体化运作机制，整合为农服务资源，组建镇级农事服务中心 16 家，宁波示范性农事服务中心 5 家，省级示范 6 家，提升为农服务的专业性和独立性。支持发展农业产业、农产品电商和农产品经纪人等协会，成立西蓝花、杨梅等专业性农合联 4 家，带动专业合作社和家庭农场 100 余家。组建注册规模 7 600 万元的资产经营公司和基金规模 3 000 万元的农民合作基金，开展涉农类项目投资和为农服务。

有效提升服务水平。以市场化为导向，让市场在资源配置中起决定性作用，千方百计为农民提供多样化的社会化服务。健全农业社会化服务机制，建立农业公共信息服务中心，探索植保外包新模式，服务面积达到 0.13 万公顷。实施农业品牌战略，打造慈溪农产品“慈农优选”区域公共品牌和慈溪杨梅、慈溪葡萄 2 个区域公用子品牌标识。建成省内首家一体化农产品电商孵化园，为农创客、高素质农民等创设农产品电商众创空间，成立市农联电子商务有限公司，引入农村淘宝“天猫优品”项目，已设立村级服务站 31 个，2018 年孵化园经营销售达到 5 000 万元；与顺丰速运签订战略合作框架协议，畅通农产品进城、工业品下乡的双向流通渠道，2018 年杨梅电商销售达到 31 万单。加强农超对接、农批对接和农企对接，实现农超对接面积 8 000 公顷、订单农业面积 2.07 万公顷。为了突破资金互助社审批难问题，探索开展以民政登记为主要形式的资金互助会试点，成立资金互助会 11 家，累计发放贷款 5 113 万元；开展农户小额信用贷款担保 1.7 亿元，实施杨梅降雨气象指数保险试点，创设农资贷、兴农贷、互助贷等新信贷品种，实现了农业“弱产业”和金融“强资本”的有效对接。

激发乡村发展活力。“三位一体”农合联改革有力地促进了农民增收、农业增效和治理体系优化，有效地激发了乡村发展活力。积极引导农民联合抱团参与市场竞争，不仅增强了市场话语权，还获得了优质的资金、技术、信息、保险、物流等服务，推动了农民持续增收。2018 年农村居民人均可支配收入达到 34 927 元，比 2014 年增长 39.48%。以资产经营公司为基础，建立农合联内部的产权联结纽带和利益共享机制，引导农业市场主体进行横向、纵向联合，进一步培育了新主体、拉长了产业链、增强了竞争力，不断健全现代农业经营体系。进一步理顺政府部门和社团组织的关系，将农民专业合作社的服务性职能、农户小额信用贷款担保有限公司管理职能、农产品展示展销职能等转移或委托给市农合联，将农合联打造成为承接涉农社会化服务职能转移的平台，进一步转变了涉农部门的工作职能和管理方式，逐步形成了“政社分开”的“三农”治理模式。

三、新时代构建“三位一体”农合联体系的几点建议

当前，慈溪市“三位一体”农合联改革处于全省领先水平。但是，对照党的十九大精神和高水平实施乡村振兴战略的目标要求来看，还存在一些问题，主要是在体制机制、集体产权、合作金融等方面尚未有效突破，制约和影响了生产、供销、信用合作的深化完善。解决这些问题、实现乡村振兴，既需要基层积极探索，又需要国家顶层设计。为此，提出如下几点建议：

（一）要划清职能边界，为“三位一体”农合联改革理顺体制机制

慈溪市在“三位一体”改革中，重点推进了供销社综合改革，把供改农，将供销社归属于农口部门，让供销社重回农民怀抱。把销改合，以现代企业的要求通过供销社集体经济控股和农业市场主体以及农民入股资金、保险合作为利益纽带，组建了资产经营公司和农民合作基金，支持服务和解决“三农”问题。把社改联，供销社由传统的行政社向各类农业专业性经济组织的联合联盟转变，积极承担好农合联执委会职能，更好地为农服务，真正与农民结成了利益共同体，取得了一定成效。当前，全国部分地区尝试开展“三位一体”农合联改革，尤其是浙江省全面推进改革，取得了明显成效。但是，全国各试点地区之间的改革探索模式不一，各有各的做法经验，相互之间不能形成体系，难以提高农民组织化程度。建议以习近平总书记关于“三农”工作的重要论述为指引，落实农业农村优先发展总方针，以总结提炼浙江改革经验为基础，加强农合联顶层设计，在全国范围内开展“三位一体”农合联改革，探索组建全国性农合联，上下形成统一的组织体系，把农合联打造成乡村振兴的主战场，“农业要强、农村要美、农民要富”的主心骨，培育“一懂两爱”干部队伍的主渠道。要进一步理顺农业农村部门与供销部门之间的关系，划清政府部门与社会组织的职能边界，农业农村部门加强对农合联的指导、管理和监督，供销部门承担好农合联执委会职能，把农合联打造成为承接社会化服务的重要载体，形成“政社分开”的“三农”治理模式。

（二）要发展集体经济，为“三位一体”农合联改革夯实物质基础

现有一些集体经济产权属性还不够明确、股权设置还不够合理，农村信用社和

供销社经过多次改革都难以与农民结成利益共同体，一些沿海经济发达地区的农村信用社已改制为商业银行，基本没有保留集体股份；市、镇、村的集体经济之间没有关联，上下之间没有形成体系，现存的集体经济组织都缺少市场化运作的动力，基本以物业出租收取租金为主，对于要不要、能不能市场化运行存在诸多声音。建议要根据《宪法》第 8 条、第 12 条规定，理直气壮地管理和发展好集体经济，进一步明晰集体产权的性质和归属，以供销社和农合联为主要载体，形成国家、省、市、镇、村相互联系的集体经济组织管理体系；各级农合联应探索组建资产经营公司作为集体经济的具体运行部门参与经营管理，进一步科学设置集体股权，鼓励集体经济组织市场化运作，探索混合所有制集体经济发展模式，允许各级集体经济组织控股，其他经营主体之间参股合作开发，保障各方利益，带领农民共同增收致富。

（三）要健全农村合作金融体系，为“三位一体”农合联改革增强核心动力

健全农村合作金融是“三位一体”农合联健康持续发展的核心要素和根本动力。面对农业弱质、农民弱势、农村落后的现状，各地都在探索资金保险互助试点，解决农民的贷款难。但是资金保险互助社审批难度较大，试点单位相互之间难以融通，不能形成体系。当前，发展农村合作金融的条件有利，从国际上看，合作金融普遍存在且发展很快；国内看，中央提出构建多层次、广覆盖、有差异的银行体系；基层看，农民群众投资意愿强烈，如慈溪龙山西门外村 2008 年底筹建“两社”时，10 天 2 000 多人次的村民无报酬自愿参与，400 多农民家庭自愿报名入股，资金超 1 700 多万元。要进一步深化农村合作金融改革，鉴于资金保险是特种行业，对一些尚未商业化改制的农村信用社，在今后改制过程中要鼓励支持地方国有或集体经济控股，确保为农服务方向不偏离。对农村信用社已经商业化改制的地方，要以农合联和供销社为主阵地，选择有条件的县市开展全县范围的资金保险互助联社试点，建立政策性的资金和保险互助合作体系，制定负面清单，资金互助社存贷款规模占市域存贷款总量的比例不超过上年一产占 GDP 比例，不跨行业、不跨区域，控制规模、控制风险。具体运作模式要坚持五大创新：创新信用合作资金、保险独立核算混业经营机制，适应国内外银行与保险混业经营新趋势，有利于合作经营效益最大化；创新集体经济控股和涉农市场主体、民间资本入股的混合所有制，按照国际国内通行的现代企业制度进行管理监督，有利于实行民主理事、利益共享、风险互担；创新以资金保险互助合作破解财政长期扶持经济薄弱村难题，鼓励财政资金入股资金保险互助社作为村级集体经济发展股金，有利于帮助村集体经济持续发展；创新集体经济控股和村内中低下收入者入股占大多数的入股比例，

提高低收入农户收入，有利于调整农村居民收入分配格局；创新先富帮后富机制，引导部分先富起来农民以入股不得利或无偿捐助等形式支持“两社”的发展，有利于提高中低收入者的社会保障享受水平。

（作者系中共慈溪市委书记）

河北省70羊产业发展历程及主要变化

朱清杰　闫振富

新中国成立70年以来，河北省羊产业经历了艰苦的发展历程，才取得今天的成就。新中国成立后到公社化前，羊产业有了一定的发展。公社化后到改革开放前，羊产业的发展基本处于停滞状态。直到改革开放后，羊产业作为大农业中畜牧业的重要组成部分，在各级业务部门的指导下，经过广大科技工作者和从业人员的积极努力和辛勤工作，发生了根本性变化，实现了由量变向质变的飞跃，成为安排就业、繁荣经济、丰富市场、满足消费、增加收入、脱贫致富的主要产业之一。同时拉动了种植业、餐饮业、运输业及皮革、毛纺、饲料、兽药等产业的快速发展。

一、羊产业发展历程

从1949年到2019年的70年间，羊产业的发展经历了六个时期。

（一）起步期（1949—1957年）

新中国成立前，河北省的养羊业一直处于落后状态，1949年全省羊存栏仅170.33万只。新中国成立后，农村实行了土地改革，各级人民政府建立了畜牧行政和事业机构，加强领导，制定了奖励、保护和支持政策和措施。1950年河北省成立农业厅下设畜牧兽医局，1952年省政府提出大量繁殖、增加数量、逐步提高质量的方针，开始建立种羊场，繁育推广优良品种，建立改良站，开展羊的改良工作。到1956年全省各地、市、县先后建立了畜牧兽医局（科）或站，推动了养羊业的快速发展，1957年羊存栏达到的463.41万只，是新中国成立初羊只数量的2.72倍。

（二）徘徊时期（1958—1978年）

1958年人民公社化后，从农户中收回的羊作价过低，且缺乏集体饲养经验，收益分配处置不当，农户养羊受到限制，养羊业受到一定的影响。国家在总结经验的基础上，对有关政策进行了调整，养羊生产得到了恢复和发展，羊的存栏量由

1958年的494.18万只上升到1962年的799.72万只，四年内增长61.79%。但在1963年各地因洪涝灾害的发生，开始封山育林、限制养羊，养羊业再次受到影响，由1963年的765.34万只下降到1964年的643.59万只，直至1966年的586万只。在“文化大革命”期间，草场草坡被开荒种粮，草原面积减少，牧草植被遭到破坏，草地沙化、碱化现象严重；农民自养羊受到批判，户养畜禽种类和数量受到限制；畜牧生产单一，畜产品实行统购统销制度；畜牧兽医研究机构遭到严重破坏，许多科研工作被迫停止。教学工作中断，品种改良工作基本处于放任自流状态。畜牧科技水平一直没有明显提升，养羊生产遭受到严重挫折。羊的存栏一直在600万只徘徊不前，直至1978年也只有601.82万只。

这个时期，羊的主要用途是生产羊毛，为纺织工业提供原料。因此，这一阶段主要生产方向是充分利用当地蒙古羊为母本，以引进的苏联美丽奴、高加索等为父本，杂交改良，提高羊毛的产量和质量。省政府也十分重视羊的改良工作，20世纪60年代初在坝上出现细毛羊类群，并逐步扩大规模，提高了羊毛的产量和质量，为毛纺织业的发展做出了一定的贡献。

（三）缓慢发展期（1979—1984年）

1978年中共十一届三中全会以后，农村进行了经济体制改革，实行土地联产承包、集体牲畜作价归户政策，推行了多种形式的畜牧生产责任制，羊同其他牲畜一样实行户有户养。同时，国家逐步取消对畜产品的统购统销制度，畜产品市场和价格部分放开，对畜牧业实行免税等政策。

从1979年开始，河北省开展了畜禽资源、草场资源、畜禽疫病等多项调查，为科学决策提供了大量而翔实的数据资料。这一时期养羊业的生产方式相对单一，主要以农户副业生产为主，相关科技处于研究开发阶段，推广应用的甚少，养羊业发展缓慢。1984年全省羊存栏、出栏分别为725.3万头、357万头，比1978年的600.82万头、346.12万头增长20.7%和3.1%。

（四）稳步发展期（1985—1999年）

这个时期主要体现四方面变化：一是1985年开放畜产品市场和价格，使羊产业由自给自足向商品化、传统向现代化、粗放向集约化转变。二是20世纪90年代前后，全省加快发展配合饲料生产，进行围栏禁牧，改良草场，实施人工草场建设，兴办了一批经济实体，推动畜产品销售。同时实施“菜篮子”工程、“科技兴牧、技术承包”、“建设畜牧业商品基地和专业户”等一系列措施，加速了羊产业由传统的封闭、自给型的小农经济向专业化、商品化、社会化大生产转变。三是1993年后，随着我国经济快速发展，巨大的市场需求拉动畜牧业进入新的发展阶段。河北省养羊业向产业化、集约化方向过渡，兴建了一批肉羊养殖基地，并加大科技推广和技术培训力度，羊产业进入了高速发展的快车道。四是20世纪末，随着改革开放进程的加快和市场经济体制的建立，引进了以波尔山羊等为主的进口肉羊品种，推动羊产业的稳步发展。1999年全省羊存栏、出栏分别为1 719.32万头、1 493.24万头，比1978年增长了1.86倍、3.31倍。

（五）动荡变化期（2000—2017年）

进入新世纪后，随着市场经济体制的不断完善，从国外引进种羊、进口羊肉步伐的加快，我国禁牧舍饲、羊良种补贴项目、标准化舍饲、羊产业化、良种工程和扶贫项目的实施，羊产业技术的进步、推广和普及，人们消费习惯的变化，这一阶段羊产业发生了极不和谐的动荡变化，主要表现在两个阶段。

一是自2000年前后，从国外引进的波尔山羊陷入“炒种”的怪圈，价格层层加码，长势迅猛。此时，羊场骤增，养殖规模扩大，以波尔山羊为代表的肉羊发展迅速，“养羊热”兴起。然而，由于“非典”影响，流通受阻，种羊价格一落千丈，从十几万元、数万元、万元降到数百元，且有价无市、无人问津。参与波尔山羊炒种的企业损失惨重，纷纷下马。肉羊产业一蹶不振，羊的存栏从2000年的1 676.63万只下降到2003年的1 572.54万只，降幅为6.2%。

二是随着羊肉的保健功能和绿色特性被消费者认识，羊肉的消费量不断增加。而2003年后肉羊养殖由于比较效益低，产业发展速度缓慢，市场出现供给量不能满足消费需求现象，肉羊价格持续上涨。活羊、羊肉价格分别从2006年底的8元/千克、16元/千克上升到2013年底的24元/千克、60元/千克以上，最高达到2014年2月的67.43元/千克，成为价格攀升与下滑的拐点。羊的饲养量从2006年底的3 279万只上升到2014年底的3 715.7万只，8年间上升了13.3%。羊价格的持续增长，吸引了众多外资投入养羊业，“养羊热”再度兴起。但是，由于2013年底小反刍兽疫在外省部分地区的发生，使得活羊流通受阻，价格持续下跌。2015年底，活羊市场价格低至13元/千克，下降幅度为46%。价格持续下滑，养羊者担心继续亏损，或转行，或压缩养殖规模，忍痛抛售，羊的出栏增加，而存栏减少。面对高成本、低售价的压力，肉羊养殖企业经营举步维艰，多数下马，损失惨重。特别是近年来上马的羊场，引种和养殖成本高，不堪重负，陷入困境，纷纷倒闭。养羊业再次受到重创，羊的饲养量由2014年底的3 715.7万只下降到2017年底的3 496.2万只，3年间下降了近6%。

（六）提质增效期（2017年后）

羊产业以2014年初的羊价为上升与下滑拐点，经历了持续3年多的低迷，在

2016年下半年羊价止跌，进入2017年羊价开始攀升，到6月底，基本达到了盈利线以上。养羊从业者凭借强烈的事业心、社会责任感和雄厚的经济实力，终于走出了持续亏损阴影，迎来了盈利的曙光。这个时期，一方面，羊产品价格持续下跌，养殖数量下降，养羊业受到了重创；另一方面，经过大浪淘沙，坚守的从业者理性认识到未来羊产业形势及发展趋势，不断增强科技意识、市场风险意识和疫病防范意识，抢抓机遇，采取措施，主动出击，积极推动养羊业供给侧结构性改革，提高羊业生产效率，增强羊产品的市场竞争力。羊产业经过重新洗牌、结构调整、提档升级，迎来了提质增效期。2017年羊的存栏、出栏分别为1 261.5万只、出栏2 234.7万只，同比分别下降9%和3%，但质量和效益明显提升，饲养1只可繁母羊可盈利1 000元左右，出栏1只肉羊可盈利300元左右。

二、羊产业发生的变化

反思总结，从1949年到2019年的70年间，羊产业发生了十大变化。

（一）地位提升

从1949年到现在，羊产业经历了集体副业、家庭副业、多种经营、“菜篮子”等次要地位向主要地位提升的过程。目前，羊肉凭借其安全、绿色、保健等优势，逐渐成为日常生活中必不可少的食品并成为消费时尚。其消费对象范围已由少数民族消费向全民消费普及；消费区域由北方地区消费向南方地区消费推进；消费时节由季节性消费向全年消费拓展。2016年表观羊肉年人均消费量3.44千克，2017年底羊肉价格59.73元/千克。羊肉在肉类中的比重由2010年的5.0%增加到2016年的5.4%；羊肉价格由1978年不足猪肉价格的50%，跃升到猪肉价格的2倍以上。

（二）产量增加

从1949年到2019年，尽管受各种因素的影响，总体来讲，羊产业得到了迅速发展，在保障市场有效供给、增加收入等方面发挥了应有的作用。一是数量增加，2017年羊的存栏为1 261.5万只，比1978年增加了2.1倍。二是效率提高，2017年羊出栏2 234.7万只是1978年的6.46倍。40年间羊的出栏量增加6倍多，充分说明养羊业的科技进步和市场经济意识的增强，羊的出栏时间缩短，周转速度加快，养羊效率大幅度提高。三是个体产出增加，2016年羊的平均胴体重为14.95千克/只，比1979年的7.5千克/只翻了近一番，即现在每向市场提供1个胴体相当于40年前的近2个胴体。说明在科技进步的同时，育肥技术普及效率高，在提高个体效率方面发挥了重要作用。

（三）用途转移

新中国成立后，我国养羊的主要用途是生产羊毛（绒），为毛纺织工业提供原料，羊毛（绒）是养羊业的主要收入。其间，河北省根据羊毛（绒）消费市场的需要，加大羊的品种改良力度，羊毛（绒）生产数量向高产、质量向细长方向推进。到1998年全省羊毛、羊绒产量分别为2.91万吨、0.09万吨，到2008年羊毛、羊绒产量分别达到3.5万吨、0.07万吨，达到了毛绒产量的峰值。随着纺织工业的发展，羊毛（绒）替代品的出现，气候变暖，羊毛（绒）的作用减弱，价格逐步下跌，羊毛（绒）发展成为养羊业的副产品，养羊业由毛（绒）用向肉用方向转移。2010年后，衡量畜牧业发展的生产指标由肉、蛋、奶、毛减少成为肉、蛋、奶，羊毛（绒）从畜牧业统计报表中退出。

（四）区域扩大

河北省的养羊业重点区域是半农半牧区、山区和黑龙港地区，在这些地区养羊，以放牧为主，以群计数，而在农区只有零星舍饲饲养。经过改革开放40年的发展，在巩固原重点区域发展羊业的同时，羊产业向秸秆丰富的农区推进。其间，国家支持建立了一大批秸秆养羊（牛）示范县，促进了秸秆过腹还田的发展，提高了农作物的利用率，推动了农区草食畜牧业的发展。如位于农区的石家庄市，1988年羊存栏为72.8万只，到2016年为102.2万只，28年间增长40.4%，显著高于全省平均水平。养羊区域的扩大，可充分利用当地的资源条件发展羊产业，降低了养殖成本，促进了羊产业的发展。

（五）模式创新

传统的养殖方式因地域不同分为自然放牧、“放牧＋补饲”或“季节性放牧＋季节性舍饲”的方式，其显著的优点是养殖成本低，但对自然植被破坏严重，对生态环境影响大。针对这种现状，从21世纪初，国家积极倡导舍饲养羊，全省广大养羊户讲政治，顾大局，从建设生态文明出发，抛弃传统的低成本放牧习惯，逐步开展舍饲养羊，并基本形成了成熟的舍饲养羊方式，为保护生态环境开辟了一条新路。但禁牧后，草地不能充分利用，造成饲草资源的浪费和草质下降，还增加了地方政府草地防火的压力。同时，舍饲后羊的养殖成本增加，效益降低，导致养羊业的发展受到影响。

（六）规模增大

新中国成立后养羊业传统的做法，一直是以放牧为主，以群为养殖单位。改革开放后，在河北省的重点养殖区，将作价到户的羊，自行组建羊群，雇用牧工放牧或畜主轮流放牧。之后，随着商品经济向市场经济的过渡，养羊业向专业化、集约化方向发展，养殖户数在减少，养殖规模在扩大。到2016年底，年出栏数30只以上占全省总出栏比重达到65.87%，且逐年在提升，并向生产高效、环境友好、产品安全、管理先进推进。近年来，先后涌现出河北连生农业有限公司、衡水志豪畜牧科技有限公司等标准化示范企业，在自身发展壮大的同时，为全省建立了榜样标杆，起到了示范带动作用。此外，经过市场调节和政府引导，河北省形成了肉羊育肥和屠宰基地，每年从省内外购入架子羊育肥出栏800万只以上，达到全省年总出栏量的近三分之一，形成了唐县、卢龙、昌黎等肉羊育肥重点县和部分育肥重点村、场（户）。以唐县为例，常年饲养育肥羊在300万只、年出栏肉羊200万只以上，带动了饲料加工业、运输业、屠宰加工业和餐饮业等相关产业的发展。

（七）科技增强

过去普遍认为，养羊简单，没能力从事其他行业的人才养羊。但通过实践及调查发现这一观点较片面。近年来，羊产业的科技含量逐年提升，主要表现在：一是养殖场（户）制定了科学的免疫程序，并定期加强消毒灭源工作，保证了羊只少发生或不发生疫病。二是大力开发饲料资源，保证各阶段羊只的营养需要，提高了生产效率，降低养殖成本。三是合理选择品种杂交组合，并利用人工授精技术，提高优秀种羊的利用率，保证杂交改良效果。四是实行分阶段饲养，有利于为羊只提供不同营养配方的饲料及生长环境、切断各种传染病的传播途径，同时依据不同的市场需求采用不同的饲养方式，能大大提高养羊的综合效益，保证采食均匀，减少饲料浪费。五是屠宰加工向精深化推进，并结合开发羊产品的附产品提升羊产业的附加值。

（八）设施智能

过去传统的养羊做法简单粗放，主要以放牧为主，养羊设备、设施简陋。随着社会发展，科技进步，养羊业的设施、设备发展迅速，精细化饲养程度不断提高。特别是近年来，人口老龄化社会问题促使劳动力市场发生了很大变化，从事一线生产的劳动者越来越少，且工资飞速上涨，给羊产业成本造成巨大压力。随着现代化、机械化、智能化、信息化走进现代化养羊业，自动上水、机械上料、自动清粪、自动消毒等设备取代人工，降低了劳动强度和成本，可准确完成羊生产过程中的自动清粪、消毒、分群、上料、饮水、发情鉴定及羔羊哺乳等程序。

（九）营销电网

进入21世纪前，养羊户与屠宰加工企业都是被动等人上门购买活羊和羊肉产品。之后，这些经营主体的营销方式随着社会的发展也发生了巨大变化。一是养羊企业（户）联营或上马屠宰加工企业或与这些企业合作；加工企业建立原料基地。二是屠宰加工企业建立品牌，细化包装，利用互联网、电商等现代化营销模式，增加知名度，推动产品远销外省（区），提升产业效益。三是部分羊肉食品加工企业，上马中央厨房，满足现代社会高节奏生活的需求。

（十）人员专业

过去养羊业发展中，屠宰、加工等工业生产分工较养殖环节更明确。近年来，随着工厂化养羊业的开展和部分地区羊育肥产业的专业化发展，催生了一大批新兴的专项职业，如专业剪毛、免疫、饲料及运输等，节约了行业发展中人力的投入，降低了养殖企业生产成本，提高了企业的生产效率。未来，随着规模化管理水平的提高及舍饲养殖技术的普及，信息化技术的广泛应用，专业分工将会更加明确，类似的新兴职业将会普遍出现，覆盖面更广，更有利于养殖企业规模扩大、技术提升和效益增加。

（作者单位：朱清杰，河北省畜牧总站；闫振富，河北省畜牧良种工作站）

甘肃省首次大规模开展黄牛转化途径和方法的研究暨对养牛生产的重大贡献

袁　涛

1985年10月国家计划委员会批准了甘肃省科学技术委员会、甘肃省畜牧厅联合上报的“甘肃省黄牛转化途径和方法的研究”课题为国列项目，立项实施年限为1985—1990年，拨款50万元作为“甘肃省黄牛转化”课题经费。“甘肃省黄牛转化”课题由甘肃省畜牧兽医研究所为主持单位，分为陇东黄土高原区、河西绿洲灌溉区和陇中丘陵地区等三个不同地形地貌的典型区域分片分解实施。主要任务：研究甘肃省陇东、河西和陇中三地黄牛分别向肉用、乳肉兼用和肉乳役兼用方向转化的科学依据，筛选代表三个不同生态类型地区的杂种牛最佳杂交组合，确定三地黄牛改良途径中优选第一父本、第二父本和第三父本公牛或冻精品种，提出三地黄牛转化的途径和方法，为甘肃省黄牛科研、教学和示范推广提供科学依据。该课题经过前期准备、可行性论证、试验研究和成果推广等八年的艰辛探索和不懈努力，获得了大量第一手黄牛改良科研数据和研究资料。同时，课题组研究筛选的最佳杂交组合牛：陇东片的利本F_2和夏利本，河西片的西本F_3、黑西本和西本F_2以及陇中片的利短西本和短西本等最佳杂交组合牛。筛选的最佳组合牛与黄牛改良生产相结合，走科研与推广相结合的路子。群众积极饲养筛选的杂交组合牛，增加了经济收入。同时，“甘肃省黄牛转化”课题的实施为社会增加了牛肉、牛奶等产品；为甘肃省政府决策建立张临高奶肉牛基地和推广县建立商品牛基地提供了科学依据，为甘肃省今后的黄牛改良指明了方向，确定了途径和科学方法。

“甘肃省黄牛转化”课题的实施横跨陇东黄土高原、河西绿洲灌区和陇中丘陵地区三个不同地形地貌区域，占据甘肃省六大类型的一半，地形地貌具典型性和代表性，完全可以代表甘肃省。实施区域覆盖8个地州市37个县（区），分别占甘肃省14个地州市、86个县（区）的57%和43%。区域总面积22万平方公里，人口805.34万人，分别占甘肃省总面积42.58万平方公里、人口1 956.92万人的52%和41%。该课题实施行政区域内地州市、总面积和人口分别占甘肃省各类指标总数的57%、52%和41%。在行政区域、区域面积和区域人口方面完全可以代表甘肃省。

本文作者曾作为“甘肃省黄牛转化”课题河西绿洲灌溉试验片区主要青年执行研究人员，亲历了该课题实施的艰辛历程，目睹了该课题取得的丰硕科研成果，亲身体会了畜牧科研成果带给农牧民的实惠和收益。本文从 1898 年我国引进俄国的“洋品种”牛改良、甘肃省黄牛改良历史和甘肃省课题确定的三个试验片区概况说起，作为“甘肃省黄牛转化”课题立项背景，从该课题如何获得国家立项支持，主要研究内容、推广成果和预计效益，课题主要参加单位和主要研究、推广人员，该课题是如何实施的、召开的三次研讨会在何时何地、都解决了哪些主要问题，取得的重要成果、产生的社会和经济效益，课题完成后取得的科研报告、论文和著作情况，课题实施过程中科研人员的工作和生活情况，课题实施的技术水平和取得的创新成果等九大方面进行了较为完整详尽的叙述。

一、“甘肃省黄牛转化途径和方法的研究”课题立项背景

（一）我国黄牛改良至 20 世纪 80 年代中期的历史回顾

据 1984 年刘绳吾撰写的《利用西门塔尔改良我国黄牛的效果及其展望》介绍，引入西门塔尔牛改良我国黄牛已有 80 多年的历史。早在 1898 年，俄国人就将一部分西门塔尔纯种牛及杂种牛引入我国东北繁殖。我国黄牛改良工作，有计划地引进外血导入改良，是在 20 世纪 50 年代末 60 年代初从苏联引入西门塔尔牛开始的，引入的外血良种牛主要饲养在内蒙古、黑龙江、新疆等省区。到了 20 世纪 70 年代先后从奥地利、联邦德国、瑞士等国家引入大批纯种西门塔尔牛，饲养在 19 个省区 23 个种畜场、45 个家畜冷冻精液站。母牛进行纯繁，公牛生产冷冻精液，大部分用于改良黄牛。据不完全统计，截至 1983 年 6 月，全国纯种西门塔尔牛 5 000 多头，杂交改良黄牛 300 余万头。

（二）甘肃省概况及“甘肃省黄牛转化”课题三个试验片区概况

1. 甘肃省概况

甘肃地处中国西北，位于黄河中上游黄土高原、内蒙古高原与青藏高原的交汇地区，东经 92°13′～108°46′，北纬 32°11′～42°57′之间。它东接陕西，东北与宁夏毗邻，南邻四川，西接青海、新疆，北与内蒙古和蒙古国接壤。1985 年，全省共设敦煌、嘉峪关、酒泉、张掖、武威、金昌、兰州、平凉、庆阳、定西、天水、临夏、陇南和甘南等 14 个行署（州、市），辖 86 个县（自治县、市、区）。甘肃东西长 1 655 公里，土地面积 42.58 万平方公里（据国务院勘界结果），其中耕地面积 351.56 万公顷（1985 年）。全省总人口约 1 956.92 万人（第三次全国人口普查，1982）。

甘肃地貌复杂多样，可分为六大地形区域：陇南山地、陇中黄土高原、甘南高原、河西走廊、祁连山地和河西走廊以北地带。地形自西南向东北倾斜呈狭长状，其形状就像一柄玉如意。甘肃气候类型多样，从亚热带季风气候到高原高寒气候等四大气候类型。年平均气温 0～15℃，大部分地区气候干燥，年平均降水量在 40～750 毫米。

种植粮食作物有玉米、小麦、谷子、高粱、青稞等 20 多种，种植经济作物有油料、蔬菜、瓜果、大蒜、茶叶等 10 多种。主要养殖畜禽有牛、羊、猪、鸡、马、骆驼等。地方牛种有安西牛、早胜牛（秦川牛的一个类群），培育品种有中国黑白花牛、中国西门塔尔牛等。牧草地 1 429.94 万公顷，其中：天然草地 1 397.73 万公顷，占牧草地总面积的 97.74%，主要分布在甘南高原、祁连山北坡、陇中、陇东黄土高原和陇南山地；改良草地和人工草地共有 32.21 万公顷，仅占 2.26%，人工草地主要种植紫花苜蓿、草木樨、沙打旺、红豆草等。

2. “甘肃省黄牛转化”课题三个试验片区概况和养牛业优势

为了适应甘肃省各地不同的自然生态、社会经济和畜牧业发展，“甘肃省黄牛转化”课题设计并选择了甘肃省三个具有典型代表性的生态类型地区作为课题试验区，来研究甘肃省黄牛转化的方向、途径和方法。这三个试验区分别是：陇东黄土高原区、河西绿洲灌溉区和中部丘陵地区。三地区概况、养牛业条件和试验、推广点选择概述如下：

（1）陇东黄土高原区。位于陕西、宁夏和甘肃其他地区夹缝包围中。西起六盘山，东抵子午岭，海拔在 1 000～2 400 米。地形属黄土丘陵沟壑区，黄土沟、塬相间，较大的塬有董志、早胜等 26 个，川塬地约占总耕地的 40%，塬区气候温和，年平均气温 7～10℃，年平均降水量 400～600 毫米，无霜期 140～190 天（王永怡，1985）。包括 12 个县区：平凉地区（今平凉市）的崇信县、华亭市、泾川县、灵台县等 4 个县和庆阳地区（今庆阳市）的西峰市（今西峰区）、庆阳县（今庆城县）、环县、华池县、合水县、正宁县、宁县、镇原县等 8 个市县。全区人口 281.58 万人，其中农业人口占 90.61%（王永怡，1985）。本区总面积 3.46 万平方公里，其中耕地 70.93 万公顷，林地 113.33 万公顷，草原草地和牧荒地 180 万公顷，大体是二分农田、三分地、五分草地养畜禽（王永怡，1985）。该区是甘肃省农业自然资源和农业经济基础较好的地区，人均耕地、产粮和收入均属甘肃省中上水平（赵琦，1991 年）。种植业提供的饲料粮、麸糠、饼粕、秸秆和人工种草收获的饲草等农副产品、草产品等数量大、质量优，故有“陇东粮仓”之称（赵琦，1991 年）。农民素有种植苜蓿、沙打旺和草木樨的习惯，有粮草轮作、复种套种的经验，为发展养牛业提供了良好的物质基础。早胜牛是本区优良的地方品种，具有良好的役用性能和产肉性能。陇东农民素有养牛习惯和经验，1978 年就配合课题组科研人员开展了肉用牛改良黄牛工作，为本地牛向肉用方向转化做了有益尝试。20 世纪 80 年代中期，随着畜牧业经济发展和人民生活水平的提高，对牛肉需求日益增加和牛皮贸易的兴盛，毗邻该区的平凉市（今崆峒区）是陕甘宁最大的牛肉集散地，也是甘肃省最大的牛皮交易市场。为此，选择该区作为“甘肃省黄牛转化”课题试验区，选择具有代表性的西峰市和镇原县为该区的试验点和推广县（市），开展该课题在黄土高原试验研究和养牛技术成果推广。

（2）河西绿洲灌溉区。属青藏高原向蒙新高原的过渡地带，主要地貌由河西走廊平原、祁连山浅山山地和河西走廊以北北山山地组成。位于黄河甘肃境内以西，祁连山北麓，腾格里沙漠和巴丹吉林沙漠以南的狭长平原地区，东起乌鞘岭，西接新疆，南望祁连山，北连大漠。东西长 1 200 公里，南北宽十几公里至百余公里，总面积 17.74 万平方公里，其中，耕地 60.2 万公顷，林地 40.4 万公顷，天然草场 453.46 万公顷。全区辖三个地区分别是酒泉地区（今酒泉市）下辖酒泉市（今肃州区）、玉门市、金塔县、安西县（今瓜州县）、敦煌市、肃北蒙古族自治县、阿克塞哈萨克族自治县；张掖地区（今张掖市）下辖张掖县（今甘州区）、山丹县、民乐县、临泽县、高台县、肃南裕固族自治县；武威地区（今武威市）下辖武威市（今凉州区）、天祝藏族自治县、民勤县、古浪县；两个地级分别是市金昌市（下辖永昌县、金川县）和嘉峪关市，三地两市共 19 个县（区）。该区平均海拔 1 000～1 500 米，总人口 361.30 万人，其中，农业人口 282.92 万人，占总人口 78.31%。水浇地占总耕地的 76.79%，区内光热资源丰富，风多雨少，昼夜温差大，一般达 12～15℃，年平均气温 2～9℃，年平均降水量 37～360 毫米，无霜期 140～160 天，属大陆温带干旱气候。该区是甘肃省农业灌溉条件和农业经济基础最好的地区，1990 年人均耕地 0.21 公顷，人均有粮 486.5 千克，农村人均纯收入 424.2 元，比全省人均纯收入高 158.87 元，粮食生产和人均纯收入是甘肃省最好的地区。发达的灌溉农业为该区养牛业提供了丰富的玉米饲料粮和麦麸、米糠、饼粕、秸秆等农副产品，区内农民素有间作套种和复种毛苕子、箭筈豌豆、紫花苜蓿等优质青绿饲草的习惯。春小麦、玉米、瓜类、蔬菜、油菜种植数量和产量收获量大质优，故有“河西商品粮基地”之称。为此，选择该区作为“甘肃省黄牛转化”课题试验区，选择具有代表性的张掖地区（今张掖市）和张掖市（今甘州区）为该绿洲灌溉片区的试验点和推广县（市），开展该课题在河西走廊高平原试验研究和养牛技术成果推广。

（3）陇中丘陵地区。位于甘肃省中部西南面，黄河上游。北与甘肃省兰州市接壤，东临洮河与甘肃省定西市相望，西倚积石山与青海省海东地区毗邻，南靠太子山与甘肃省甘南藏族自治州搭界。地形属黄土高原向青藏高原和陇南山地过渡地带，包括临夏市、临夏县、永靖县、广河县、和政县、康乐县、东乡族自治县和积石山自治县等八县市。气候属温带半湿润向高寒湿润气候过渡地带，年均气温5.0～8.2℃，年均日照2 467小时，无霜期130～180天，年蒸发量1 382毫米，年降水量303～651毫米。总面积7 983平方公里，其中耕地15.07万公顷，主要种植小麦、洋芋、蚕豆、玉米和油籽等作物，亩产187千克（王元臣等，1990年）。人口162.46万人，人均耕地0.092公顷，人均粮食237千克，农民人均纯收入285.2元（王元臣等，1990年）。该区山峦起伏，河流切割，气候、地形和植被差异很大，大体分为山阴、川水和干旱三类。山阴地区牧草生长旺盛；川水地区农作物稳产，有复种青绿饲草料的条件，秸秆和农副产品丰富；干旱地区农作物产量低而不稳，但是，实行草田轮作，饲草料生产潜力大。本区天然草场面积较大，粮草比例高，一般为1∶2，群众有丰富的购牛、饲养和育肥的经验，屠宰、加工和经销牛肉等产品在本区具有传统优势，具有发展养牛业较好的条件。为此，将试验点和推广县选在临夏市和临夏县，在本试验区具有代表性。

（三）甘肃省黄牛改良至20世纪80年代中期开展情况的历史简要回顾

甘肃省从20世纪70年代开始，陇东的庆阳、中部的临夏和河西的张掖市（今甘州区）、高台县率先开展了以西门塔尔牛、黑白花牛杂交改良本地黄牛的工作。1978年甘肃省筹建了省武威冷冻精液站（今甘肃省家畜繁育中心），下设种公牛站；1980年农业部从奥地利引进西门塔尔种公牛，分配给甘肃省20头就饲养在新建的省武威冷冻精液站。甘肃省大面积黄牛改良工作是在20世纪70年代末80年代初，先后引进了黑白花牛、西门达尔牛、利木辛牛、兼用短角牛、夏洛莱牛、秦川牛等优良品种及冻精。截至1984年甘肃省已冻配繁活杂种牛94 500多头，年授配达10万头以上。累计近10万头的改良牛，无论从生长发育和肉、乳、役等生产性能都表现出杂种优势。与此同时，这些国外优良品种牛和冻精进入甘肃省，给甘肃省黄牛改良带来了机遇，同时，也带来了挑战。机遇是进入甘肃省众多的国外种公牛或冻精，挑战是如何选择国外种公牛或冻精。在此黄牛改良的形势和背景下，迫切需要科研领先，即通过系统的科学研究，对甘肃省不同生态类型的地区的黄牛改良给予科学指导，为此提出了甘肃省黄牛改良方向、途径和方法的研究。这是“甘肃省黄牛转化途径和方法研究”课题提出的最直接背景。

二、“甘肃省黄牛转化”课题获得国家立项支持的过程

一项课题要想获得国家立项并得到资金支持，常常需要做大量的前期基础研究工作，这包括理论和实践两方面。“甘肃省黄牛转化”课题原主持人王永怡同志，

从1978年就开始主持开展了“肉（兼）用牛改良黄牛杂交试验研究”课题工作，先后在甘肃省庆阳地区的董志塬区以本地黄牛为母本，以利木辛、西门塔尔、海福特、夏洛来和兼用短角公牛或冻精为父本，进行肉用牛杂交改良本地黄牛效果的研究。1980年和1981年测定了220头杂一代牛和50头本地牛的生长发育性能。1982年下半年对利本 F_1（利木辛父本×本地黄牛母本）、西本 F_1（西门塔尔父本×本地黄牛母本）、海本 F_1（海福特父本×本地黄牛母本）和本地牛共18头进行了肥育屠宰试验，测定了肉用性能。同时对利本 F_1、西本 F_1 和本地牛共15头进行了挽力测验，完成了役用性能测定。撰写了《杂种肉牛与本地牛的肥育对比试验报告》、《肉牛与本地牛杂交一代效果的研究报告》等课题试验研究论文。至此，经过5年的肉用牛杂交改良本地黄牛效果的研究，该课题1983年获得甘肃省畜牧厅技术改进三等奖。

围绕“甘肃省黄牛改良”课题立项研究，王永怡同志从庆阳地区这个“点”上“肉（兼）用牛改良黄牛杂交试验研究”课题的实施成功到甘肃省这个“面”上的“甘肃省黄牛转化”课题的构思设计，查阅了大量的国内外研究资料，就20世纪80年代初期甘肃省黄牛改良的历史、现状、研究目的和意义，主要研究方法、措施、步骤、阶段成果及最终达到的目标，选择不同生态区域实施，甘肃省三大试验片区参加研究、推广单位、人员和经费预算等方面，进行了课题任务书设计和可行性研究报告等课题立项文本的撰写。扎实的前期生产、科研实践和科研成果，为申请“甘肃省黄牛转化”课题立项打下了坚实的基础。

20世纪80年代中期，甘肃省面对众多引进的优良肉牛品种或冻精，不同生态类型地区的黄牛改良如何选择优良品种？选择优良品种后如何确定杂交方向和方法途径？在此背景下，由甘肃省畜牧兽医研究所一批从事过黄牛改良研究的专家组成了科研团队，团队由王永怡同志牵头，积极撰写课题设计任务书和可行性研究报告，主动申请了“甘肃省黄牛转化途径和方法的研究”课题，通过甘肃省畜牧厅论证评审，上报甘肃省科学技术委员会，省科委上报国家科委，最终得到国家计委的立项批复，“甘肃省黄牛转化途径和方法的研究”课题以国计85－5号综合发展项目给予了50万元经费的立项支持，实施年限1985—1990年。

三、国列“甘肃省黄牛转化”课题设计的试验研究、技术推广和预期经济效益

（一）课题设计的试验研究内容

课题立项实施前，以王永怡同志为主要负责人的专家设计了“甘肃省黄牛转

化”课题的试验研究内容，主要是：

（1）甘肃省不同生态类型地区的黄牛改良方向。在陇东黄土高原区、河西走廊灌溉区、中部丘陵区3个生态区各选1个（或2个）有代表性的县（市）为试验点，有侧重的研究各区黄牛改良方向。即研究甘肃陇东地区向肉用方向、甘肃河西地区向肉乳方向、中部丘陵地区向肉乳役方向转化的途径。

（2）甘肃省改良牛最佳杂交组合的试验研究。根据各区黄牛改良方向，设计了6个杂交组合作对比试验研究，即陇东地区利木辛×本地牛级进杂交，秦川牛、夏洛莱、利木辛×本地牛多元杂交；河西地区西门塔尔×本地牛级进杂交，夏洛莱、黑白花、西门塔尔×本地牛多元杂交；中部地区利木辛、兼用短角、西门塔尔×本地牛多元杂交，海福特、兼用短角、西门塔尔×本地牛多元杂交。

主要指标为：①一二三代杂种阉牛育肥期日增重分别比本地牛提高15%、20%和25%；②杂种阉牛18月龄的宰前重，陇东和河西分别达到320千克、360千克和400千克，中部地区分别达到240千克、300千克和360千克；③杂种牛的役用能力比本地牛提高15%以上；④兼乳用的杂种牛一个泌乳期西本$F_1$1 000千克，西本F_2 2 000千克，西本$F_3$3 000千克以上。

（3）杂种牛生长发育及生产性能的研究。①测定各组合二代、三代初生、6、12、18和24月龄杂种牛的体尺和体重；②屠宰测定各组合二代、三代14～18月龄杂种阉牛（各4～6头）的肥育性能；③测定各组合一代、二代母牛的产乳性能；④测定各组合各代公、母牛的役用性能。

（4）杂种牛日粮配方的研究。各片通过泌乳试验和肥育试验以及指导农户饲养实践，提出适合当地饲草料资源和农户的饲养习惯、增重效果好、成本较低的杂种牛不同阶段的日粮配方，作为农户饲养杂种牛的参考。

（5）增加青绿饲料的研究。指导试验牛贷养户和群众养牛户，根据本地区自然条件和生产特点，采取多种方式增加青绿饲料的生产，改善养牛饲养条件。

（6）青贮设备和方法的研究。指导农户推广青贮饲料，以解决冬春青绿饲草的不足，要求每户制作青贮5 000千克，提高养牛饲养水平。

（二）课题技术推广内容

杂交组合改良牛试验进行的同时，在陇东地区的镇原县和西峰县、河西地区的张掖市（今甘州区）和中部地区的临夏县等3个片区的4个县（市）承担推广任务。原课题设计在3个片区4个县（市）共繁殖包括西本、夏黑西本、利短西本、海短西本、利本、秦夏利本6个组合一二三代杂种牛3.81万头。张掖市、临夏县、镇原县和西峰市分别承担1.11万头、1.30万头、0.80万头和0.60万头。

（三）课题预期经济效益

到1990—1991年在张掖市、临夏县、镇原县和西峰市累计产活杂种犊牛3.81万头。可产牛肉3 429 000千克，牛乳5 715 000千克，如每头杂种牛比本地牛价高300元，可增值1 143万元，每千克牛乳获纯利0.20元，可收奶款114.3万元，总共可得益1 257.3万元。

四、国列“甘肃省黄牛转化”课题实施的主持单位和主持人、协作单位和负责人

“甘肃省黄牛转化”课题由甘肃省畜牧兽医研究所主持，该所创建于1944年1月，是甘肃省唯一省级畜牧兽医综合研究机构，拥有一批畜牧兽医专业高层次研究人员。“甘肃省黄牛转化”课题原主持人为王永怡，参加人为漆清玉、张友正、邱忠玉、桑国俊、常万存和高静异（均为省牧研所）。1988年5月赵琦同志接替王永怡主持该课题，至1991年11月课题全面结束，参加人邱忠玉、桑国俊、常万存、高静异和张友正共6人。

“甘肃省黄牛转化”课题实施区域选择了甘肃省三个不同生态类型的地区，分别是以庆阳、平凉地区为代表的陇东黄土高原区（陇东片试验区）、以张掖地区为代表的河西灌溉区（河西片试验区）和以临夏州为代表的中部丘陵地区（中部片试验区）。其中，陇东片试验区牵头协作单位为甘肃省畜牧兽医研究所养牛课题组，原负责人为漆清玉，参加人为桑国俊、姜西安、史得印、张登友、常万存、魏喻信、张来军共8人，参加单位有庆阳地区畜牧站、镇原县畜牧兽医站和西峰市畜牧兽医站。1987年1月邱忠玉同志接替漆清玉负责该片区。该片区参加人员为桑国俊、姜西安、史得印、张登友、常万存、魏喻信、张来军、路升学、郑春玉、左武成共11人。河西片试验区牵头协作单位为张掖地区畜牧兽医研究所（笔者当时所在单位），原负责人为王棣书同志，参加人为张鸣实、顾新民、张生魁，参加单位为张掖县畜牧兽医站。1988年4月张春魁同志接替王棣书负责该片区，参加人调整为张鸣实、王棣书、袁涛、李梁才、张生魁、李学标共7人。其中，张掖片区增加3人，分别是张掖地区畜牧兽医研究所袁涛、李梁才，张掖县畜牧兽医站李学标。调离顾新民同志不再参加该课题；中部片试验区牵头协作单位为临夏州畜牧兽医研究所，负责人为王元臣，参加人为任兆薰、庞鹤鸣、马世林、李楠（五人均为临夏州畜牧兽医研究所）、鲁学谟、梁增明（二人为临夏县畜牧局）、朱学礼、侯俊英（二人为临夏县畜牧兽医站），参加单位为临夏县畜牧局和临夏县畜牧兽医站。

五、国列“甘肃省黄牛转化”课题实施的过程

（一）课题实施

“甘肃省黄牛转化”课题计划设计的实施时间为1985—1990年，正是甘肃省黄牛改良有计划实施的初期阶段。该课题是甘肃省首次大规模对本省不同生态类型地区黄牛改良方向、途径和方法进行系统研究的科技型攻关项目。按照科研项目管理程序，主持单位甘肃省畜牧兽医研究所前期主持人王永怡同志与甘肃省科学技术委员会签订了《科学技术研究项目合同文本》，他又分解该课题的整体科研和推广任务，与陇东片、河西片和中部片等三个片区牵头协作单位、片区负责人分别签订了二级合同——《“甘肃省黄牛转化途径和方法的研究”项目任务经费及奖惩办法（庆阳、张掖、临夏）合同书》。合同书按照科研课题立项后三方签订的正式科研合同文本格式行文，其中，甲方为甘肃省畜牧兽医研究所和课题主持人，乙方为各片区协作单位和片负责人，丙方为乙方的行政管理上级机关和负责人。该合同书主要有四部分组成：一是明确了课题主持单位、片参加单位和片负责人、参加人员暨片负责人和推广单位的职责；二是明确了课题在该片区研究任务和技术指标及推广任务和指标；三是明确了课题经费在该片区的数额、用途及偿还等事宜；四是明确了课题实施的奖惩：按照完成单项试验和年度推广任务，经鉴定合格享受完成任务奖、推广奖和成果奖。采取科研与推广单位协作攻关的措施，使“甘肃省黄牛转化”课题所有参加单位任务具体、职责分明、各司其职、协同攻关，保证了试验研究及推广任务的完成。

（二）课题召开的三次研讨会

主持单位甘肃省畜牧兽医研究所的主持人根据课题实施进展情况和存在的问题，在课题实施的六年中，先后组织召开了三次较大规模的课题执行研讨会。在此以第二次研讨会为例详细叙述如下：1988年4月15—16日在兰州召开了第二次研讨会，会议由课题主持单位甘肃省畜牧兽医研究所主持，参加会议的有课题组陇东、河西、中部牵头协作单位及西峰市、镇原县、张掖市和临夏县推广单位的主要参加同志。甘肃省科委农医处、甘肃省畜牧厅科教处、畜牧处，甘肃省畜牧技术推广总站、甘肃省畜牧兽医研究所的负责人和主管同志出席了会议。会议听取了课题组三个片三年来“甘肃省黄牛转化”课题进展情况的汇报，对如何完成后三年的试验研究任务进行了讨论。甘肃省科委和甘肃省畜牧厅主管处领导在听取汇报和讨论后，就本课题如何加快工作进展，加强科研管理，按课题设计任务书的要求完成试验研究任务等方面谈了意见。第二次研讨会重点总结了前三年的工作，布置了后三

年的任务，统一思想认识和提高课题管理水平，加快了试验研究进度，达到了研讨会召开的目的。这次研讨会后，1988 年 5 月 14 日甘肃省畜牧兽医研究所以甘牧研所字（88）第 012 号《报送黄牛转化课题第二次研讨会议纪要的函》上报甘肃省科委和甘肃省畜牧厅，1988 年 5 月 30 日省科委和省畜牧厅以甘科发（1988）第 117 号文件《关于发送〈“甘肃省黄牛转化途径和方法的研究”课题第二次研讨会议纪要〉的通知》，批转试验片区庆阳、张掖和临夏三地的科委（科技处）、农牧处（畜牧处）以及主持单位和协作单位，请有关单位研究执行本次会议纪要的有关精神。

其他两次研讨会简况是：1986 年 9 月 15—17 日在甘肃省张掖地区招待所召开了课题组第一次研讨会，这次会议历时 3 天，课题组三个片区的协作单位负责人、甘肃省畜牧厅、张掖地区农牧处代表共计 17 人出席了会议。会上交流了经验，参观了河西片区的两个试验点：张掖市小满乡古浪二社和张掖地区物资局农场课题组投放的 54 头西本 F_2（西门塔尔父本×西本 F_1 母本）和黑西本（黑白花父本×西本 F_1 母本）试验牛。这次会议重点解决组建二代试验牛群和投放试验牛贷养方式的问题。1989 年 10 月 16 日省牧研所以甘牧研所字（89）第 045 号文件《关于召开〈黄牛转化〉课题第三次研讨会的通知》，决定 1990 年 1 月 4—6 日在甘肃省临夏州召开课题组第三次研讨会，会议历时 3 天。这次研讨会的重点是系统回顾课题实施前五年研究与推广任务的完成情况，发现问题及时研究解决；讨论安排 1990 年至课题鉴定验收前的各项工作。参加这次研讨会的共计 16 名同志，除各片区协作单位的负责人、主要执行人外，会议邀请甘肃省科委农医处、甘肃省畜牧厅科教处负责同志，邀请甘肃省畜牧厅畜牧处和甘肃省畜牧技术推广总站负责同志出席并指导本次研讨会。

六、国列“甘肃省黄牛转化”课题实施取得的重要成果和产生的社会、经济效益

“甘肃省黄牛转化途径和方法的研究”课题实际实施六年，以甘肃省庆阳地区、张掖地区、临夏州为中心试验区，对陇东、河西及甘肃中部三个不同生态类型地区黄牛向肉用、乳肉兼用和肉乳役兼用方向转化进行了有计划、分区域和严谨细致、系统科学的研究。先后进行了 23 个单项试验，对杂一代六个组合牛泌乳性能和役用性能，对杂二代六个组合牛的产肉性能、泌乳性能和役用性能及生长发育指标，对杂三代六个组合牛的产肉性能、役用性能和生长发育指标进行了科学规范的系统测定。并以这些试验结果为根据，确定了陇东、河西和甘肃中部三个不同生态类型地区黄牛改良的途径、方法和方向：陇东片区以利木辛牛级进杂交到 F_2 代和利木辛牛、夏洛莱牛两品种轮回杂交的途径，向肉用方向转化；河西片区以西本 F_3 牛

（西门塔尔父本×西本 F_2 母本）、西本 F_2 牛和黑西本牛（黑白花父本×西本 F_2 母本）为最佳杂交组合，采用西门塔尔牛级进杂交到三代和西门塔尔牛、黑白花牛两品种轮回杂交的途径，向乳肉兼用方向转化；中部片区以利短西本牛和短西本牛为最佳杂交组合（注：利短西本牛是指利木辛×短角×西门塔尔×本地黄牛，短西本牛是指短角×西门塔尔×本地黄牛），采用利木辛牛、短角牛和西门塔尔牛三品种终端杂交及短角牛、西门塔尔牛两品种轮回杂交的途径，向乳肉役兼用方向转化。与此同时，该课题还对甘肃省不同生态类型地区改良牛日粮配方暨增产青绿饲料的途径进行了研究。

由于该科研课题实施与当地的黄牛改良生产相结合，分片多点试验，取得的试验研究成果与示范推广相结合，全面推广试验研究成果，因而，该课题在六年三片试验区实施的同时，课题所在地的张掖市（现甘州区）、临夏县、西峰市和镇原县等4县市推广课题试验组合改良牛5.139万头，超额1.329万头（34.89%）完成课题设计3.81万头的推广任务。

该课题实施期间取得了显著的社会效益和经济效益。其中，新增加牛肉产量726.89吨、新增牛奶产量5 911.5吨和新增优质牛皮2.47万张；同时，按照1987—1990年牛肉、牛奶、优质牛皮和改良牛的平均价格计算，该课题实施期间新增总产值1 746.67万元、新增纯收益1 498.91万元、科技投资收益率6.05元/元、农民得益率11.56元/元。

按照科研成果总效益匡算，取牛的生命周期12年的一半6年计算，该课题结束后，1991—1996年新增改良牛8.7万头、新增牛肉2 078.11吨、新增牛奶43 242.3吨、新增优质牛皮7.08万张，总的新增纯收益为4 026.13万元。

“甘肃省黄牛转化”课题通过试验研究，提出了20世纪90年代甘肃省陇东、河西和中部三个不同生态类型地区黄牛改良方向、途径和方法，取得的研究成果为甘肃省养牛业的进一步发展提供了科学依据。

七、国列“甘肃省黄牛转化”课题实施完成后取得的科研报告、论文和著作

该课题立项准备、获得国家立项支持、实施至鉴定验收结束前后经历了八年时间。在甘肃省科委、甘肃省畜牧厅等上级主管部门的大力支持下，在甘肃省畜牧技术推广总站、甘肃省庆阳地区、临夏州、张掖地区三地科委和农牧处（畜牧处）等单位的通力协助下，三个片区县市区、乡镇和基层畜牧兽医技术人员100多人的热心配合下，经过参试单位（验收时9个）全力合作和全体科技人员（验收时34名）的辛勤努力、不懈拼搏下，最终，圆满完成甘肃省三个不同生态类型地区黄牛改良

方向、最佳杂交组合、杂种牛（即改良牛，下同）生长发育及生产性能、杂种牛日粮配方等研究内容与设计指标，获得了大量而系统的甘肃省改良牛科研资料，收获了沉甸甸的黄牛改良科研硕果，并在生产中取得显著的推广效果和经济效益。撰写了研究报告、论文、调查报告、典型材料共62篇约31万字。这些研究成果中，包括“甘肃省黄牛转化途径和方法研究”试验报告、课题工作总结报告、课题效益评价报告和陇东试验片区、河西灌溉试验片区和中部丘陵试验片区三个试验研究报告共6篇，“甘肃省黄牛转化”课题三地四县区推广工作总结4篇，三个试验片区试验研究22篇，《试论甘肃省养牛业的现状与发展战略》等5篇论文共计37篇汇编成册，这就是该课题组奉献给养牛战线同行们的一本论文专辑：1991年9月15日《甘肃畜牧兽医》编辑部以1991年增刊（增刊011）出版了《甘肃省黄牛转化途径和方法的研究论文集》。

在该课题实施过程中，三个试验片区的23个单项试验取得的科研成果，经请示课题主持单位和主持人的同意，部分成果以研究论文的形式第一时间刊登在了《中国畜牧杂志》、《草与畜杂志》、《黄牛杂志》和《甘肃畜牧兽医》等国内知名刊物上。如河西片区课题组完成的《杂二代牛产肉性能综合评定》和《河西杂交改良一代牛泌乳性能测定》研究论文分别刊登在《草与畜杂志》1988年第6期和1990年第3期上。

八、国列“甘肃省黄牛转化”课题实施过程中科研人员的工作、生活情况

国列“甘肃省黄牛转化”课题持续实施时间六年多，如果加上课题立项前一年撰写设计书、可行性研究报告和验收鉴定后部分课题经费的回收等工作，算起来有八年之久，时间之早、耗时之长，堪称甘肃省畜牧课题之最。该课题是一项与黄牛生产结合特别紧密的科研工作，在实施过程中，选配、购买和组建试验牛群及测定一代、二代、三代试验牛生长发育指标和生产性能的研究，这几项科研工作常常凸显“时长、点多、面广和量大”的特点。比如河西片课题组人员前期组建试验牛群时，课题组两名执行人员在近一年的时间内，深入张掖市（今甘州区）、临泽县和高台县乡镇村庄，寻找符合试验条件的杂一代母牛饲养户，签订杂一代母牛合同书200份，跟踪登记配怀杂二代犊牛150头，及时上门测定前期产活的15头二代犊牛的初生重和初生体尺，两位执行人员一年中的大部分时间是在广大的农村农户中度过的。为了取得准确、可靠的资料，课题科研人员数年来奔波于山乡村镇农户和试验农场。为了寻找符合试验要求的牛只，不到一年的时间内，河西片区两位课题人员骑行摩托车行程八千多公里。课题组人员询问、登记和测定试验数据等工作，

常常使他们的一日三餐不在饭点，饥一顿、饱一顿是经常有的事。该课题三个试验片区的杂二代、杂三代公牛的肥育试验和屠宰试验都是在12月或翌年1月结束，正值北方严寒冬季。屠宰试验要在寒风凛冽的露天场地进行，需要测定记录80个项目。杂一代、杂二代母牛一期的泌乳性能测定，从准备到测定结束要持续10～11个月，科研人员就得有300天以上的时间在试验点上工作。因此，该课题千千万万个科研数据的获得，都倾注了课题组科技人员的艰辛和汗水。

特别值得书写的两件不能忘却的事件：一件是原课题主持人王永怡的离世。王永怡同志从1984年1月为课题撰写设计报告，上报甘肃省畜牧厅申请立项，甘肃省畜牧厅于1985年3月批准设计并转报甘肃省科学技术委员会，建议列为重大科研攻关项目。经省科委同意上报国家科委，1985年10月国家计委和国家科委正式批复将“甘肃省黄牛转化途径和方法的研究”列为国家项目（编号：国计85－5号）并签订合同。这期间，王永怡同志为课题立项的可行性论证，给省牧研所、省畜牧厅和省科委多次汇报，争取单位和上级有关部门的支持等方面作了大量艰苦细致的工作。王永怡同志从1984年“甘肃省黄牛转化”课题前期立项调研、组织实施等科研任务，他常年奔波于乡村基层试验点和三个试验片区进行课题研究、指导和督查等。他一心扑在课题研究上，疏于照顾自身健康，不幸于1988年4月25日病逝。这个时间离他正式退休不到2个月。另一件是原陇东片区负责人漆清玉同志的离世。他是一位一心扑在科研课题的事业型青年才俊，1986年12月在“甘肃省黄牛转化”课题前期实施过程中，骑摩托车与助手下乡入农户测定试验牛途中因遭遇车祸而离世。

该课题试验设计内容实际于1991年9月通过甘肃省科学技术委员会的鉴定验收。前后经历6年时间才最终完成课题全部设计内容和推广任务。除主持单位在课题论文集中列入的34名科研和推广人员的名单外，在实施过程中，三个试验片区的协作单位、有关县区、乡镇站的技术人员，有关农牧场的技术人员也参加了不同阶段的试验、示范和推广任务。限于当时的科研管理办法，这些“编外”参加的同志没有被列入课题最后的完成名单中，但是，这些同志的劳动付出和做出的贡献不应该忘记。据不完全统计，“甘肃省黄牛转化”课题在实施过程中，“编外”参加和协助课题“田间试验”、基层技术推广人员近100人。

九、国列“甘肃省黄牛转化”课题实施的技术水平和取得的创新成果

“甘肃省黄牛转化”课题实施的技术水平和取得的创新成果，体现在单项试验研究成果和推广工作中，也体现在不同阶段进行的验收现场和成果鉴定会上。如在

1988 年 1 月 25 日经张掖地区科技处主持，邀请甘肃省有关畜牧专家对河西试验片完成的“西本 F_2 和黑西本牛产肉性能的研究”进行了鉴定验收；又如受原甘肃省科学技术委员会委托，由甘肃省畜牧厅主持，邀请甘肃农业大学教授段李成（验收组组长）、中国农业科学院兰州畜牧研究所研究员李孔亮（验收组成员）、甘肃省畜牧技术推广总站站长、高级畜牧师张建文（验收组成员）和甘肃省张掖地区行政公署农牧处副总工、副教授李颂孙（验收组成员）组成的专家验收小组，于 1990 年 12 月 19 日在张掖市（现甘州区）对“甘肃省黄牛转化”课题河西试验片完成的“杂三代牛产肉性能测定试验和杂种牛推广情况”进行了现场验收。验收会议期间，专家们现场观测了西西西本牛和夏黑西本牛两个杂交组合三代牛的屠宰测定，观看了推广点之一的张掖市（现甘州区）小满乡杂种牛赛牛会，听取了杂三代牛肥育试验报告和杂种牛推广情况的报告，查阅了上述两项内容的有关记录等资料，验收组的专家们一致认定：①杂三代牛的肥育试验已经按照课题设计完成和超额完成了计划指标。肥育牛头数和肥育方案符合原设计要求，屠宰及其测定符合全国肉牛会议规定的标准。夏黑西本牛和西西西本牛 19.5 月龄肥育期末体重分别达到 444.13 千克和 435.00 千克，肥育期日增重分别达到 1.193 千克和 1.222 千克，分别超过原定指标的 79.51%和 83.87%。肉料比分别为 1∶3.44 和 1∶3.24。现场抽查的两头牛的屠宰测定结果：夏黑西本牛和西西西本牛屠宰率分别为 58.69%和 57.36%，净肉率分别为 48.15%和 46.51%，胴体重分别为 277 和 269 千克，优质切块率分别为 42.37%和 42.70%，肉骨比分别为 5.11∶1 和 4.74∶1，眼肌面积分别为 103 平方厘米和 80.5 平方厘米。为此，对杂三代牛的肥育试验及屠宰测定通过验收。②杂种牛推广工作已经超额完成了课题要求的进度和任务。1986 年到 1990 年底，在原定的推广点张掖市产活的各类杂种牛 18 896 头，完成计划任务的 170%。小满乡赛牛会参赛牛 362 头，全为杂种牛，体型好，生长发育快，很受群众欢迎，全乡改良牛已达 3 775 头，占总牛数的 44.68%。由于杂种牛产奶、产肉和售价的提高以及冷冻精液配种节约公牛饲养费等因素，张掖市（现甘州区）1986—1990 年推广杂种牛的可新增产值在 848.72 万元。为此，对张掖片（即现在的甘州区）的杂种牛推广内容通过验收。③上述两项内容的验收，是该课题研究内容的一部分，建议作为 1991 年该课题全面验收时的主要依据。以上三点验收意见，是该课题全面结束实施完成前一年，在甘肃省张掖地区（现张掖市）召开的一次重要的阶段性验收会议的主要内容。以上现场验收和成果鉴定会全程，笔者亲眼见证了专家现场抽查杂三代牛屠宰测定结果和验收会议上查阅“甘肃省黄牛转化”课题试验原始记录的全过程。

“甘肃省黄牛转化”课题实施完成后的最终鉴定验收是在 1991 年 9 月，由甘肃省科委组织，邀请我国著名养牛专家、中国良种黄牛育种委员会主任委员、原西北农业大学丘怀教授担任主任委员，组成“甘肃省黄牛转化”课题鉴定验收专家委员会。以丘怀教授为主任的鉴定验收委员会认为：该课题所进行的各组合二三代杂种牛生长发育及生产性能的系统研究，填补了甘肃省此项研究的空白，杂种牛生产性能主要指标达到或超过国内同类研究的水平，同时进行六个组合杂三代牛生长发育及产肉、役用性能系统的试验研究国内尚未见报道。

“甘肃省黄牛转化”课题研究成果，1992年获得甘肃省农牧渔业丰收奖一等奖；1993年获得甘肃省科学技术进步奖二等奖。

值此新中国成立70年之际，撰写此文回忆曾经和我一起奋战在甘肃省黄牛改良科研、生产战线的同志们，回忆我们曾经奋斗的青春岁月！仅以此文献礼新中国70华诞。祝愿进入新时代的伟大祖国，涌现出更多勇于奉献和拼搏的农业科研工作者，为国家的繁荣和昌盛，做出更多的贡献。

（作者单位：甘肃省张掖市农业农村局）

湛江农垦甘蔗产业发展的历史回顾与经验体会

郑学文

湛江农垦地处雷州半岛，是广东农垦农业面积最大、作物种类最多、综合效益最好的垦区。湛江农垦自1954年开始种植甘蔗，从无到有、从小到大、从低效益到高效益，得到了长足发展，迄今已有65年的历史。甘蔗种植面积最多时达2.8万公顷，蔗茎亩产量最高时达6.17吨，蔗糖分最高时达13.53%。湛江农垦甘蔗产业发展规模大，成果丰硕，经济效益好，是全国农垦系统最大的产业化基地，并在漫长的实践中总结出丰富的经验。借此新中国成立70年之际，笔者结合本人在湛江农垦局从事甘蔗产业30多年的亲身经历，浅谈湛江农垦甘蔗产业发展取得的辉煌成就和成功经验。

一、湛江农垦甘蔗产业的历史回顾

（一）产业起步期（1951—1960年）

湛江农垦1951年建立，开始时以橡胶种植为主，其他作物兼顾种植。甘蔗种植起步早发展慢，种植始于1954年，当时只有前进农场（现为广前糖业发展有限公司）为植蔗单位。1955年，南光、收获农场（1995年合并为丰收糖业发展有限公司）相继种植甘蔗，当年种植面积仅5.37公顷。1956年全垦区甘蔗种植面积发展到617公顷，1960年到达4 885公顷，种植甘蔗的农场达到13个。这个时期种植的品种主要有海蔗4号、海蔗5号、印度997等，年平均亩产仅1.4吨，亩产最高年份是1960年达4吨（东升农场）。

（二）产业徘徊期（1961—1980年）

1961—1980年的20年间，由于种种原因，种植甘蔗的农场增增减减，是一个不稳定时期。虽然增加了湖光、东方红、幸福、火炬等农场，最高年份植蔗的单位有22个，但最少年份减少到只有5个单位（1968—1970年），种植面积由1960年的4 885公顷跌至1963年的415公顷，整个时期的甘蔗生产处于徘徊的状态，从

1962—1980年每年种植面积在1 104～3 176公顷，亩产量在1.2～2.5吨波动，最高产量为晨光农场1974年的3.53吨。主要品种仍以海蔗4号、海蔗5号、印度997为主，个别年份增加了粤糖71/210、粤糖63/237等新品种，甘蔗良种率为80%左右，但没有早、中、迟熟品种之分。

（三）产业发展期（1981—1997年）

1981年后，湛江农垦局（原粤西农垦局）党委认真贯彻执行中央改革政策和决议，经过深入调查研究和反复论证后，果断做出“南糖、北果、中路胶”的农业发展思路，进行全局性的结构调整，将受台风影响的缺株、低产的橡胶树逐年更新改种甘蔗，加快发展甘蔗产业的步伐，种植单位有所增加，规模也逐步扩大。1981年甘蔗种植面积一跃到达0.49万公顷，1984年突破0.67万公顷，到达0.71万公顷；1990年突破1.33万公顷，到达1.48万公顷；1995年突破2万公顷，到达2.11万公顷。1996年遭受12级以上强台风袭击后，再次将受灾严重的橡胶树淘汰改种甘蔗，其中广前公司、湖光农场全部改种甘蔗，廉江片的橡胶农场改种为水果和甘蔗，1998年甘蔗面积突破2.67万公顷，到达2.77万公顷。甘蔗种植农场由1980年的22个增加到33个（原粤西农垦）。种植品种以早熟高糖的品种为主，且实行早、中、迟熟品种合理搭配，主要有粤糖系列的63/237、79/177、85/177、86-368等，桂糖11、12，新台糖系列的1、10、2、7、16号等良种共超过20个。其中，新台糖2的面积占每年种植的50%以上，成为主推当家品种。到1996年，甘蔗良种率达95%以上，早、中、迟熟品种比例为4∶4∶2，品种结构日趋合理。由于大面积增加早熟高糖良种，甘蔗产量和蔗糖分同步提高，年平均亩产均达5.5吨以上，最高产年份达到6.2吨/亩，蔗糖分最高年份超过12%。

（四）产业优化期（1998—2004年）

随着农垦社会经济的不断发展，农业发展策略也有所调整，受制于土地资源和平衡发展其他优势作物需要，从1998年起，垦区蔗糖产业目标是整合现有甘蔗资源，调整区域布局，优化良种结构，提高单位面积产量和产糖量。因此，甘蔗种植面积每年基本保持在2.67万～2.8万公顷。在生产技术上实行良种配良法，全部淘汰较为低产、低糖的品种，择优筛选推广了一批适应性更强、产量糖分兼优的良种，形成以新台糖16、22、25，粤糖89/113、93/159、00-236等8个当家品种的良种群，其中，新台糖22成为主推品种，每年种植面积占总面积的60%～70%，甘蔗良种覆盖率达98%以上，早、中、迟熟品种比例为41.3∶55.4∶3.3。这段时期，除受台风和特大干旱年份影响外，多数年份产量和糖分稳中有升，2004年甘蔗蔗糖分达到历史最高的13.53%。

（五）产业巩固期（2005—2018 年）

2005 年，是湛江农垦甘蔗技术创新的一个大转折点，由长期的传统农业向现代农业方向发展，在种植规模上，不再扩大面积，重点优化甘蔗区域，整合有利于机械化发展的土地资源，植蔗面积巩固在 2.67 万公顷左右，主攻提高单产和蔗糖分，向良种良法要效益。2005 年，湛江农垦局开拓性地引进以色列地埋式滴灌节水技术，成功应用在甘蔗生产上，并在湛江农垦科学研究所成立广东农垦测土配方施肥技术指导中心和生物技术繁育中心。2006 年起，经过试验示范，积极推行甘蔗健康种苗、测土配方施肥、生物技术防治螟虫、综合节水灌溉、全程机械化五大核心技术，形成了湛江农垦现代甘蔗产业技术体系。实施应用现代农业先进技术取得区域性的效果效益。2006—2018 年的 13 年间，除了一些年份遭遇灾害天气等因素影响外，甘蔗种植面积维持在 2.2 万～2.67 万公顷，主推种植品种以新台糖 22、16、粤糖 93/159、粤糖 00/236 等早熟高糖良种为主，甘蔗糖分有所提高。2015 年后大幅度减少种性退化严重的新台糖 22 号品种，增加桂柳 05/136，且逐年扩大规模，2015—2018 年面积达 3.17 万公顷，甘蔗良种覆盖率达 100%，早、中、迟熟品种比例为 5∶4∶1。截至 2018 年，甘蔗五大核心技术规程和措施逐步系统化、科学化，甘蔗生产全程机械化规模不断扩大，机械化种植和收获面积超过 0.67 万公顷，农业机械化耕地率达 100%，机械化管理综合水平为 75%以上，现代产业技术体系成型。

二、湛江农垦甘蔗产业取得的成就

（一）建成中国农垦最大的甘蔗产业基地

湛江农垦自 1951 年建垦开始，当时以发展国防战略物资——橡胶为主产业，从 1954 年开始种植甘蔗 65 年来，历经起步、徘徊、发展、优化、巩固五个时期，特别在党的十一届三中全会后，作出“南糖、北果、中路胶”的农业发展决策以来，湛江农垦局采取一系列有效措施，大刀阔斧调整甘蔗产业结构，加快科学发展步伐，使甘蔗种植面积在 20 世纪中期就突破 2.67 万公顷，一举成为广东农垦继橡胶产业后的第二支柱产业，湛江农垦农业面积最大的第一支柱产业，同时也是中国农垦甘蔗规模最大的产业基地。甘蔗种植面积占全垦区农作物总面积的 35%以上，蔗糖业产值占工农业总产值的 60%以上。

（二）率先建成工农一体化糖业集团

湛江农垦作为中央直属企业，自 1994 年起，首先将原广丰糖厂与垦区最大的甘蔗农场——前进农场合并，组建广前糖业发展有限公司，随后又将调丰糖厂与收获、南光农场合并，组建丰收糖业发展有限公司，华丰糖厂与海鸥、勇士农场合并，组建华海糖业发展有限公司，形成了湛江农垦不同区域工农贸一体化经营的3大糖业集团。探索出适应市场经济发展需要的运行机制，即由湛江农垦局下达每年的甘蔗种植、产品收购指令性计划和考核指标，实行统一规划、统一耕作、统一品种、统一技术、统一管理、统一收获、统一销售的“七统一”经营方式。实践表明，湛江农垦建立工农一体化的经营实体，为充分发挥工农资源优势，延长产业链，提高工农业效益提供了机制保证。

（三）建成一批甘蔗种质资源圃和试验示范基地

从2000年起，湛江农垦局首先在下属的湛江农垦科学研究所建成拥有广东、广西等8个省区和美国、巴西、澳大利亚等6个国家10多个系列共147个甘蔗品种的种质资源圃，然后建立不同区域条件的试验示范基地。2003年起，在丰收公司建立全国唯一的甘蔗生产全程机械化试验示范基地；2005年起，在丰收、华海、广前公司分别建立生物防治站，同时在相关单位建立健康种苗夏繁蔗种基地、综合节水灌溉基地。2009年，国家甘蔗产业体系设立湛江综合试验站后，再增加一批新的试验示范基地共1万公顷。建立甘蔗种质资源圃和试验示范基地，为农垦和地方加快良种良法推广提供了科学依据。丰收、华海、广前公司的甘蔗生产基地先后获中国热区甘蔗农业科技示范基地称号；广垦农机服务有限公司被评为中国热区甘蔗生产全程机械化基地；2011年，华海公司获全国农机农艺技术融合示范区称号。

（四）建立长效的科技推广网络

湛江农垦局十分重视科技推广网络建设，逐步建立了农垦局→农场（公司）→生产队（车间）3级科研推广网络。农垦局设立生产科技处，负责全垦区的甘蔗糖业生产技术业务工作，2009年成立国家甘蔗产业技术体系湛江综合试验站后，每年承担国家下达的甘蔗良种良法试验示范项目。每个甘蔗单位都有2～3名专业人员负责良种良法推广工作，全垦区从事甘蔗糖业生产的科技人员达700多人，其中高级职称30多人，中级职称130多人，技术力量雄厚，技术水平较高。各类人员充分利用网络优势，做到就地检查指导工作，及时发现和解决生产中的技术问题，在推广甘蔗良种良法过程中，做到边引进、边试验、边示范、边推广，保持引进试验示范推广工作的稳定性和持续性。

（五）建立友好的产学研合作关系

长期以来，湛江农垦局广泛开展科技合作与攻关活动，与中国热带农业科学院、广东省农业科学院、华南农业大学、广州甘蔗糖业研究所、广西农业科学院、广西大学、海南大学、广东海洋大学等科研院所、高等院校建立了友好的产学研合作关系。2006 年以来，与广州甘蔗糖业研究所签订了甘蔗糖业科技战略发展框架协议，先后开展了甘蔗新品种选育、健康种苗繁育项目的合作，取得阶段性成果。与省农科院植物保护研究所合作，成功地研究出以释放赤眼蜂防治甘蔗螟虫害的生物防治技术，在湛江蔗区得到有效应用，与中国航空五院合作开展甘蔗太空育种获得成功；同时与相关的科研、教学单位合作加快了甘蔗良种良法推广应用，实施科技项目科技含量不断提升，实施效果越来越好。

（六）培育一批农业产业化龙头企业

湛江农垦充分发挥土地资源优势、产业结构优势、人才和科技优势，积极摸索培育以甘蔗产业为主体的农业产业化龙头企业。在农业部、广东省政府和有关部门的支持下，拥有 0.47 万公顷以上甘蔗种植规模的丰收公司、华海公司、广前公司，2007—2012 年，先后被广东省人民政府批准为广东省重点农业龙头企业。丰收公司还于 2002 年被农业部等 8 各部委办批准为农业产业化国家重点龙头企业，也是广东农垦唯一的国家级（种植业）龙头企业。上述龙头企业通过依靠科技创新，深化改革，大力引进推广甘蔗良种良法，不断提升经营管理水平，取得了显著的效益，为推进现代甘蔗产业可持续发展，提升甘蔗产业市场竞争力起到了龙头示范带动作用。

（七）甘蔗面积和单位产量连上台阶

湛江农垦甘蔗产业不但逐年扩大规模，而且单位面积产量也得到同步提升，在 20 世纪 60 年代平均种植甘蔗 0.12 万公顷，70 年代 0.23 万公顷，80 年代 0.7 万公顷，90 年代 2.08 万公顷，1995 年后突破 2.67 万公顷，2018 年种植面积保持 2.73 万公顷以上。1974—1997 年 24 年间，甘蔗亩产量连上五个台阶，即 1974 年前的 1.4 吨到 1979 年的 2 吨，1981 年的 3 吨，1985 年的 4 吨，1990 年的 5 吨，到 1997 年达到 6 吨。随着甘蔗种植规模的不断扩大，加上受台风、干旱、病虫害等多种自然灾害影响，从 1998—2018 年的 20 年间，全垦区甘蔗亩产量处于 5.5～6 吨的状态。从 1954—2017 年累计生产甘蔗 5 581 万吨，甘蔗年总产量名列全国农垦系统前茅，年亩产量为全国先进水平。

（八）推广五大现代核心技术成绩斐然

湛江农垦锐意改革甘蔗栽培技术，从 2005 年起，彻底改革长期沿用的传统做法，全面推行健康种苗、测土配方施肥、生物防治、节水灌溉、全程机械化五大核心技术，收到了明显的技术效果和经济效益。特别是2016—2018年，全垦区完成测土配方施肥8万公顷次、推广夏繁幼态全茎蔗种及新品种共达5.33万公顷、生物防治螟虫4.69万公顷、节水灌溉0.7万公顷、机械种蔗1.504万公顷、机收甘蔗0.632万公顷，三年累计增产甘蔗55.6万吨，增糖6.07万吨。由于成效显著，甘蔗健康种苗繁育与应用推广技术、赤眼蜂防治甘蔗螟虫综合技术应用、热作测土配方施肥与生物有机肥研发应用技术、机械化种植适用技术等，2012年获中国热带农业十大适用技术称号。

（九）取得丰硕科研成果

湛江农垦长期重视科研工作和科技成果开发转化，累计获农业部、教育部、广东省、湛江市和农垦系统的科技进步奖、全国农牧渔业丰收奖、中华科技奖、优秀成果奖等共70多项次，其中，1990年以来获得的成果奖53项次。在获奖成果中，省部级22项，地厅级奖31项，其中，一等奖7项，二等奖17项，三等奖29项。获奖项目涉及的内容有：甘蔗高产高糖栽培技术应用与推广，甘蔗优良新品种引进与推广技术研究，甘蔗良种选育与示范，甘蔗地膜覆盖少耕法技术推广，甘蔗健康种苗产业发展及体系建设与应用，甘蔗节水灌溉技术应用，测土配方施肥在旱坡地甘蔗上应用等10多类。科研成果贡献率达75%以上，成果转化率达90%以上，大部分成果处于国内先进水平。

（十）打造一批白砂糖名牌产品

湛江农垦在发展蔗糖业生产中，不但坚持向农业良种良法要效益，而且在打牢糖厂创新提质的基础上，大力实施名牌战略，争创名牌产品取得历史性突破。早在20世纪90年代初，广丰糖厂生产的“三环”牌白砂糖率先获中国轻工优质产品和全国质量评比优秀奖称号。进入21世纪，垦区四大糖厂的“三环”牌、“丰”牌、“蜂泉”牌和“银月”牌白砂糖产品分别获国家绿色食品和广东省名牌产品称号，其中“蜂泉”牌白砂糖还获得中国名牌产品称号，“丰”牌和“三环”牌白砂糖被列为国家免检产品，“丰”牌和“蜂泉”牌获广东省著名商标。上述系列产品在参加中国国际博览会和有关参展会上，多次获得金奖和名优产品殊荣。湛江农垦是中国农垦糖产品种类最多、产品质量最优、获奖次数最多、档次最高的垦区。

三、湛江农垦甘蔗产业发展的主要经验体会

湛江农垦甘蔗产业在不同年代、不同时期取得不同程度的效益和丰硕成果，并一举成为全国农垦系统规模最大的甘蔗产业化基地，回顾其走过的光辉历程，总结

归纳起来有以下九大经验体会：

（一）明确产业发展方向，确立产业发展定位是甘蔗产业持续发展的重要举措

湛江农垦局从 1954 年发展甘蔗生产之日起，历届党委（党组）就明确产业的历史定位和发展思路，制定出不同时期的发展规划，科学安排，不断壮大产业发展规模，使当初单一农场种植甘蔗，迅猛扩大到全垦区范围发展。特别是党的十一届三中全会后，果断作出“南糖、北果、中路胶”的农业发展战略，大刀阔斧地进行农业结构调整，将受台风影响后的残缺胶园和低产胶树逐年更新改种甘蔗。截至 1997 年，甘蔗种植面积由原来的几千亩、几万亩一跃增加到 2.67 万公顷以上，使甘蔗产业发展成为湛江农垦规模最大、效益最好的第一支柱产业。可见，明确产业发展方向，确立产业发展定位是保证甘蔗产业持续发展的重要举措。

（二）充分发挥资源优势，科学整合资源是提升蔗糖业竞争力的重要手段

湛江农垦发展甘蔗产业，不但是追求土地资源最大化的甘蔗产量，而且更是站在现代产业化发展的高度，科学整合资源，依靠科技创新去获取工农“双赢”的最佳效益。因此，在 20 世纪 90 年代，先后将垦区仅有的广丰、调丰、华丰三间糖厂，分别与相关的 5 个农场合并，组建成工农一体化的三大糖业公司。2005 年，又进一步整合优势资源，率先在全国成立首家集甘蔗种植、科研开发、糖业加工、销售于一体的产业化大集团——广东广垦糖业集团有限公司，发挥农垦最大资源优势，做优做强糖业产业，取得最佳效益。可见，充分发挥资源优势，科学整合资源条件是提升产业化水平和市场竞争力的重要手段。

（三）坚持改良土壤环境，夯实土壤地力基础是确保甘蔗产业可持续发展的基础条件

针对甘蔗生产在同一区域、同一地块上长期连作，导致蔗园土壤呈偏酸性且部分为强酸性，地力日趋下降、甘蔗产量不稳、蔗糖分偏低的不良状况，湛江农垦采取在耕地整地时重施石灰，种蔗时增施有机肥，收获时实行蔗叶粉碎回田，以及实行甘蔗与菠萝等作物合理轮作的综合措施改良土壤，逐年扩大改良范围和规模，最高年份改良面积超过 0.67 万公顷，将收获后大批量的甘蔗叶、菠萝茎叶及其他作物的秸秆经粉碎后及时回田，变废为宝，循环利用，有效地改善了土壤结构，提高了有机质含量、培肥了地力，促进区域蔗园地力均衡，为甘蔗稳产高产夯实地力基础。实践表明，坚持改良土壤，夯实地力基础是促进甘蔗产业可持续发展的基础条件。

（四）建立甘蔗良种种质圃和繁育基地，开展试验示范是甘蔗产业优质高效发展的先决条件

湛江农垦在发展甘蔗产业中，把建立良种资源基地和开展试验示范工作作为重要的先决条件来抓。首先在属下的湛江农垦科研所建立起高质量高水平的甘蔗种质资源圃，广泛引进、收集国内外大量的新品种种质，经试种、储备、观察，从中筛选出适宜垦区种植条件的有发展潜力的良种，然后在各单位建立相应的试验示范基地，经过进一步表证示范后，再快速扩繁，做到边引进、边试验、边推广，为垦区不同时期择优推广种植所需的早、中、迟熟和高产、高糖、高抗良种提供丰富的优质种源，而且保证良种引进、试验、繁育、推广工作的稳定性和持续性。实践表明，建立甘蔗良种种质圃和繁育基地，开展试验示范是甘蔗产业优质高效发展的先决条件。

（五）勇于开拓科技创新，全面推广良种良法是确保甘蔗高产高糖最直接、最有效的措施

湛江农垦长期坚持科学技术是第一生产力的思想和良种配良法的技术原则，积极推广以早熟高产高糖为核心的良种，而且做到早、中、迟熟品种合理搭配，以及全面推广良法，经过大胆探索和创新，率先在全国推广现代甘蔗五大核心技术：全面推广测土配方施肥、每亩甘蔗增产节支 50 元以上；种植健康种苗，夏繁幼态全茎蔗种，每亩增产 0.2 吨以上；因地制宜实施多形式的节水灌溉技术，每亩增产甘蔗 0.6～1.2 吨；释放赤眼蜂防治螟虫，大幅度降低虫害率，促进蔗糖分的提高；有选择地推行全程机械化，大幅降低劳动强度，节约劳工和成本开支。可见，勇于开拓创新，全面推广良种良法是确保甘蔗高产高糖最直接、最有效的措施。

（六）坚持开展科技培训，提升综合素质为甘蔗产业优质发展提供强有力的技术支撑

湛江农垦从发展甘蔗产业之日起，就坚持不懈地组织开展多层次、多形式、多内容的科技培训。特别是自 2005 年建设现代甘蔗产业以来，每年结合国家新型农工科技培训、国家甘蔗产业技术体系科技培训、全国基层农技推广补贴项目、全国甘蔗高产创建项目等内容和要求，有计划、分期分批举行集中与分散，室内与室外，良种与良法，理论与实操相结合的科技培训班，每年培训基层干部、科技人员、甘蔗工等 2 500～3 500 人次，不同程度提升了各类人员的理论知识、技术水平和实操能力。其中有 2 500 多人获取国家甘蔗职业技能资格证书。实践表明，坚

持和强化科技培训，提升综合素质为甘蔗产业高产优质发展提供强有力的技术支撑。

（七）积极挖掘综合潜力，广泛开展劳动竞赛是调动职工夺取甘蔗高产高糖积极性的有效途径

湛江农垦在发展经营甘蔗产业过程中，不但重视引进推广良种良法，而且还因地制宜挖掘综合潜力，积极开展形式多样的劳动竞赛，形成垦区上下“你追我赶，夺高产争糖分”的劳动氛围。自 2000 年以来，由农垦局工会和生产部门综合制定具体竞赛方案，明确竞赛的内容、技术指标、产量指标、蔗糖分指标、田间管理和奖励政策等措施，积极开展不同时期、不同项目的竞赛活动，收到良好效果，涌现出一批甘蔗亩产 6 吨以上的单位，7 吨以上的生产队，8 吨以上的示范片，9 吨以上的科技示范户，10 吨以上的地块，从而促进垦区不同时期的甘蔗单位面积产量上新台阶。实践表明，积极挖掘综合潜力，开展劳动竞赛是调动职工积极性、实现甘蔗高产高糖目标的有效途径。

（八）充分发挥农垦优势，坚持科技领先为地方甘蔗产业发展起到引领示范作用

湛江农垦作为中央驻湛办企业最早、土地面积最大的现代农业“国家队”，充分发挥农垦各种资源优势，不但建成农垦自身的全国最大的甘蔗产业基地和一批国家级、省级农业龙头企业及国家现代农业示范区等示范基地，而且为地方建设不同区域的良种良法试验示范基地提供了大批量的新品种、新技术，同时还为他们培训了大批农务人员、农技人员和蔗农，坚持深入农村蔗区指导服务，配合地方开展送科技下乡和科技一条街、一条村活动，发放大批量农科资料，就地讲授现代甘蔗技术，宣传农垦改革开放以来的辉煌成就，在工作中起到了农业“国家队”应有的引领示范带动作用，有力推动了地方甘蔗产业的可持续发展，使湛江蔗区成为我国继广西、云南之后的第三大甘蔗优势产区。

（九）身为农业科技工作者，必须具有牢固的专业理论、扎实的技术水平才能更好地为现代农业建设服务

笔者作为农业科技工作者，在长期的实践中深刻体会到，要为现代农业建设服务，必须做好六大工作。一是要有一个明确的奋斗目标；二是要做到两个“坚持”（即坚持科技是第一生产力的思想、坚持科技工作“两个面向”的方针）；三是要做到“三勤”（即手勤、脚勤、口勤）；四是要学会“四会”（即会做工、会做人、会写、会讲）；五是要做到“五个结合”（即理论与实践、科研与生产、试验与示范推

广、良种与良法、技术指导与技术培训相结合）；六是做到“六个亲自”（即亲自制定方案措施、亲自做科学试验、亲自深入调研和指导工作、亲自为职工上技术课、亲自参加各类学术活动、亲自撰写项目和总结报告）。实践表明，作为农业科技工作者，必须要有强烈的科技意识，勇攀科技高峰的创新精神才能更好地为现代农业建设服务。

（作者单位：广东省湛江农垦局）

湖北省秭归县70年柑橘发展历程、成就与经验

兰华锋　向长海

秭归县地处湖北省西部，位于三峡工程坝上库首，是伟大的爱国主义诗人——屈原的故乡，是中国革命先驱夏明翰的诞生地。2018年全县辖12个乡（镇）186个行政村8个居委会，14.5万户37.28万人，县域面积2 427平方公里。

70年来，秭归人民在中国共产党的领导下，开展土地革命，经过生产关系变革，生产力得到空前解放飞速发展，粮油基本自给，人民温饱得到解决，从"吃不饱"实现"吃得饱"到转向"吃得好"，人民生活水平发生天翻地覆的巨变，人民幸福感明显增强，迈向建设中国特色社会主义新时代，为实现民族伟大复兴"中国梦"而奋发前进。

秭归县山峦起伏，沟壑纵横，山大坡陡，土地瘠薄，十年九旱，呈"八山半水一分半田"。不但适宜种植水稻、小麦、玉米、油菜等各种农作物，还适宜种植茶叶等多种经济作物，初步形成"低山柑橘，半山茶叶核桃，高山蔬菜，全县养猪"的立体种养格局，尤以柑橘生产最为著名。本文从秭归柑橘的70年发展历程，阐述秭归脐橙的发展成就、取得的经验。

一、极不平凡的秭归脐橙发展历程

"后皇嘉树，橘徕服兮"。2 300多年前，屈原在故里秭归咏出咏物言志诗篇《橘颂》。现代秭归人民将橘颂发扬光大，把柑橘种成了秭归农业的主导产业，成为秭归农民的衣食住行来源，在国民经济中占有举足轻重的地位。

《秭归县志》记载，1922年柑橘产量只有13万枚（折产16.2吨），1949年柑橘种植仅有86.67公顷、产量200吨。据《秭归县志》、《秭归县特产志》、统计资料及作者综合分析，70年来，秭归柑橘生产发展经历了五次大的历史发展时期。

（一）柑橘发展起步期（1951—1967年）

1952年中南农业科学研究所、华中农学院组成10多人专家组，考察秭归县的

柑橘生产之后，初步确立秭归适宜甜橙的发展，应以发展实生甜橙（俗称广柑）为主。1956年开始品种选育，选出24株优良甜橙单株（秭归桃叶橙的前身）。1957年开始引进品种，1958年就组织6吨普通甜橙出口到香港，1959年始引脐橙。1964年成为“全国40个柑橘生产重点县”。1967年发展到2 674公顷，年产2 256吨。

（二）柑橘发展徘徊期（1968—1982年）

1969年再引种脐橙。1972年引种罗伯逊脐橙（简称罗脐）并种植成功。1977年1月遭受历史上罕见的大冻害，柑橘面积大幅度下降。1978年国家外经贸部开始在秭归投资368万元建设0.13万公顷脐橙基地，奠定了脐橙发展基础。秭归县低山河谷地区凡是种植广柑的社队，其经济状况都好于粮食种植区域，如屈原镇的天子河（新滩大滑坡的对岸），曾经创造出一个劳动力日工分值在7元以上的奇迹。1982年脐橙面积下降到2 035.67公顷，年产1.2万吨。

（三）柑橘快速发展期（1983—1997年）

实行家庭联产承包责任制的1983年在2 281公顷柑橘中，橙类占83.3%，其中广柑占57.5%，占据绝对优势。1983—1984年脐橙发生裂皮病，险遭覆没，后采用红橘作砧，才得以起死回生；种植的几乎全部是中熟品种，晚熟的仅有6.67公顷夏橙。

20世纪80年代中期以锦橙、桃叶橙、温州蜜柑、脐橙等品种为主。1986年农业部拨改贷100万元建设内贸脐橙基地566.67公顷，1989年前后呈多品种并存状态，主导品种不明显，此间脐橙、桃叶橙、锦橙被誉为“峡橙三秀”，整个柑橘生产以扩张数量为主，农户种植柑橘的积极性空前高涨，柑橘生产得到快速发展。到1989年4 666.67公顷柑橘中脐橙占28.6%，其中早熟的只有温州蜜柑占11.4%，中熟品种占88%，晚熟夏橙仅占0.6%。

1990年后通过农业部长江上中游水果开发项目（长江柑橘带）及1992年100个柑橘专业村建设脐橙基地，脐橙得到加速发展，脐橙规模优势开始凸显，居于主导地位。1995年成为中国有名的“脐橙之乡”，秭归脐橙开始享誉全国。至1997年发展到4 863公顷，年产4.6万吨，脐橙占65.9%，其中早熟温州蜜柑仅占6%，中熟种占91.3%，晚熟夏橙占2.7%。1994年以前，柑橘果实销售是皇帝女儿不愁嫁，柑橘销售呈现“卖方市场”。

（四）脐橙品种调整定位期（1997—2006年）

1997年由于全国的柑橘市场价格下滑，每千克温州蜜柑的收入仅能买回一盒火柴，出现了罕见的卖柑难现象。此时品质优势开始显现，买方市场逐渐形成，从而引发全县柑橘品种结构调整。通过高接换种及新定植，全县大面积的调整品种，以纽荷尔（含长红脐橙）、林娜、红肉脐橙、夏橙为主。2000 年之时，脐橙占绝对的主导地位，栽培的脐橙品种也丰富起来，开始调整脐橙品种的成熟期结构。在 7 590 公顷柑橘中橙类占 91.7%；其中早中晚熟比例为 2.3∶94.2∶3.5。早熟的也只有温州蜜柑；晚熟的有红肉、佛罗斯特、血橙、夏橙等，其中夏橙 260 公顷占晚熟面积的 96%。脐橙中早熟的没有，晚熟的只有 7.6 公顷仅占 0.1%。到 2004 年品种调整逐渐清晰，目标逐渐明确，熟期布局转向，开始突出晚熟品种，晚熟品种的面积增加，晚熟品种的地位显现。

2006 年柑橘发展到 1.08 万公顷，年产 13.3 万吨，年产值 2 亿元以上，惠及全县 12 个乡镇、130 个村、603 个组、5.63 万户、21.1 万农村人口（占全县农村人口的 65.1%）。其中脐橙 0.88 万公顷占 81.1%、夏橙占 5.8%、桃叶橙占 1.4%。早熟栽培品种有国庆一号、大浦、胁山等温州蜜柑及福本脐橙，晚熟栽培品种有夏橙、伦晚、红肉、血橙等。在橙类中早熟有 100 公顷占 0.9%；晚熟有 1 088.6 公顷占总面积 10.1%，占橙类的 11.4%，其中夏橙占晚熟的 57.1%。品种调整中罗脐仍占脐橙的 70%，居于主导地位。2006 年早熟品种比例很小只占 2.8%，晚熟品种占 10.1%，11—12 月成熟的中熟品种面积仍占据 87.1%。

（五）柑橘供给侧结构性调整期（2007—2018 年）

2008 年 1 月我国南方遭受百年不遇的雨雪冰冻灾害天气，加之广元蛆柑事件影响，全国柑橘再次遭遇罕见的卖柑难现象。秭归县在邓秀新院士的建议下，提出全县柑橘以脐橙为主，脐橙“早熟上山去、晚熟下山来、中熟摆山腰”（即海拔 350 米以下发展晚熟、350～500 米发展中熟、500～600 米发展早熟）和“泄滩乡夏橙区、屈原镇桃叶橙区、沙镇溪椪柑区、磨坪贡柚区”的“三带四区”布局，坚定不移地全面推进柑橘供给侧结构性调整，突出晚熟、早熟，突出伦晚、红肉、早红、纽荷尔等脐橙优势品种。2018 年全县在 408 公里的高峡平湖岸线上漫山遍野种植柑橘 2.28 万公顷，年产 60.15 万吨，其中脐橙 1.97 万公顷、54.3 万吨，夏橙 2 000 公顷、3.5 万吨，桃叶橙 333.33 公顷、0.5 万吨，其他品种 686.67 公顷、1.85 万吨。脐橙中，伦晚5 333.33 公顷、12 万吨，红肉 2 000 公顷、5 万吨，早红 1 333.33 公顷、1 万吨。早中晚熟比例达到 6∶53∶41。晚熟品种（伦晚脐橙、秭归夏橙）优势逐步凸显，已经实现“春有伦晚脐橙、夏有夏橙、秋有早红脐橙、冬有纽荷尔脐橙，一年四季均有鲜橙”的生产格局。供给侧结构性调整取得明显阶段性成效，成为全国唯一“四季鲜橙”柑橘产区。

二、凤凰涅槃的秭归脐橙发展成就

（一）脐橙规模不断扩大，全国有位

1949年全县柑橘种植仅有86.67公顷。70年来，柑橘种植范围不断扩大，由房前屋后、长江溪河河谷逐渐向挂坡地、良田、荒地荒坡挺进，由零星点状种植向规模集中、成片基地方向发展，实现跨越式发展。1982年全县有11个区2个镇181个大队942个生产队31 115户123 595人种植柑橘2 268.98公顷，通过外贸、内销脐橙基地建设、长江上中游水果开发项目、柑橘专业村建设，在三峡移民库区淹没清理情况下，抓住移民后续、退耕还林、扶贫攻坚、农业开发、特优区建设等诸多政策机遇，加快了秭归脐橙的发展进程，至2018年有12个乡镇138个村611个组5.9万户17.9万人（占全县农村总人口的57%），种柑2 275.33公顷。柑橘面积占全国的0.8%，其中脐橙面积占全国的6%，成为“全国柑橘产业30强县”。

（二）柑橘产量逐年增长，全民共享

1949年全县柑橘产量仅仅200吨。70年来，柑橘产量呈现几何级数增长，1978年年产6 659吨，1982年年产1.06万吨。2018年年产60.15万吨，亩最高产量达5吨，平均亩产量达到1.76吨，高出全国平均水平1.046吨的68%。柑橘产量占全国总产的1.5%，其中脐橙产量54.3万吨，占全国脐橙产量的13.6%，实现全民共享秭归脐橙美食。

（三）品种结构日臻优化，四季鲜橙

1949年柑橘品种主要是最原始的普通甜橙（广柑）和极少量建柑品种。自1952年10月首开柑橘选种以来，不断的引进、试验、筛选、示范、推广，秭归现贮备113个柑橘品种（其中脐橙37个）。1965年自主选育出全国三大地方良种桃叶橙，1959年引种脐橙，1985年选育出“罗脐35号”成为当时重点发展品种，1989年以“峡橙三秀（脐橙、桃叶橙、夏橙）”为主，1995年脐橙成为主导品种。柑橘品种、脐橙品种不断调整，形成一年四季均有鲜橙的品种结构，早熟有早红脐橙，中熟有纽荷尔脐橙、长红脐橙、林娜脐橙、桃叶橙，晚熟有伦晚脐橙、红肉脐橙、夏橙、血橙，引领全国，全年有10个月上市期。

秭归柑橘加工实现了从初加工到深加工的转型发展，实现了“从皮到渣，从花到果，吃干榨尽”的“零废弃综合利用”，在全国柑橘深加工领域居于领先地位。

（四）品牌逐渐成长壮大，中国知名

1995 年秭归县成为首个“中国脐橙之乡”。2006 年 3 月 28 日成功注册“秭归脐橙”地理标志集体商标，成为秭归县区域公用品牌。2016 年 12 月底被国家工商行政管理总局商标局行政认定为“中国驰名商标”。秭归脐橙不仅是湖北省第一件水果类地理标志集体商标，而且成为宜昌市内唯一一件同时拥有“中国地理标志集体商标”和“中国驰名商标”双名号的商标。“三品一标”认证数量居全省第二，全市第一，“峡橙三秀（脐橙、桃叶橙、夏橙）”成功认证为国家农产品地理标志。中国果品流通协会、浙江大学 CARD 中国农业品牌研究中心于 2018 年评估秭归脐橙品牌价值为 17.10 亿元，秭归脐橙品牌强度五力均居全国前十位。秭归脐橙先后评为“部优产品”、“金奖农产品”、“中华名果”、“中国名牌产品”、“中国知名品牌”“100 个品牌农产品”、“2018 年度中国最受欢迎的柑橘区域公用品牌 10 强”等。

秭归脐橙产品品牌享誉华夏，其中桃叶橙、长红脐橙、早红脐橙等产品为土著产品品类，唯秭独有，独享尊誉。伦晚脐橙成长为“中国柑橘四小龙”，红肉脐橙艳压群芳，早红脐橙被誉为“嫩如豆花，可用吸管吸的果冻橙”。

以秭归县屈姑公司为代表的企业品牌逐渐成长起来，注册营运的企业品牌日渐增多。截至 2017 年底，全县共注册柑橘类商标（企业品牌）83 个，屈姑商标成为“中国驰名商标”。秭归脐橙成为一张最靓丽的对外交流名片，成为秭归符号，秭归脐橙品牌享誉中华大地。

（五）柑橘效益凸显惠农，绿水青山

秭归脐橙以其“皮薄光滑、橙红靓丽、肉脆汁多、风味浓郁、酸甜可口”的优异品质广受消费者青睐。山地成为农民的“绿色银行”，柑橘成为广大农民的主要收入来源，户均收入 4.2 万元，伦晚脐橙亩产值突破 5 万元。2016 年柑农鲜果收入超过 15 亿多元，2018 年达到 25 亿元。其中收入过亿元的柑橘村 3 个，过 0.5 亿元的柑橘村 12 个，过 0.1 亿元的柑橘村 35 个，社会、经济、生态效益显著。脐橙造福了秭归百姓，促进了秭归经济、社会的全面发展。柑橘的种植还保蓄了水土，森林覆盖率提高到 79%，荒坡野岭变为“绿水青山”。

（六）橘颂文化绵延传承，创新发展

秭归人民不断传承、创新发展绵延 2 300 多年的《橘颂》文化。铅印刊发《柑橘选种资料汇编（1965—1978）》（1979 年）、《柑橘品改论文集》（1997 年），编辑出版《脐橙早果丰产新技术》（1993 年）、《橘颂新篇》（2001 年）、《峡江神果 桃叶橙》（2009年），出版发行画册《屈乡橙韵》（2013年），《中国民俗志——秭归卷》（2014年）。2005年创办秭归脐橙官网（http：//www.zigui.gov.cn/zgqc/），2016年创办《屈姑文化》。正在建设柑橘博物馆，推陈出新秭归脐橙美食菜肴15个。秭归脐橙品牌故事入选中国农业出版社2018年出版的《百强品牌故事（上）》，入选《中国绿色农业发展报告（2018）》蓝皮书，秭归柑橘《橘颂》文化得到不断的传承与创新发展。

三、历久弥坚的秭归脐橙发展经验

（一）坚持党的领导、政策指引是秭归脐橙发展的根本前提

新中国成立初期的1952年，中南农科所的专家考察秭归后初步确立适宜发展甜橙。在党的领导下，1955年成立第一个柑橘生产合作组织“龙江柑橘生产合作社”。70年来县委县政府在不同时期坚持柑橘发展，制定出台各项政策，指引秭归人民大力发展柑橘生产。1956年成立了由县长任主任的“县柑橘栽培委员会”，以指导全县柑橘生产。在“果树上山，不与粮棉争地”的政策指引下，确立“粮食自足有余，大力发展柑橘”战略，提出“要得富，每人十棵柑橘树”的口号。1961年制定出“定柑橘出售任务，定口粮标准，一定五年不变”的政策。1964年成为全国40个柑橘生产重点县，1972年县委及时调整制定出台“粮柑四定”政策，1976年认真落实“决不放松粮食生产，积极开展多种经营”方针，促进了柑橘生产的恢复和发展。1978年建设1.33万公顷外贸脐橙基地。1979年，县出台“粮柑五定一奖”（定种植面积、定产量、定交售任务、定自产粮、定供应标准、出售一担奖化肥5斤、贸易粮10斤）政策，柑橘发展方兴未艾。1979年成为“全国七大柑橘基地县”、“全国四大外贸脐橙出口基地县”。1982年实行“粮柑五定，粮柑挂钩”，1985年县委出台“核定基数，一定三年”的特产税政策，用于柑橘的贷款实行有偿低息等政策。1985年出台《关于加速发展柑橘生产的意见》，1992年县委县政府提出重点建设100个柑橘专业村，制定专业村标准及奖励政策。1993年省政府批准建设脐橙大县，2001年县委县政府下发《关于进一步加快脐橙产业发展的决定》，2007年县政府出台《关于进一步加强柑橘种苗管理的通告》，2009年出台《现代农业产业体系建设及标准（试行）》（秭政办发〔2009〕36号），2018年8月，出台《关于推进乡村振兴战略的实施意见》（秭发〔2018〕1号），指引秭归脐橙沿着正确的轨道发展。

（二）坚持科学规划、科技引领是秭归脐橙发展的不竭动力

70年来，秭归脐橙始终坚持在科学规划的前提下，不断发展前行。1962年华

中农学院章文才教授首次考察秭归柑橘提出应实现柑橘生产“三化”（良种区域化、品质标准化、果品商品化）建设，并在1963年5月21日《人民日报》上发文推介秭归桃叶橙区域化。在国家柑橘优势区域规划指导下，科学规划秭归柑橘发展。1979年宜昌行署批准秭归县《关于柑橘集中产区落实“五定一奖”政策意见的报告》。1983年编写《秭归县特产作物种植业区划报告》明确柑橘在600米以下发展，明确脐橙等品种发展区域。1990年《长江三峡地区柑橘业规划研究报告》指出秭归重点以脐橙为主，1997年制定《秭归县农业产业化建设发展总体规划》，1998年召开全县柑橘品改规划论证会，2001年出台《关于进一步加快脐橙产业发展的决定》，2008年出台《秭归县柑橘品改实施方案》，2010年制定《秭归县“十三五”柑橘产业发展规划》，确立“三带四区”正确引领脐橙产业发展。

70年来，秭归脐橙始终坚持科技引领发展，科技是第一生产力。一是成立常设机构、有技术人员指导发展。1955年县政府就成立了农业科特产股，有专门机构和人员从事柑橘发展。1958年县成立柑橘试验站，同时宜昌专署特产局在秭归龙江成立“龙江柑橘技术推广站”。1958年成立县特产局，专抓柑橘等特产，至1993年与县农牧局合并，常设秭归县特产技术推广中心，常年坚持技术推广不间断。2003年成立“秭归县柑橘协会”。二是产、学、研结合，前沿科学引航。秭归始终与华中农业大学、中国农科院柑橘研究所、湖北省农科院果茶所、省农业厅经济作物处（果品办）等科研院所、行政管理机构保持长期合作，与华中农业大学签订战略合作协议，并在这些科研单位和省市外专局的支持下与美、日、澳柑橘专家开展国际交流。2007年成立了“国家农业（柑橘）现代产业技术体系三峡库区脐橙试验站”，2018年全国首个柑橘院士工作站在秭归建立，成为秭归脐橙的科研领头雁。三是坚持不懈地开展良种选育、引进、试验、示范、推广。1956年全县首次开展有领导、技术员、产区群众参加的“三结合”柑橘良种选育，1957年开始引种，于1965年正式选育出全国三大地方良种——桃叶橙。1985年选育出“罗脐35号”，1986年引进纽荷尔脐橙，1995年选育出“长红脐橙”。1998年发现选育“秭归橘橙”及“早红脐橙”。1990年引进的晚熟红肉和1997年引进的伦晚脐橙，分别于2001年和2009年通过省级品种认定，成为目前秭归主栽品种。四是坚持不断地探索研究推广先进适用技术。1956年就探索出柑橘冬季“五全管理技术”，至今仍然沿用。与中国柑橘科技水平发展相适应的技术不断推广，嫁接技术由托枝、切根、懒秧子向扦插、单芽嫁接、枝芽腹接、多头高位高接、低位少头高接演变。育苗技术由古老托枝方法转向实生播种育苗、三自（自己采种、自己育苗、自己种植育苗），露地育砧木苗嫁接转向温室育苗、容器育苗、脱毒育苗。从分散向集中育苗，至今采用容器脱毒集中统一育苗；从育小苗定植到集中假植大苗，如今大苗带果上山；从一锄一窝、一炮一窝、一窝一株，到打大窝子、抽槽换土的方法来定植；从无序满天星、凭肉眼放线，到竹竿、绳索拉线，到经纬仪定点，如今采用“高规划、高标准、高科技”的“三高”定植；从房前屋后、大田零星种植，到高度密植、矮化密植、计划密植，现在推广稀植大株、疏株间伐；从树下撒施、挖沟，到开沟、抽槽施肥，现在抽槽分层施肥；从农家肥、打青积肥、商品肥，到复合肥、有机肥、测土施肥、配方施肥，如今的精准施肥、种植绿肥；从不耕、部分翻耕到全园翻耕、免耕栽培；从无序自然生长到修剪、高大空修剪、省力化修剪、大枝修剪，现在推广简易修剪；从人工捉虫土法到药物防治，现时生物防治、物理防治、生态治理的绿色生产技术；从靠天收到保花保果，采用“涂割抹保、疏花疏果、以产定果”；从望天收到肩挑背托抗旱、蓄水池、抽水抗旱、雨洪蓄积、微润灌溉，至今采用水肥一体化；从手扯、杆刷到“一果两剪，不刮脸”、“分期分批”采摘；从冬季采摘上市、土窖保鲜、通风贮藏、袋贮、打蜡、调温贮藏库，到留树保鲜、新鲜直采；从竹篓、塑料袋、散装、整车混装，到纸箱等精美包装；从人工背运、板车拖拉、车船外运，到轨道运输、保温外运、快递速运；从单项技术推广到技术集成运用，现在采用标准化生产技术，无不体现出科技是力量源泉。

（三）坚持绿色发展、品牌创建是秭归脐橙发展的助推剂

70年来，秭归柑橘坚持绿色发展、健康栽培理念，确保舌尖安全。一是在柑橘病虫害防治上坚持“预防为主，综合防治”方针，在加强农业栽培技术的前提下，研究病虫害发生规律，针对普通病虫害，采用点喷挑治措施，实施捉虫放虫、刮涂晒烧、剪抹枝叶、掏堵封注、诱挂杀虫、刷白换砧等生态办法。重点推广“四挂一铺”的绿色防治技术，减少农药使用量，控制病虫害发生。采取生草栽培技术，营造柑橘生长良好生态环境。重大病虫害采取统防统治、集中防治方法，以化学防治为主，控制蔓延传播，确保在经济水平允许范围之内。二是探讨、提炼、推广了“园内无污，园相洁亮美；绿色防控，四挂一覆膜；微润灌溉、水肥一体化；生草覆盖、生态拦截沟（带）”的秭归脐橙清洁化生产技术模式。三是制订出柑橘系列标准。在20世纪70年代就制订出《柑橘高接换种生产技术规程》、《柑橘大实蝇防治技术要点》，80年代末制订《三高建园技术规范》，90年代制订《柑橘专业村建设标准》，2002年制订发布了《无公害食品·秭归脐橙》、《无公害食品·秭归脐橙生产技术规程》等2个县级地方标准。2005—2015年相继发布《秭归脐橙》、《秭归桃叶橙》、《柑橘大实蝇预测预报技术规范》、《晚熟脐橙标准化生产技术规程》等4个省级地方标准。2016年发布《秭归柑橘精品园建设规范（试行）》、《秭归柑橘采摘技术规范（试行）》、《秭归脐橙果品分级规范（试行）》、《秭归柑橘商品化处理技术规程（试行）》、《关于规范秭归脐橙包装标识标注的规定》等5个县级地方标准规范，初步构建了秭归柑橘标准系列。2007年成为“全国绿色食品原料（柑

橘）基地县”，2011 年 9 月中国国家标准化管理委员会授予秭归县“国家农业标准化示范区”称号，2017 年 12 月，《关于加强质量强县工作实现高质量可持续发展的意见》（秭政发〔2017〕30 号），为高质量发展指明了未来前进方向。

70 年来，坚持开展秭归脐橙品牌创建，推动脐橙生产。秭归延续传承 2 300 多年的《橘颂》，为秭归脐橙品牌建设奠定了坚实而深厚的人文经典基础。县委县政府倾力打造秭归脐橙区域公用品牌，以区域公用品牌为引领，不断提高秭归脐橙知名度和品牌价值，实现了品牌溢价效应，品牌创建成为秭归脐橙发展的助推剂。一是以政府主导为主，政府搭建平台，推动品牌创建。秭归历来注重品牌创建，始终坚持实行政府行政推动。自 1973 年开始品牌创建，历届政府都把品牌打造作为政府的一项主体责任，拿在手上，记在心里，落实在具体行动中。在质量兴县战略文件中就明确创建国家级、省市级品牌给予奖励的政策，明确了各个部门（局）工作职责与任务分工，形成并完善品牌创建的工作机制，搭建了品牌创建的平台。二是以协会为纽带，明确创建主体，实现区域公用品牌创建。充分发挥县、乡柑橘协会职能作用，以协会为纽带，联结柑农、技术推广者、加工企业、合作社、销售商，明确县柑橘协会为区域公用品牌、产品品牌创建的主体，由县柑橘协会对秭归脐橙公用品牌进行管理，市场经营主体经授权后可免费使用公用品牌。制订出《秭归脐橙地理商标使用管理办法》、《秭归脐橙地理标志标识使用规定》，细化品牌授权使用程序，实现区域公用品牌的创建与管理规范化。“峡橙三秀”相继认证为“国家农产品地理标志”，秭归脐橙成为“三栖地理标志”（中华人民共和国地理标志保护产品、中国地理标志、国家农产品地理标志），作为政府背书，提供品牌销售支撑点。秭归脐橙品种、品牌获得 80 多项荣誉，伦晚脐橙在秭归县找到安家落户的佳地，成为秭归柑橘中最靓丽、最具商品价值的一个品种，被中国柑橘界誉为“中国柑橘四小龙（春见、沃柑、伦晚、红美人）”。三是以市场主体为载体，构建市场体系，实现企业品牌创建。坚持以政府政策支撑为保障，以市场主体（农业企业、专业合作社、家庭农场等）为载体，明确市场主体是企业品牌创建的主力军，着力加强企业品牌建设。全县注册柑橘类商标 83 个。1999 年秭归脐橙率先获准使用绿色食品标志，秭归柑橘基地全部被认定为无公害农产品基地，先后有 9 家企业、合作社、家庭农场认证绿色食品 10 个、出口基地 2 个，认证产品数量 22.972 万吨。认定湖北著名商标 4 个（秭归脐橙、屈姑、帝元、泽侬）、中国驰名商标 2 个（秭归脐橙、屈姑）。

通过专业类型的评比活动，奠定了秭归脐橙品牌建设的基础。早在 1973 年 2 月在柳州市召开的“全国南方果品鉴评会”上，秭归桃叶橙品质最佳，名列第一名。1982 年秭归脐橙良种选育获得对外经济贸易部二等奖。1985 年农牧渔业部举行的“全国优质农产品展评会”上“罗脐 35 号”获第一名，被评为“国优产品”，获金杯奖。参加各类展会评选活动有力地助推了秭归脐橙品牌的成长。1976年12月桃叶橙在全国农业展览馆展出。1995年10月北京第二届中国农业博览会上，秭归纽荷尔脐橙、桃叶橙获得金奖。进入市场经济时代后，参加各类团体举办的市场推介活动和举办脐橙节，提高了秭归脐橙品牌的影响力。2001年和2003年，秭归脐橙连续两届被中国果品流通协会评定为中华名果。通过媒体广告宣传，扩大了秭归脐橙品牌的知名度。1990年5月“高峡牌”利乐包橙汁被指定为第十一届亚运会饮料。1997年起在CCTV－7等媒体连续多年多个频道定期开展广告宣传，至今全媒体融合立体宣传，推动秭归脐橙生产。

（四）坚持三产融合、市场引导是秭归脐橙发展的加速器

70年来，始终开展柑橘初加工，提高柑橘产业附加值。1995年首开柑橘打蜡、保鲜之先河，引进意大利水果打蜡加工生产线。初加工如雨后春笋般兴起，至2018年底柑橘橘洗果包装企业达到62家，拥有生产线80余条，年加工能力突破80万吨。注册出口果园360公顷，出口包装厂8家。为秭归脐橙生产包装的厂家省内有52家（其中县内有3家），生产60多个规格种类的包装。成立于2017年的湖北多美橙有限公司，量身定制的商品化处理生产线，可对脐橙鲜果按大小、重量、色泽、可固含量进行光电分级包装和冷藏。

70年来，始终探索开展深加工、延伸产业价值链。长期以来，秭归柑橘一直是作为新鲜水果上市销售，无论柑橘品质如何，都会出现销售难的问题。发展深加工，延伸柑橘产业链和价值链成为秭归柑橘的重要发力点和必然选择。秭归柑橘加工业的起步是伴随着柑橘种植面积的不断扩大，产量的不断上升而逐渐发展起来。早在1974年，就在秭归县柑橘产业的发祥地——龙江公社（现屈原镇）建立了秭归县果酒厂，开始生产橘子罐头，1980年首次出口橘子罐头1.3吨到香港。秭归县酒厂于1982年试制橘络酒成功，1985年“鲜橙汁”被评为湖北省地方产品十佳消费品之一，1987年自主开发出柑橘原汁发酵酒，1989年引进瑞士利乐无菌罐装生产线。“中华橙酒”被评为“湖北省优质产品”。高峡牌系列利乐包饮料获1992年全国消费考评质量可靠饮料金奖。贝蒂富铁保健饮料1995年获“95中国第二届科技精品博览会金奖”，达到国内领先水平，填补省内一项空白。2005年成立秭归县屈姑食品有限公司，从加工营销三峡地区屈乡风味食品起步，对脐橙实现了“从花到果、从皮到渣、吃干榨尽”的“零废弃”综合利用，生产的脐橙酒、脐橙醋、脐橙酱、脐橙精油、脐橙茶、脐橙饼、脐橙粽、脐橙饮料等100多个品种系列，其中脐橙茶、脐橙饼、脐橙粽、脐橙饮料相继成为市场新宠。2018年出口美国，年出口货值产值达4 800万美元，在全国柑橘加工领域处于领先地位。2018年被农业农村部评为“全国农产品加工十大企业品牌”。至2018年全县兴办有柑橘深加工企

业 4 家。

70 年来，始终坚持三产融合发展，逐步加粗产业链条。从卖鲜果到鲜果、加工产品同行，构建了“企业＋基地＋农户”、“农业＋”、“互联网＋”产业化模式，产业链得到不断延伸拓展，全产业链逐渐形成，新型柑橘经营主体不断涌现。全县柑橘合作社 231 家，快递物流企业 33 家（业务量 225 万件）覆盖全县。2012 年开始兴起的电商销售，电商小镇已具雏形，目前电商企业达到 1 535 家，开设网店 3 037 家，电商微商销售脐橙 8 万吨，销售额 10.8 亿元。2018 年底秭归脐橙稳居湖北省单品水果电商交易额第一，已成为湖北省农村电商“第一果”，电商销售超过赣南脐橙，实现了“今天在树上，明天在路上，后天到餐桌上”鲜销途径。2016 年以来大力推广了“农业＋”产业发展模式，将秭归脐橙产业发展与屈原文化、峡江文化、移民文化相融合，将脐橙销售和乡村旅游相结合，着力打造了郭家坝镇烟灯堡村等一批农旅融合的观光园和采摘园，推出了 12 条脐橙旅游采摘线路，柑橘旅游业正逐渐形成壮大，脐橙产业链正在加粗。

70 年来，始终坚持市场引导，加速了秭归脐橙产业蓬勃发展。计划经济时代，秭归柑橘是皇帝女儿不愁嫁，国家统购统销，呈现卖方市场。进入市场经济时代后，全国各地突飞猛进发展柑橘，1991 年全国柑橘购销完全放开，呈现“买方市场”，供给出现同质化、同季化，全国上下都开足马力发展品类近似的柑橘产品，季节性强、销售期短、运输难度大，扎堆供应、针对营销而竞相降价的现象不断发生。秭归立足“湖北冬暖中心”的三峡库区气候资源，从供给侧发力实施结构性战略调整，从市场需求出发，大力发展晚熟脐橙、早熟脐橙，在全国做到了“一年四季有鲜橙”，满足了人民的需求。拓宽销售渠道，变政府主导销售为立体营销。一是强化市场主体培育，拓宽秭归柑橘影响力。从政府组织“北上卖柑”到加强与外地经销商的联络，进入北京新发地等各地农贸批发市场；进入大型连锁超市；开展秭归脐橙进社区活动。注重本地销售市场主体培育以及脐橙销售大户的培养。二是大力培育电商、微商，线上线下结合，形成了“秭归全民卖柑”的繁荣景象。三是开展立体广告网络营销，在 CCTV、网络、报刊、全国 300 个高铁火车站、武黄高速、武汉商业圈等开展立体宣传营销。2007 年以来每年举办“秭归脐橙开园节暨橙交会”。开展以脐橙文化为主题的活动，举办“秭归脐橙”网络推介促销活动，秭归首次举办的网上脐橙节，“开园”仅 5 分钟，就销售脐橙 2.2 万箱，平均每秒卖出 74 件。四是强化保障与服务，提升市场服务能力。县政府出台柑橘运输保险奖励补贴方案，执行柑橘检疫费、重载运柑车辆轮渡费、高速公路和信息咨询费减免政策，开展道路交通、电力和移动通信设施维护与整治工作，确保柑橘销售顺畅，推动秭归脐橙产业发展。

秭归脐橙通过 70 年的大发展大变革，秭归人民弘扬了“后皇嘉树、独立不迁”

精神，增强了坚持不懈的发展意识；历练成“艰苦奋斗、不畏困难”精神，增强了自力更生的建设意识；凝结出“求索创新、引领发展”精神，增强了探索创新的求索意识；锻炼出“爱岗敬业、奉献无悔”精神，增强了奉献自豪的责任意识。

伴随食用水果品种越来越丰富、种植规模越来越大、产量越来越高，消费者选择的欲望越来越强，选择的余地越来越多，更为便捷、多元化的食法来品味柑橘成为消费者的新需求。未来秭归脐橙在品种上会更加丰富起来，品质上会更加优异，产品种类上更会不断增加，提供更多的产品满足人民需求。

（作者单位：兰华锋，湖北省秭归县农业农村局；向长海，秭归县柑橘协会）

平原林业　铸就辉煌

——江苏林业生态发展纪实

江苏省林业局

数十年的栉风沐雨，承载着数十年的林业辉煌。70年来，江苏人民用自己的智慧和汗水、忠诚和奉献，在这片自古富庶、灵秀的大地上辛勤耕耘，不畏艰难，艰苦探索，浓墨重彩地描绘了一道道绿色屏障，编织了一道道绿色的林带，铺下了一块块绿色的林网，谱写了一曲曲绿色的乐章，铸就了一个又一个绿色的辉煌。

一、回顾历程，曲折艰辛步步高

新中国成立后，中共江苏省委和江苏省人民政府遵循毛泽东主席"绿化祖国"、"实现大地园林化"的指示，逐步建立健全林业管理机构，采取一系列政策措施，促进林业事业的发展。改革开放后，特别是20世纪90年代中后期以来，江苏林业事业乘着改革开放的东风，快速向前发展，发生了翻天覆地的变化。

第一个阶段是恢复发展阶段（1949—1977年）。20世纪50年代开始，实行"普遍护林，重点造林"的方针，在保护好原有森林资源的同时，以丘陵山区为重点，营造用材林和特种经济林。造林的地区主要分布在镇江、徐州两地。1958—1969年间进行了大规模的造林，取得了一定成绩，但在"大跃进"、"人民公社化"等运动的影响下，江苏林业的发展受到了挫折。1970—1978年，江苏认真贯彻平原绿化大会战的要求，将绿化造林纳入山、水、田、林、路统一规划，综合治理，全省造林的数量和质量都有所提高，至1978年底，全省累计造林116.5万公顷。这一时期，江苏林业得到了恢复发展。

第二个阶段是加强林业建设发展阶段（1979—1995年）。党的十一届三中全会后，全省各级党委、政府认真贯彻落实中央《关于大力开展植树造林的指示》和《关于深入扎实地开展绿化祖国运动的指示》精神，动员全省上下开展"植树造林，绿化祖国"行动。1981年江苏省委、省政府颁布《关于加强林业建设若干问题的决定》，为江苏林业的发展指明了方向。1982年江苏省政府出台了《关于开展全民植树运动的实施办法》，为全省动员、全民动手植树造林提供了制度保障。经过近

20年的艰苦努力，至1995年，全省实现了平原绿化和消灭宜林“三荒”（荒山、荒滩、荒地）两大目标。

第三个阶段是探索高效发展阶段（1996—2002年）。在全省基本消灭“三荒”后，根据林业部《关于开展林业分类经营改革试点工作的通知》要求，江苏认真总结经验，实事求是地调整林业工作指导思想，1996年明确提出建设高效林业的目标，首先在溧阳、新沂两市进行林业分类经营改革试点，1997年又在5个国有林业场圃做进一步试点，2001年在全省全面开展分类经营工作。2001年，《江苏省国民经济和社会发展第十个五年计划纲要》提出“坚持生态建设和生态保护并重。”同年，江苏省委《关于加快农业和农村经济结构调整、促进农民增收的若干政策意见》中又强调“高度重视生态环境建设，‘十五’期间，全省森林覆盖率力争提高3个百分点。省财政每年增加一定林业扶持资金，用于重点生态公益林建设，并逐步建立林业生态效益补偿基金。”2002年，省财政正式将生态公益林补助资金列入财政预算科目。这时期围绕高效生态林业的发展目标，林业建设在保持稳定发展的基础上，水平、质量与效益都得到了全面的提升。

第四个阶段是快速发展阶段（2003—2012年）。2003年初，江苏省委提出“打造绿色江苏，建设生态家园，发展林业产业，致富一方百姓”的号召。2004年，省委、省政府做出了《关于推进绿色江苏建设的决定》。2005年省委十届九次全会又明确提出，要把绿色江苏建设作为江苏和谐社会建设的五大载体之一，继续大力加以推进。从此，江苏林业的发展步入了快速发展阶段。这个阶段全省林木覆盖率年均增长1个百分点。

第五个阶段是转型提质阶段（2013—2018年）。经过多年的植树造林，在成片宜林地资源大幅缩减的背景下，森林总量已很难实现“量”的大幅扩张，从要数量向要质量转变。省委、省政府审时度势，遵循习近平总书记“绿水青山就是金山银山”的生态文明理念，提出国土绿化要与彩色化、珍贵化、效益化相结合，切实做到“舍得”，善于算大账、长远账、整体账、综合账，通过开展植树造林等生态文明建设来推动解决环保突出问题，着力补齐拉长生态环境这个高质量发展的突出短板，努力展现江苏“最靓颜值”。

二、取得成效，林业资源年年长

江苏林业经过新中国成立70年特别是改革开放40年来的艰苦努力，取得了明显成效。

森林资源稳步增长。通过大力植树造林和森林资源的保护管理，实现了全省森林面积、蓄积和林木覆盖率的持续快速增长。全省森林面积由1979年的32.48万公顷增加到2018年的156万公顷，全省活立木总量超过9 000万立方米；林木覆盖率由1979年的6.3%提高到2018年的23.2%；2018年，全省湿地保有量288万公顷，全省自然湿地保护总面积97.33万公顷，自然湿地保护率达49.8%。

资源保护全面加强。建立健全了森林资源管理与行政执法队伍体系。森林公安、森林防火、林政执法、林业害生物防治和野生动植物保护队伍从无到有，由弱到强，执法能力与水平全面提高，基础设施建设日趋完善。森林火情哨兵已被林火远程数码监控系统所取代；国家、省、市、县四级森林病虫害预测预报网络、重大野生动物疫源疫情监控体系全面建成；森林火灾损失率连续多年控制在0.3‰以下，森林病虫害成灾率连续多年控制在2%以内；建立野生动植物、湿地、公园等各种类型的保护区共86处，保护管理面积达71.13万公顷，占全省辖区面积的7.0%。大丰麋鹿国家级自然保护区所保护的世界珍稀物种麋鹿从建区时的39头发展到现在的4 556头，占世界麋鹿总数的70%。

林业产业快速发展。通过多年的发展，林业产值不断增加，全省林业产值从1978年的1.48亿元上升到2018年的4 702亿元，江苏以占全国0.7%的林地实现了占全国7%的林业产值；产业结构不断优化，林木种苗培育规模逐年扩大，木材加工、板纸一体化、经济林产品综合加工利用水平不断提升，森林旅游、林业社会化服务的空间不断拓展；产业链条不断延伸，随着市场的变化和科技的不断进步，林业一二三产业的关系日益紧密，林产品的种类不断丰富，林业产业链条不断向环保型、高附加值方向延伸。

保障体系不断健全。林业法制体系初步建立，《江苏省全民义务植树条例》、《江苏省生态公益林条例》、《江苏省野生动物保护条例》、《江苏省森林防火条例》、《江苏省森林病虫害防治条例》等10部涉林地方性法规相继颁布，《江苏省实施〈森林法〉办法》等4部涉林政府规章相继出台，省林业主管部门制定了与之配套的规范性文件，为依法治林提供了有力的法制保障。全省林业行政管理体系不断健全，林业机构从最初的多种经营管理局到后来的农林局再到现在的林业局，林业机构随着林业事业的发展得到了加强，林业职能得到拓展。

生态创建成效显著。让森林拥抱城市，用森林引领生态文明风尚。截至2018年底，全省建成国家森林城市7个（无锡市、扬州市、徐州市、南京市、镇江市、常州市、南通市），全国绿化模范城市5个（南京市、苏州市、宿迁市、盐城市、连云港市）、全国绿化模范县（市、区）42个、全国绿化模范单位53个、全国生态文化村37个；建成省级以上森林公园69处（含2个专类园、2个生态公园），其中国家级森林公园25处、省级森林公园44处；国际重要湿地2处、国家重要湿地5处，省级以上湿地公园64处，其中国家湿地公园及国家湿地公园（试点）26处、省级湿地公园38处。绿化模范城市和国家级湿地公园、生态文化村等创建工作均居全国前列。

三、总结经验，弥足珍贵累累果

江苏林业经过新中国成立70年特别是改革开放40年来的探索实践，积累了弥足珍贵的经验。

坚持把创新思路作为深入推进林业建设的关键。多年来，江苏省林业建设始终把握时代潮流，根据江苏实际，适时提出新思路、新目标、新任务。从“植树造林，绿化祖国”的伟大征程到向荒山、荒地、荒滩进军，实现平原绿化和“灭荒”两大目标，再到“九五”期间建设高效生态林业以及“十五”以来所提出并实践的“打造绿色江苏，建设生态家园，发展林业产业，致富一方百姓”和“培育和利用并举，生态与经济双赢”，无不闪烁着创新的火花。实践证明只有不断创新思路，林业建设才能始终充满生机活力，才能真正实现与时俱进。

坚持把深化改革作为林业建设永葆活力的关键。20世纪80年代初，江苏省开展了以“稳定山权林权、划定自留山和确定林业生产责任制”为主要内容的林权制度改革。20世纪90年代，苏北一些地方开展了林木承包经营改革，对平原农区的林业，尤其是对农田防护林体系的林木栽植、管护、分配等管理机制进行了积极探索。1996年，江苏省在全国率先开展了林业分类经营改革试点，经过多年的努力，国家、省、市、县四级生态公益林已全部界定到位，森林生态效益补偿制度已初步建立。2009年，省政府出台了《关于推进林业产权制度改革的意见》，林权制度改革的推进极大地调动了投资者、生产者、管理者的积极性。2015年，全面推进新一轮国有林场改革，以公益性为导向的国有林场改革取得阶段性进展，全省参改林场整合为57个，其中40个定为公益性事业单位。通过改革，进一步激发了林业发展的活力。

坚持把重点工程作为带动森林资源稳步增长的关键。为实现各个时期林业建设目标，推动林业工作顺利开展，全省各地以重点工程为抓手，以点带面，以点促面。20世纪80年代速丰林、优质干果林、农田林网建设工程为苏北林业产业和林业生态体系的构建奠定了基础。20世纪90年代里下河林业资源综合开发、沿海防护林体系建设工程为林农复合经营提供了样板。进入新世纪，林业“双五”工程的实施，充分展示了林业的作用和效能，林业成为社会关注的焦点，投资的热点，森林资源总量得到快速增长。

坚持把产业化经营作为增添林业建设动力的关键。多年来，始终坚持按照区域化、规模化、集约化、产业化思路的要求，全面推进林业产业化进程，以产业发展带动资源培育，以产业发展促进林业建设的良性循环。通过采用林业先进技术和工艺，打造知名品牌，培育了一大批林产品加工龙头企业，为林业建设增添了不竭动力，使林业的资源优势逐步变为商品优势、经济优势，实现了林业三大效益的共赢。

坚持把科技创新作为提升林业效益水平的关键。江苏林业始终把林业科技创新贯穿林业建设全过程。在种苗培育方面，推广芽苗移栽、容器育苗、全光照扦插喷雾、组织培养等新技术。在造林绿化方面，广泛推广应用 69 杨、72 杨、95 杨和 895 杨等林木优良新品种。在资源保护与利用方面，森林病虫害综合防治、森林防火远程监控、林产品综合利用和深度加工等技术得到广泛应用。特别是通过实施林业品种、技术、知识三项更新工程，加快了林业科技成果和实用技术的集成与推广应用步伐，提高了林业发展的科技水平。

坚持把依法治林作为保障林业建设成果的关键。依法治林是保障林业发展的需要，更是维护生态安全的需要。根据不同时期林业发展的特点，江苏省适时地制定和出台了相关法律法规及政策。不断完善的法律法规体系和政策体系，为林业事业的持续健康发展提供了坚实保障。适时开展“猎鹰”、“绿盾”等专项行动，严厉打击乱砍滥伐林木、乱垦滥占林地绿地、乱捕滥猎野生动物等违法犯罪行为，始终保持对破坏森林资源犯罪的高压态势。多渠道多形式开展法治教育和宣传，规范了林业执法，强化了执法监督，提高了执法队伍素质和执法水平。

四、展望前景，任重道远节节升

新时期，江苏将认真贯彻习近平总书记对江苏工作的新要求，按照“绿水青山就是金山银山”的发展理念，加快转变林业发展方式，突出长江经济带建设，组织实施森林资源保护等八项重点工程，深挖造林绿化潜力，提升林木经营抚育水平，推广应用林业新品种、新技术，创新林业发展体制机制，努力提高绿色江苏建设的生态效益、社会效益，切实巩固发展绿色江苏建设成果，为推进“经济强、百姓富、环境美、社会文明程度高”的新江苏建设夯实生态基础。力争到 2020 年，全省林木覆盖率提高到 24%以上，自然湿地保护率提高到 50%以上；到 2025 年，全省林木覆盖率达到 24.8%，自然湿地保护率达 52%以上；到 2035 年全省林木覆盖率达到 26%，自然湿地保护率达 55%。

实施重点工程，扩大林业资源总量。坚持把植树造林和国土绿化作为生态文明工程建设的重要举措，组织实施生态屏障建设、森林质量提升、森林资源保护等重点林业工程，拓展造林绿化空间，增加森林资源总量。加强丘陵岗地森林植被恢复，加快绿色通道建设步伐，加强林业有害生物防控，加强自然湿地保护。

强化森林抚育，提高林业经营质量。加强丘陵山区次生林、绿色通道和淮北杨树速生丰产中幼龄林抚育，全面提高单位面积林地蓄积量，增加森林碳汇，提升森林质量。以苏北杨树农田林网更新为重点，实施低效林分改造，到2025年基本建成覆盖全省平原地区的高标准农田林网。

突出科技兴林，提升林业建设水平。组织科技力量，围绕林业发展中的重点、难点问题，加大关键技术的科研攻关，加快林业新技术、新模式的集成和科技成果转化应用，加快重点实验室、生态定位站、科学实验基地等科技平台建设，完善基层林业技术推广体系，加强对林业技术推广队伍的岗位培训和继续教育，为江苏林业可持续经营、提高林业发展质量提供科技支撑。

坚持依法治林，维护森林资源安全。围绕现代林业发展需要，深入推进湿地保护、野生植物保护、古树名木保护等林业地方立法，完善林业法规规章体系，促进林业建设与保护有法可依。创新林业行政执法机制，建立权责明确、行为规范、监督有效、保障有力的林业行政执法体系，严厉打击破坏林地、林木和野生动物资源的违法行为，确保林业生态资源安全。

全面深化改革，激发林业发展活力。认真贯彻落实中央部署，继续抓好中央1号文件在江苏的落地实施，加大对国有林场改革的政策支持力度，保护国有森林资源，保障林场职工生活，增强林场发展活力。深化集体林权制度改革，放活经营权，落实处置权，保障收益权，形成集体林业的良性发展机制。健全支持林业发展的政策体系，完善森林和湿地生态效益补偿制度。探索市场化的生态补偿机制，研究制定林业碳汇计量监测办法和补偿制度。

加强协调推进，增强组织保障能力。把林业发展目标落实到地方经济社会发展大局中，督促各地切实重视和加强林业工作，特别是将林业生态建设和保护作为重要内容，纳入各级地方政府业绩和干部科学发展能力的考核指标体系。将林木覆盖、自然湿地保护率纳入省生态文明建设考核指标体系。同时，围绕长江两岸的造林绿化、湿地修复等工作，加大考核力度，提升森林资源数量质量，巩固湿地保护修复成效，充分发挥森林与湿地对改善生态环境的作用。

江苏省委十三届三次全会提出高质量发展的战略任务，四次全会强调要创造更加过硬的高质量发展成果，五次全会作出推动高质量发展走在前列的定位，为“强富美高”新江苏建设做出新的更大贡献。江苏林业在省委省政府的正确领导下，在全省人民的共同参与下，全省林业工作者将持之以恒地推进林业高质量发展，努力为“强富美高”新江苏建设书写辉煌的林业篇章。